"移动互联网+电商营销"
实战宝典系列

# 一本书玩转电商、微商软文营销（第2版）

叶龙 编著

清華大學出版社
北京

## 内 容 简 介

本书将按软文入门、电商软文和微商软文这 3 条线进行详解，并通过 160 多个精彩案例的实践，帮助读者快速成为电商、微商行业的软文营销高手！

软文入门线：讲解软文的标题、开头、正文、结尾等的写作方法，以及图片排版等内容。

电商软文线：讲解店铺标题、主页文案、商品卖点、产品详情页等的写作方法。

微商软文线：讲解通过软文建立信任、吸引关注、晒单技巧、促进销量等内容。

本书结构清晰、案例丰富、实战性强，适合以下三类人群阅读：一是想展开软文营销的个人、个体微商、网店店主；二是企业策划、企划、营销从业人员；三是正在从事传统营销、网络营销，包括微营销的人士。



图书在版编目(CIP)数据

一本书玩转电商、微商软文营销/叶龙编著. —2 版. —北京：清华大学出版社，2019（2020.1重印）
(“移动互联网+电商营销”实战宝典系列)
ISBN 978-7-302-53071-8

Ⅰ. ①一…　Ⅱ. ①叶…　Ⅲ. ①电子商务—基本知识 ②网络营销—基本知识　Ⅳ. ①F713.36

中国版本图书馆 CIP 数据核字(2019)第 098392 号

责任编辑：杨作梅
装帧设计：杨玉兰
责任校对：王明明
责任印制：杨　艳
出版发行：清华大学出版社
网　　址：http://www.tup.com.cn, http://www.wqbook.com
地　　址：北京清华大学学研大厦 A 座　　邮　　编：100084
社 总 机：010-62770175　　邮　　购：010-62786544
投稿与读者服务：010-62776969, c-service@tup.tsinghua.edu.cn
质量反馈：010-62772015, zhiliang@tup.tsinghua.edu.cn
印 装 者：三河市国英印务有限公司
经　　销：全国新华书店
开　　本：170mm×240mm　　印　张：16.25　　字　数：350 千字
版　　次：2017 年 3 月第 1 版　2019 年 7 月第 2 版　　印　次：2020 年 1 月第 2 次印刷
定　　价：49.80 元

---

产品编号：081718-01

# 前言

## ■ 写作驱动

对于各类营销，不论是曾经的传统营销，还是盛行的网络营销，或是新兴起的微营销，虽然它们的方法、方式或手段不一样，但它们的核心却是一样的，那就是产品的内容，这是根本。而产品的内容靠什么包装，那就是软文！如果将内容视为人的身体，那么软文就如同人身上的衣服、帽子、手表，它呈现的就是人物整体的形象、气质！然后再是怎么推广的问题。

不管营销的方式和手段如何发展，不管是传统营销，还是网络营销，或是微营销，都离不开软文营销，软文营销是各类营销的基础、基石，犹如万丈高楼的平地。

本书以电商、微商为出发点，以电商、微商软文营销为核心，从最简单的软文撰写知识开始讲起，尽量以简单、易懂的方式进行描述，并搭配图解，使读者对整个知识结构有个清晰的认识。

本书按“软文入门 + 电商软文+微商软文”这 3 条线进行讲解，以帮助读者快速成为电商、微商行业的软文营销高手！

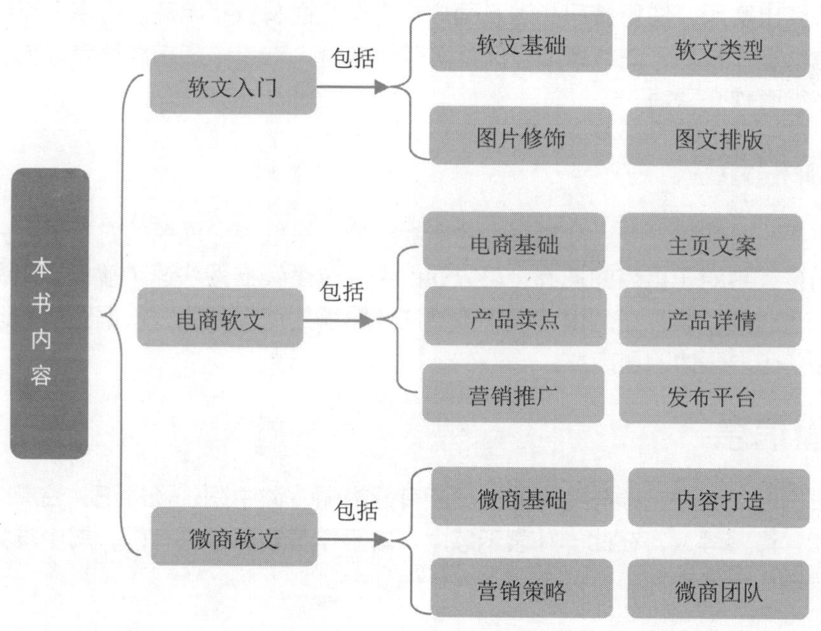

## ■ 升级内容

本书在第 1 版的基础上，升级了以下内容。

**一、软文入门篇：**此篇新增的内容有写软文前必做的功课、软文的不同类型、软文图片的修饰以及软文的排版技巧等，以帮助读者更深刻地了解软文。

**二、电商软文篇：**此篇是为了写出吸引消费者购买产品的软文，所以新增的内容也都很实用，有电商软文应该具备的特点、电商软文的类型、电商产品关键词的优化、产品主页文案与店名的撰写、商品卖点/标题/产品详情页的写作方法等。

**三、微商软文篇：**此篇新增的内容包括如何用软文在朋友圈拉近与客户的距离、朋友圈怎么发文更加吸粉、微商迅速卖出产品的营销策略以及快速建立微商团队等，帮助微商扩大品牌影响力，提升产品的销量。

## ■ 本书特色

本书的主要特色：理论知识与平台运用相结合。

**一、内容丰富，通俗易懂，针对性强：**本书体系完整，以电商、微商为核心，以软文营销为根本出发点，进行了 17 章专题详解，包括软文基础、软文形式、软文写作、图片修饰、图文排版、主页文案、产品卖点、产品详情页、发布平台、朋友圈营销等内容，帮助读者快速掌握电商、微商的软文营销技巧。

**二、突出实用，注重技巧，涉及面广：**本书全面解析了电商、微商在互联网时代的软文营销操作技巧、注意事项、风险防范等内容，一步一步指导读者轻松、快速做好电商、微商软文营销。

## ■ 图解提示

本书是一本侧重电商、微商营销的实战宝典，采取部分图解的方式进行分析。图解能够方便读者对于重点的把握，可以让读者通过逻辑推理快速了解核心知识，节约大量的阅读时间。读者在阅读过程中需要注意图解的逻辑关系，根据图解的连接词充分理解图解想要表达的重点。

## ■ 作者信息

本书由叶龙编著，参与编写的人员还有彭艳丽、谭中阳、杨端阳、柏承能、刘桂花、柏松、谭贤等人，在此一并表示感谢。由于作者知识水平有限，书中难免有疏漏之处，恳请广大读者批评、指正。

编　者

# 目录

# 第 1 章 新手入门：软文开启产品营销之路

随着互联网的发展，现在网络营销的方式也越来越多，其中软文营销因为能够快速而有效地节约成本，进而提升企业的形象和产品的知名度，而成为很多企业最喜欢的营销手段之一。

**要点展示**

- 软文的定义
- 软文的形式
- 软文营销的发展
- 软文营销概述
- 软文营销四要素
- 软文营销的步骤与要点
- 写软文前先做市场分析
- 清楚企业的市场定位
- 确定企业的受众

# 1.1　什么是软文

相对于硬广(硬性广告)来说，软文的精妙之处就在于，它将宣传的内容隐藏于精美的文章内容之中，让用户被精彩的文章吸引，忽略了广告，却又在阅读的同时了解了策划人所宣传的信息。

软文应该是双向的，能够让客户得到他想要的内容，也知道了策划人所要宣传的内容。下面就带领大家一起走进软文世界，体会软文的魅力。

## 1.1.1　软文的定义

如今是读图时代、互联网时代、大数据时代、碎片阅读时代，随着时代的变迁，软文的定义似乎越来越不明晰了。很多企业开始思考“什么叫做软文？”“长篇文案广告就是软文？”“借着新闻点的由头，撰写产品的文字就是软文？”，还是“莫名其妙、天马行空的只要是关乎产品，关乎品牌，关乎销售的文字就是软文？”但这些相关问题久久不能获得满意的答案。

古诗云：“随风潜入夜，润物细无声。”相对于硬广(硬性广告)来说，软文的精妙之处就在于一个“软”字，绵里藏针收而不露，能将宣传内容和文章内容完美结合在一起。软文的定义有两种，一种是狭义的，另一种是广义的。

### 1. 狭义的软文

在早期，软文是指企业在以报纸、杂志等纸媒为主的宣传载体上，付费刊登的纯文字性广告，这就是狭义的软文定义。因此早期的软文，又被称为付费文字广告，如图 1-1 所示就是一篇付费文字广告。

巧过近视眼检这道难关

军检，因近视被拒之门外！

想参军 过好体检这一关

角膜塑形学来到中国
——非手术圆您军旅梦

麦迪格开通体检绿色通道

报名电话:58696701 51627999

“暑期免费摘眼镜体验班”开始接受报名
——每周前50名可获赠电视电脑防护镜一副

图 1-1　报纸上的狭义软文

### 2. 广义的软文

广义的软文，范围要大一些，企业以提高企业品牌形象和知名度，或促进企业销售为目的，在报纸、杂志或网络等宣传载体上所刊登的具有宣传性、阐释性的文章，都可以被称为软文。其中包含了特定的新闻报道、深度文章、付费短文广告、案例分析等，如图 1–2 所示。

图 1–2　广义的软文

专家提醒

需要注意的是，在文案的范围里，要学会区分新闻稿和软文，区分方法就是看文章是否有新闻事件，如果有公司获奖信息、公司活动这些内容，就是新闻稿，而如果文章写的是公司产品评测、公司发展计划，就是软文。

## 1.1.2　软文的形式

纵观广告市场，软文虽然千变万化，但是万变不离其宗，因此笔者将软文总结为以下 6 种形式。

- 新闻事件式。
- 悬念疑问式。
- 故事叙述式。
- 情感爆发式。
- 心理恐吓式。
- 全民促销式。

### 1. 新闻事件式

新闻事件式软文，就是围绕一个新闻事件，以模仿新闻媒体的口吻进行文章的撰写，让读者感受到事件的权威性。但在撰写新闻式软文时，企业需要结合自身条件，多与策划沟通，天马行空、闭门造车是会造成负面影响的。

不可置疑的是，新闻式软文具有很大的权威性，可以让读者信服文章中提到的广告内容。例如，合肥北城某汽车 3S 店，以三八妇女节夫妻互送玛莎拉蒂做噱头，在新闻媒介上发布新闻式软文，引起了广大人民群众的注意，如图 1-3 所示。

首页 - 社会

夫妻互送玛莎拉蒂才叫真任性 三八妇女节送的礼物弱爆了吗

摘 要：近年来，“土豪”一词在网络上迅速蹿红，多用来形容那些出手阔绰的人。你知道什么才叫做土豪吗?昨天三八妇女节，在安徽合肥，一对年轻小夫妻就证实了什么叫做真正的土豪，夫妻间互送玛莎拉蒂真的很阔绰。过程大致是这样的：“三八”节前，一年轻男子花费百万元购置一辆红色玛莎拉蒂，当礼物送给妻子。妻子特别感动，当场也做出惊人之举，又花百万为丈夫购置同款黑色玛莎拉蒂。

图 1-3　合肥北城某汽车 3S 店的新闻式软文

## 2. 悬念疑问式

悬念疑问式软文，利用的是人们的好奇心理，抛出来一个问题，引得大家猜测关注，然后再在合适的时机给出答案。它属于自问自答式。例如“人类可以长生不老？”“什么使她重获新生？”“为何如此热销？”等。通过设问引起话题和关注是这种方式的优势。如图 1-4 所示就是一篇悬念疑问式软文。

是什么让楼盘热销？——“稀缺”还是“增值的潜力”？

阅读(795)　评论(0)

由五芳斋集团和中国化工两大实业公司全力打造的皇都花苑，在5月28日的嘉兴端午假日楼市博览会上赚足了市民的眼球。

皇都花苑地处嘉兴南湖新区，北临欧尚超市，南枕绵延三公里的凌公塘生态公园，小区总建筑面积约10万平方米。新古典主义建筑风格，整体规划以小高层建筑为主，另有少量高层住宅及沿街商铺。项目携45米栋距，户户指纹锁，半地下阳光车库，360米骑河步道，观光电梯，底层架空。建筑的双面显秀，丘陵造景，中央园林，以及人车分流的十大品质亮点成就热销。

图 1-4　悬念式软文

这篇悬念软文设出“现代园墅为何如此热销”的问题，一时间，引起人们的不断猜想“为什么热销？”“现代园墅有什么好？”，然后下文就公布了问题的答案，这种自问自答的方式可以很大程度地引起读者兴趣。

**专家提醒**

悬念式软文设问时需要掌握分寸，提出的问题要富有吸引力，且能体现需要传递的信息。答案要符合常理，要能自圆其说，而不是漏洞百出，作茧自缚。

### 3. 故事叙述式

故事叙述式软文，通过讲述完整故事来带出产品，利用产品的“光环效应”和神秘性给消费者造成强烈的心理暗示，从而促进销售。例如，“1.2 亿买不走的秘方”“植物胰岛素(刺儿茶)功效糖尿病人的福音”(如图 1-5 所示)、“印第安人的秘密”等。

植物胰岛素（刺儿茶）功效糖尿病人的福音

小编 码头镇生活圈

刺儿茶：

刺儿茶是生长于湖南永州舜皇山的蔷薇科珍稀植物，可入茶入药，叶生七叉，茶株带刺，故名为"刺儿茶"，此名相传为"三皇五帝"之一的舜帝所命。刺儿茶天然含有丰富的多糖，属甜茶品种，入口甘甜，口味较一般茶叶更为独特。

皇装刺儿茶

适宜人群：男性延缓衰老人群

产品用途：适合中等收入男性日常延缓衰老保健饮用

产品介绍：舜皇装/刺儿茶属于大舜皇山植物羊胎素系列产品，所用茶叶是春季第二次采摘的刺儿茶嫩叶，茶叶 生长在自然环境、气候、雨水、日照的舜皇之巅，该款产品为大舜皇山植物羊胎素系列中低档产品，专门为中等收入男性延缓衰老日常饮用精心打造的一款经典茗茶。

普及版刺儿茶

适宜人群：糖尿病防治人群

顾客年龄：不限

稀有物质：富含茶多糖保健功能，主要通过饮用茶多糖后综合血糖达到稳定血糖防治糖尿病的效果。

产品用途：适合大众消费人群日常防治糖尿病保健饮用

产品简介：PVC普及版/刺儿茶属于大舜皇山植物胰岛素系列降血糖专利产品，所用茶叶是春季第二次采摘的刺 儿茶鲜叶，并经过严格选取的刺儿茶鲜叶精加工而成的；初秋时节秋高气爽、昼夜温差大非常利于舜皇山上刺儿茶的茶多糖成分及其他营养成分积累，因此综合血糖效果更加明显；该款产品为大舜皇山植物胰岛素系列大众普及版产品，专门为大众消费人群日常防治糖尿病保健饮用精心特制。

植物胰岛素刺儿茶

适宜人群：糖尿病防治人群

顾客年龄：不限 稀有物质：富含茶多糖

产品用途：适合中高收入人群日常防治糖尿病保健饮用

产品介绍：植物胰岛素/刺儿茶属于大舜皇山植物胰岛素系列降血糖专利产品，所用茶叶是春季第一次采摘的刺儿茶嫩叶，并经过严格选取的刺儿茶嫩叶精加工而成的。

**图 1-5 故事叙述式软文**

这类软文的目的并不是讲故事，而是在于通过故事，传递故事背后的产品线索。因此一篇成功的故事类软文，对于故事的知识性、趣味性、合理性都有很高的要求。

### 4. 情感爆发式

广告的重要媒介之一就是情感，在软文中，则有更大的情感针对性。易于打动人，走进消费者的内心世界，是情感的最大特色。因此，在软文营销上，“情感营销”一直非常靠谱。而情感营销做得最到位的，笔者认为是之前“凉茶大战”之后，加多宝官方网站的微博运行人员。

“王老吉”品牌争夺战败给广药集团的加多宝后，很快在微博上发出了四则“对不起”文案，搭配孩童哭泣的画面，迅速引发了诸多共鸣，形成了病毒式传播，打响了加多宝在群众中的知名度，其中两则道歉文案如图 1–6 所示。

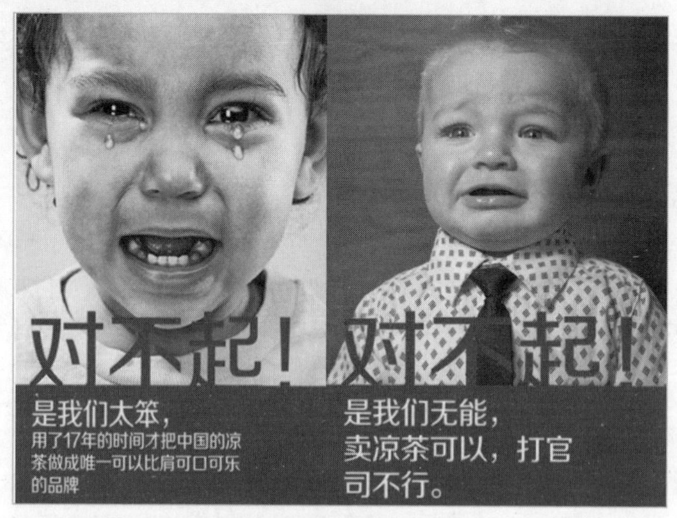


图 1–6　情感式软文

如图 1–7 所示，是几个使用情感攻势的软文标题。

写给那些“战痘”的青春

楼主：纳尼噶　时间：　点击：109　回复：1　脱水模式　给他打赏　只看楼主　阅读设置

上帝赐予我们青春的同时，也赐予了我们青春痘，我们多数人的青春都少不了青春痘的参与，各种土办法，西医治疗，中医偏方都用尽了，痘痘仍然嚣张的疯长着。这一定说出了不少童鞋的心声吧。o(∩_∩)o哈哈~

有木有想到纯天然植物萃取的薰衣草祛痘精油呢？

薰衣草精油有数不清的用途：去痘印、治疗灼伤，烫伤，杀菌消毒----只要你说得出来的功能，薰衣草几乎都可以办得到！

青春痘产生的病因主要是：

**老公，戒不了烟你就洗洗肺吧！**

A-　A+　0 评论　分享▾

老公，我知道，吸烟已经成为你生活和工作的一部分，也许，你一辈子也离不开，戒不掉了。为了吸烟的事儿，我多次责怪你，还不时发生争吵，但看到你为戒烟而坐立不安，痛苦不堪的样子，我哪舍得去责备和强求你？

邻居老李由于吸烟过多已导致肺癌。每当想到老李那空洞、呆滞的目光,我就后怕,听到你没完没了的咳嗽、干呕,我是打心眼里心疼你啊!空调,抽油烟机的排烟道还要经常清洗,何况人的肺呢?我听朋友说现在有一种叫肺通的高科技产品,专业清洗肺内烟毒,预防肺部发生病变,效果不错,就买了10盒,我不图你挣多少钱,只要平平安安就好!烟戒不了,就洗洗肺吧!　　警惕“烟毒”　肺恶变的元凶!

别抽烟了,又咳嗽,又吐痰,脸色晦暗,嘴唇发紫,早起总干呕!外面抽去!大人、孩子都跟着你一起吸烟、一起受害，前楼老王抽烟得了肺肿瘤抽死了，你也快了！今儿说戒，明儿说戒，找点理由就又抽上了。

图 1–7　情感式软文标题

## 5. 心理恐吓式

与情感爆发式软文截然相反的是心理恐吓式软文，不同于诉说美好的情感，恐吓是直击读者软肋的。如图 1–8 所示，就是采用了心理恐吓式的软文标题。

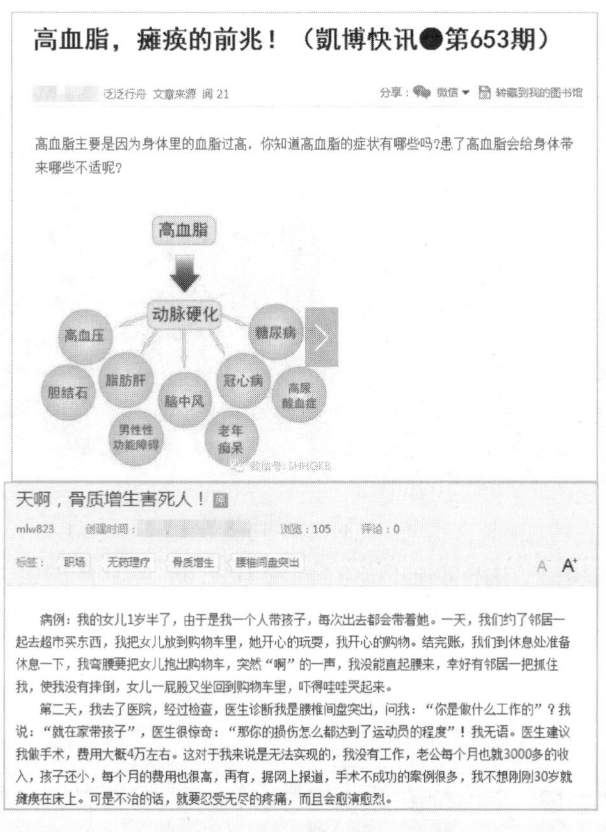

高血脂，瘫痪的前兆！（凯博快讯●第653期）

泛泛行舟 文章来源 阅 21 分享：微信 转藏到我的图书馆

高血脂主要是因为身体里的血脂过高，你知道高血脂的症状有哪些吗?患了高血脂会给身体带来哪些不适呢?



天啊，骨质增生害死人！

mlw823 创建时间： 浏览：105 评论：0

标签： 职场 无药理疗 骨质增生 腰椎间盘突出

病例：我的女儿1岁半了，由于是我一个人带孩子，每次出去都会带着她。一天，我们约了邻居一起去超市买东西，我把女儿放到购物车里，她开心的玩耍，我开心的购物。结完账，我们到休息处准备休息一下，我弯腰要把女儿抱出购物车，突然“啊”的一声，我没能直起腰来，幸好有邻居一把抓住我，使我没有摔倒，女儿一屁股又坐回到购物车里，吓得哇哇哭起来。

第二天，我去了医院，经过检查，医生诊断我是腰椎间盘突出，问我：“你是做什么工作的”？我说：“就在家带孩子”，医生很惊奇：“那你的损伤怎么都达到了运动员的程度”！我无语。医生建议我做手术，费用大概4万左右。这对于我来说是无法实现的，我没有工作，老公每个月也就3000多的收入，孩子还小，每个月的费用也很高，再有，据网上报道，手术不成功的案例很多，我不想刚刚30岁就瘫痪在床上。可是不治的话，就要忍受无尽的疼痛，而且会愈演愈烈。

**图 1-8 心理恐吓式软文标题**

事实上，在给人留下深刻印象这一点上，恐吓所形成的效果要强于赞美和爱，但是这种方式往往容易遭人诟病，所以需要把握分寸，不能过火。这种软文形式大多应用于健康养生广告中，最常见的是戒烟广告中，如图 1-9 所示。

**图 1-9 心理恐吓式软件**

### 6. 全民促销式

促销式软文常常跟进在上述几种软文见效的时候，如图 1-10 所示就是使用了促销式软文的案例。

图 1-10　促销式软文

这类软文利用的是“攀比心理”和“影响力效应”等多种因素，通过直接配合促销，或者使用“买托”造成产品的供不应求状态，刺激消费者产生购买欲。

## 1.2　软文营销的要点

随着互联网的发展，网络营销的方式越来越多，不过最基本、最广泛的还是软文营销。软文营销既节约经济成本又节省时间成本，是很多企业最喜欢的有效的营销手段之一。软文营销，是指有着特定的概念诉求，通过摆事实讲道理的方式，诱使消费者走进企业设定的“思维圈”，搭配精准的心理攻击，从而达到企业宣传或刺激消费的目的。

从本质上来说，软文是企业软性渗透的商业策略与广告形式的有机结合，以宣传企业品牌、销售产品为基本目的，借助文字表达与舆论传播，促使消费者产生对于某种概念、观点和分析思路的认同感。

### 1.2.1　软文营销的发展

20 世纪 90 年代中后期开始，软文创造市场奇迹的功效与它低廉的成本，使得各行各业都开始重视软文营销，软文此后就一直是备受青睐的营销利器。尤其是医药保健品行业，更是将软文营销推向了巅峰。在医药保健品领域创造的脑白金神话，使得这个行业的营销人员，对于软文的效果有了明确的认知。

随着社会的进步，消费者的鉴别能力越来越强，因此也开始产生了对于软文的抵抗心理，软文的功能逐渐退化。甚至许多企业在网站投入大量资金，投放整版整版的

软文广告，却收效甚微。于是有人断言，软文营销的时代已经结束。

但是，有心人在经过仔细调查以后，发现软文在某些行业，依然创造着销售奇迹。软文的硬性效果就是销售，而诸如好记星、肠清茶、木竭胶囊等产品，就是利用软文进行营销的佼佼者。

从多年前软文推广成就“脑白金”，企业对于软文的重视与对“脑白金”模式的积极模仿，开启了1999—2000年的第一个软文黄金时期。2002年，某保健茶品进行的整版情感营销模式开启了软文的另一个黄金时期，专业的软文写手与团队如雨后春笋，层出不穷。

软文短暂的辉煌期到2003年终止，之后进入平稳发展期，软文发布平台的收费开始上涨，几乎与硬广齐平的收费，使得软文被迫开始创新。而到了大数据时代，随着科技的发展，网络和娱乐文化逐渐兴盛，网络软文的时代来临，软文营销正式进入网络时代。

## 1.2.2 软文营销概述

软文之所以受欢迎，主要原因就是越来越多的硬性广告充斥着人们的生活，使人们对电视、网络硬广告的关注度下降，而且广告宣传费用大，却收效甚微。

另一个原因，则是软文的收费要低于硬广告，因此，在资金不是很雄厚，或者在宣传推广计划资金不足的情况下，企业商家更愿意选择投入产出比较科学合理的软文。软文营销之所以会成为众多营销手段中重要的一环，必然有着自己的独特优势。

## 1.2.3 软文营销四要素

当前网络营销的主流模式就是软文营销，尽管在进行软文营销时，企业同样需要投入一些推广费用等资金，但是，相对于其他营销方式而言，软文营销则具有极强的性价比。当然，万事万物都有自己的规律，掌握软文营销的要素，才会让软文营销事半功倍。下面详细解析软文的4个要素，希望读者能熟练掌握。

### 1. 热点

软文想要抓住读者的眼球，就需要让读者看到感兴趣的东西，当然，我们不可能知道所有人的兴趣，所以，就要依托热点。比如时事热点，就算不是所有人都在关注，也绝对是大部分人在关注。

自从《花千骨》开播以来，各大网站、报纸就开始刊登有关的新闻报道，它在搜索引擎的搜索量也一直占据榜首。于是很多商家借此风潮将《花千骨》与广告结合，一篇篇的娱乐式软文就横空出世了，如图1-11所示。所以，谁先抓住时事热点，谁就可以成功吸引用户眼球。

**寻找百变“花千骨”，感受千亩花海秘境！**

声明：本文由入驻搜狐公众平台的作者撰写，除搜狐官方账号外，观点仅代表作者本人，不代表搜狐立场。　　举报

**出发君：**

爱旅游的合肥纯爷们，安徽旅游百晓生，阳光帅气，自诩“文能控萝莉 武能压正太”。爱美景、爱美文、爱美食、爱美人，每日头顶混天绫、脚踏风火轮寻遍互联网，只为帮你寻觅最好玩的旅游去处，业界劳模。

软妹子们想了解更多关于出发君的传说，请加微信：

《花千骨》的热播造就了一个新的古装传奇

景美 人美 画美

在宛如仙界的长留

人与仙

只有一片花海的距离！

你是否也想变身花千骨，穿梭在无垠花海之间

尽显自己，烂漫与纯真

**寻找百变花千骨，感受千亩花海秘境**

河南西九华山风景区联合合肥论坛旅游频道，合肥论坛美女军团满城热寻最美花千骨仙子评选、无论你有花千骨的美丽纯真、还是杀阡陌的冷艳妩媚抑或是糖宝的活泼可爱，我们都真诚的邀你一起把盏问天月，笑傲江湖人！由河南西九华山举办的首届花千谷花海节盛大开幕，花千谷已派出身着最美古装花千骨的仙子们全城飞舞，她们将化身青鸾，满怀真诚，邀您前往花千谷共度美好时光！

图 1-11　《花千骨》衍生软文

## 2. 标题

标题是一篇文章的基础，对于软文而言，具有吸引力的标题的作用更加不言而喻。软文的标题若缺乏吸引力，内容即使再丰富精彩，也是徒劳。

软文的标题，体现了整篇软文的核心内容，犹如企业的 LOGO，标题的好坏，直接影响软文营销的成败。因此在撰写软文时，首先要构思出一个富有神秘感、诱惑性强并且令人震撼的文章标题，如图 1-12 所示。

君华锦云：首款3000元起圆梦置业五象学府房

五象学府房君华锦云首期新品85-125平米三~四房高拓展明星户型火爆预约中，首款3000起，预约500享10000元优惠。

新浪乐居讯 五象学府房君华锦云( 在线咨询 免费看房 手机买房)首期新品85-125平米三~四房高拓展明星户型火爆预约中，首款3000起，预约500享10000元优惠。

君华锦云作为中国百强房企君华集团布局广西的第一个项目，坐落于五象龙岗新邕宁高中对面，南邻八尺江公园，北望灵龟山，距离邕江800米距离，还有国家级园博园作为后花园，盘踞五象最佳人居区域。

**图 1-12 富有诱惑力的软文标题**

### 3. 排版

软文的排版要巧用小标题与加黑加粗，这会让软文的重点一目了然。严谨、有条不紊的排版是高质量软文所必须要具备的。不妨换位思考，若你看到一篇排版凌乱的文章，你能够思路清晰地阅读完全文吗？即便阅读了全文，这样一篇毫无逻辑顺序的软文，也无法给人一种权威性。

因此，为了达到软文营销的目的，软文排版不可忽视，最基本的是做到上下连贯，最好是每一段内容之间标注小标题，这样可一目了然，突出软文的重点。为了提高文章的分量，增加权威性，在语言措辞方面可以加入“某专家称”“某教授认为”等，引用他人话语。

**专家提醒**

在引用“某专家称”“某教授认为”等语录时，一定要确认引用的话语与本文相关，且必须是真实存在的，否则容易引起侵权纠纷，或在消费者心中形成对品牌的负面印象。

### 4. 广告

软文的高境界就在于够“软”，广告内容需要自然融入，绝不可让读者产生反感的情绪。要让读者读不出广告的味道，并且读完全文后，会让读者感到受益匪浅，那么这就是一篇成功的软文。

虽然广告是第四个要素，但这并不意味着软文操作要把融入广告放在最后一步，相反的是，软文撰写之初，在策划的时候，就需要考虑好广告的内容与目的。对于初次撰写软文，写作能力不够强的撰写者，建议把广告放在软文开头的第二段，这样，

被第一段吸引了视线的读者，很快就能进入软文的“陷阱”。

在软文撰写者的写作技巧和文笔不足以驾驭广告与软文的关系时，不建议将广告留到文章最后。因为一旦文章内容不足以吸引视线，很可能就会出现读者没有读完全文便关闭网页的情况。

## 1.2.4 软文营销的步骤与要点

软文营销是长期的宣传过程，很难在一次两次的软文推广中获得立竿见影的功效。要在营销市场上体现价值，就需要提升品牌知名度，建立客户信任感，而这些，都需要长期的积累与宣传。

软文营销对于软文发布平台的要求很高，因此软文营销需要撰写原创文发布到权重较高的网站，由此获得较高的排名与曝光率，进而实现软文营销的目的。在进行网络营销的时候，以下事项内容必须要知道。

### 1. 步骤

软文营销所采用的发布平台的权重在搜索引擎的收录中占据了不小的作用，软文营销重要的是整合所有可利用资源，量身打造专业合理的软文营销方案，制定宣传推广步骤，然后在知名平台上发布软文。软文营销的具体实施步骤如下。

- 第一步，市场调研确定推广目标，定位市场内容。
- 第二步，调研结果移交策划，制定具体发布渠道。
- 第三步，推广计划移交文案，文案撰写软文。
- 第四步，文案将撰写好的推广软文提交审核。
- 第五步，软文审核通过，策划按照计划发布软文。
- 第六步，总结发布效果，移交推广需求方。

专家提醒

软文营销，将软文推广以商业流程化方式进行操作，使得操作更加规范具体，并由此衍生出一个软文营销的行业，做专业的推广与营销，不但做到对用户的品牌进行相应的宣传，而且直接给用户带来巨大的利益价值。

### 2. 成功的秘诀

一篇优秀的软文对于企业来说相当有用，被读者阅读、认同再转载，无形中就为企业做了宣传。不过，也不是所有的软文营销都是成功的。掌握如图 1-13 所示的四点，会让软文营销无往而不利。

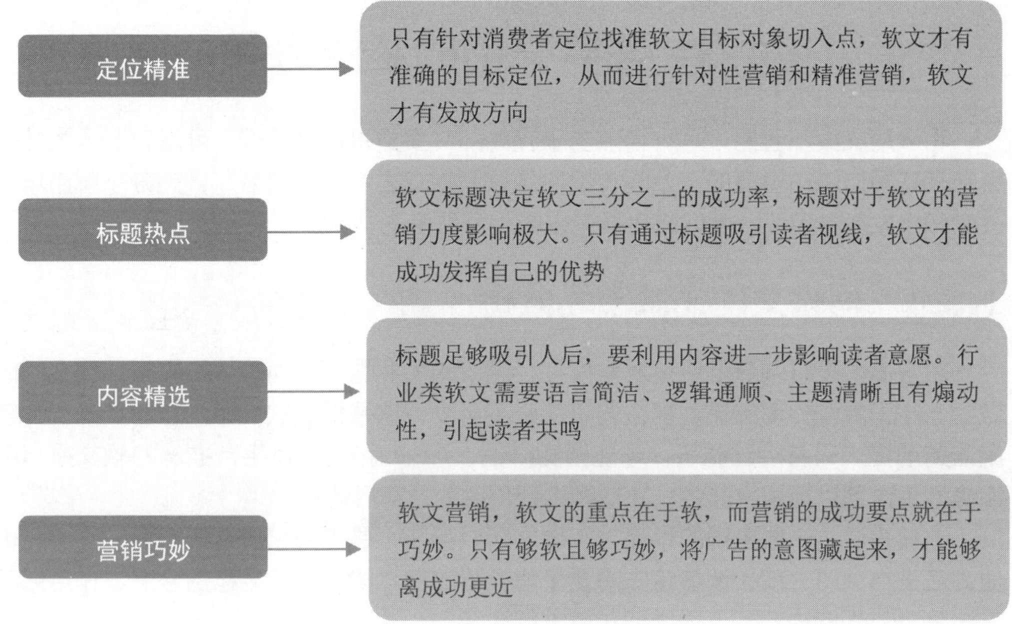


**图 1-13　软文营销成功的秘诀**

在互联网中，软文营销是最热门的营销手段之一。如果刚接触互联网而不知道如何着手，那就从软文营销开始做起吧。除了质量创意以外，软文营销是一个天道酬勤的行业，只要坚持不懈地努力，你就能看到离成功越来越近。

### 3. 网站收录

网站收录指的是与互联网用户共享网址，网站首页提交给搜索引擎后，搜索引擎的“网络机器人”就会光顾，每次抓取网站时向索引中添加并更新网站。

因为“网络机器人”的自动抓取功能，网站站长只需要提供顶层链接。“蜘蛛”，也就是搜索引擎的抓取工具，就能够自动找到其他网页。被提交的网址，经过审核符合相关标准，就会在 1 个月内按搜索引擎的收录标准被处理。软文对于搜索引擎的影响体现在以下两个方面：

- 发布平台的权重：网站的权重是影响收录的关键，权重较高的网站会比权重偏低的网站更容易被收录。
- 软文的操作方式：软文的操作方式，比如软文如何写标题、软文如何发布、一篇软文发布几个平台、发布的频率等，都会影响收录。

软文在收录后容易被忽略，因此优化软文重复次数不要太多。营销软文在发布时最好是大批量，广撒网才能多捞鱼，发布范围越广，效果越好。这些效果不能量化成为具体的数字，但是却值得仔细花时间去研究。

# 1.3　写软文前的必做功课

写一篇文案不容易，写一篇点击量超高的文案更是难上加难。可是有些人为什么就能轻松写出点击量高的文章呢？只要做好写软文之前的“功课”，充分了解市场、受众和企业自身定位，就能成功打造出吸引消费者的文案。

## 1.3.1　写软文前先做市场分析

常言道“没有调查就没有发言权”，调研的重要性不言而喻。如果想让软文同时做到一字千金和妙笔生花，那么调研就必不可少，这是保证软文写作方向正确和内容精准的前提。只有经过调研，才能预测微信、APP 和自媒体平台推送的软文是否能准确地传达到目标用户群中，并最终达到预期的营销目的。

一般来说，一些主观的设计、思想之所以存在，是因为它具有某方面的作用和价值。在进行调研之前，读者首先需要了解调研的基本概况，主要包括含义、作用以及方法等 3 方面的内容。下面详细对其进行介绍。

### 1. 含义——“调研”究竟所为何物

市场之所以有调研的必要，是因为基于市场因素和市场环境因素的市场总是处于瞬息变化的状态之下，这两方面的因素通常包括以下内容。

- 市场因素：资金、产品、价格、广告、推销等。
- 市场环境因素：政治、经济、文化、地理条件等。

专家提醒

正是因为市场的这一客观情况，关于其情况的调研是任何处于市场这一环境中的活动所必须的。在智能手机普遍应用的社会环境下，与企业产品、品牌有着紧密联系的微信、APP 以及自媒体平台软文的内容构建和效果实现，也必须适应市场的变化，并进行积极且广泛的市场调研。只有这样，才能达到软文营销的目的。

因此，市场调研就是为了达到营销目的而进行的对营销信息的分析、甄别工作。具体来说它的含义包括三大方面，也就是目的、特点以及途径。

特点是系统性和客观性，途径即识别、收集、分析以及传播营销信息，它的目的有 3 个：第一，提高产品的销售决策质量；第二，解决产品营销中存在的问题；第三，寻找和抓住合适的营销机会。

### 2. 作用——“调研”的意义何在

市场调研作为市场预测和经营决策过程中的重要组成部分，一直占据着举足轻重的地位。它是企业进行营销策划和运作过程的基础，对企业的产品和品牌推广有着非常重要的作用。

市场调研所具有的重要作用可从广义和狭义两个方面进行分析，广义的市场调研涉及营销策略的推广过程、产品和服务的推广过程；狭义的市场调研涉及软文的撰写过程、软文的推广过程。从狭义的角度看，市场调研的作用又可以细分为以下 3 点。

第一，提供参考依据：通过了解消费者的特征、购买行为以及动机确定目标市场，通过了解当下的媒介情况找准渠道。

第二，提供丰富素材：通过调研得到素材，然后根据丰富的素材，来设计出具有创意的软文作品。

第三，提供评估标准：在软文发布前发现问题、纠正错误以及预测推广效果，软文发布结束后评估软文营销活动的效果。

### 3. 方法——如何进行“调研”为妙

由上述内容可知，市场调研对于软文营销的目的实现具有巨大的支撑和参考作用，那么接下来要思考的就是怎样进行市场调研和利用什么方法进行市场调研的问题。市场调研的方法主要有 6 种，如图 1-14 所示。

例如，笔者在一次文案的策划选题过程中，为了选出更加贴近读者需求、符合市场趋势的文案，就采用了访问调查法来进行市场调研，共 4 个操作步骤。

第一步，访问微信公众号内比较活跃的 500 名粉丝。

第二步，对 3 个以上的固定粉丝群进行采访。

第三步，专门采访 20 个以上的个案。

第四步，对专家团队进行采访。

一层一层的采访是确定选题和文案内容的基础保障，笔者的第一级采访目的是确定基本的选题方向，即大家最近都在关注什么；第二级采访是稍显细分的采访，因为这个时候人数已经减少了，用户之间的细微差别也会显露出来，这个环节要注意细节，细节的筛选很有可能影响到后面的内容写作；第三级采访就是分别找个人去谈了，这也是访问调查中比较细致的访问环节，一个人一个人地谈，耗费的是时间和精力，不过得到的素材也是独一无二的，你会在采访的过程中得到新的突破；最后一级是对专家团队的采访，同时也是十分必要的一个环节，这个时候已经基本确定了选题的大方向，但对于内容涉及的一些专业知识，还需要向专家咨询意见，比如写到财产分配等涉及到法律的问题，就需要在专家的指导下来写。

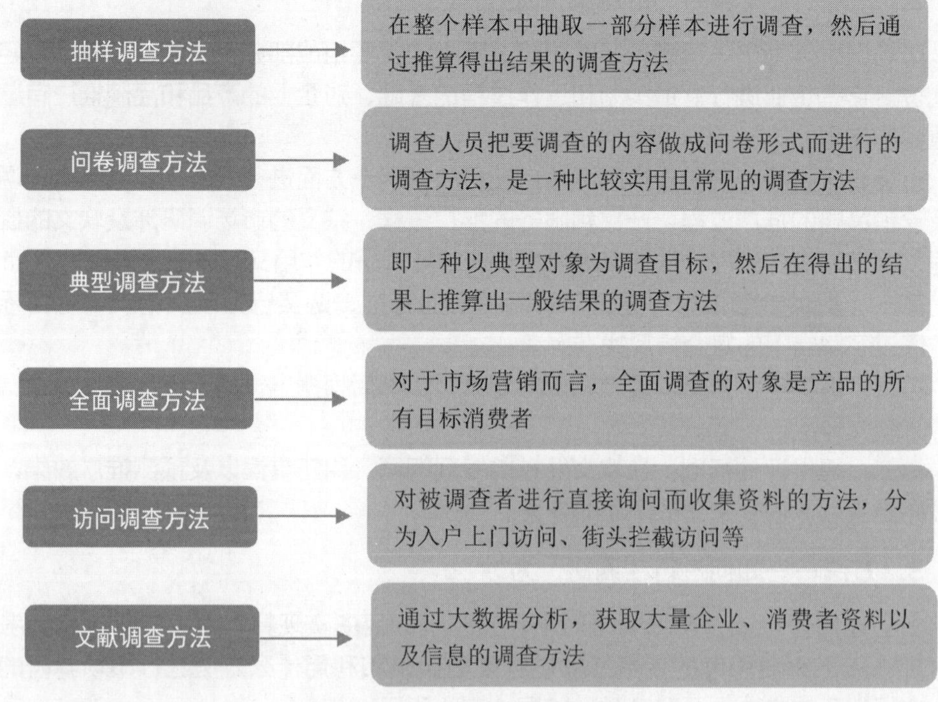


**图 1-14　市场调研的 6 种方法**

专家提醒

访问调查法是比较容易展开的一种方法，同时也是比较难的一种方法，但从效果的角度来看，这种方法还是值得借鉴的。不过值得注意的是，在访问的过程中，一定要把相关的工作进行落实，而不是用不切实际的数据进行选题的策划。

## 1.3.2　清楚企业的市场定位

完成市场调研之后，就要对创作怎样的内容进行定位和调研了，而在内容定位的过程中，重点又应该对平台和用户进行定位。首先来看看平台的定位，在微信、APP 运营中，第一步应该确定的是，企业所要运营的平台是一个什么类型的平台，以此来决定平台的基调。

平台的基调主要包括 5 种类型，即学术型、恶搞型、创意型、服务型以及媒体型。在做好平台定位时，应该根据自身条件的差异，选择具有不同优势和特点的平台类型。笔者将这 5 种类型总结成了两大类，做了如下的简单分析。

第一，自身有影响力的平台类型。这类平台账号质量较高，目标用户较集中，运

营稳定性较强，大部分内容属于知识经验分享和学术性。

第二，足够特别的平台类型。这类平台要找到一个最佳的小的切入口，力争成为该领域的意见领袖。

在定位平台的同时，还应该对平台的自定义菜单进行相应规划，以便能够清楚地告诉用户“平台有什么”。对自定义菜单进行规划，实际上就是对其功能进行规划，它可以从 4 个维度进行思考和安排，即目标用户、用户使用场景、用户需求以及平台特性。

专家提醒

做好平台定位是非常重要的，要慎重对待。因为只有做好了平台的定位，并对其基调进行了确定，才能做好下一步要进行的用户运营和内容运营策略，最终促成平台更好地发展。

## 1.3.3 确定企业的受众

关于用户的定位，在企业的微信、APP 和自媒体平台运营中，确定目标用户是其中至为重要的一环。而在进行平台的用户定位之前，首先要做的是了解微信、APP 平台针对的是哪些人群，他们具有什么特性等问题。关于用户的特性，一般可细分为以下两类。

第一，属性特性。用户分类的基础，首先是性别，用户主要是男性还是女性；其次是年龄，用户为老年人还是年轻人；最后是居住地，用户是南方人还是北方人。

第二，行为特性。用户的动态特性，比如说用户是喜欢电游还是手游，喜欢户外运动还是室内运动。

在了解了用户特性的基础上，接下来要做的是怎样进行用户定位。在用户定位的过程中一般包括 3 个步骤，具体内容如下。

第一步，数据收集。可以通过市场调研的多种方法来收集和整理平台用户数据，再把这些数据与用户属性关联起来，如年龄段、收入以及地域等，绘制成相关图谱，就能够大致了解用户的基本属性特征。

第二步，用户标签。获取了用户的基本数据和基本属性特征后，就可以对其属性和行为进行简单分类，并进一步对用户进行标注，确定用户的可能购买欲和可能活跃度等，以便在接下来的用户画像过程中对号入座。

第三步，用户画像。利用上述内容中的用户属性标注，从中抽取典型特征，完成用户的虚拟画像，构成平台用户的各类用户角色，以便进行用户细分。

最后是内容的定位，所谓“内容定位”，即微信、APP 以及自媒体平台能够提供给用户什么样的内容和功能。在平台运营中，关于内容的定位主要应该做好 3 个方面的工作：第一，明确内容的发展方向，分析的要点在于用户从哪里来、到哪里去以

及内容的关键方向；第二，明确内容的展示整合，展示内容有推出话题、成员动态、模块推送以及媒体转发，内容整合则有话题问答和用户内容；第三；明确内容的互动方式，在明确内容的互动方式的过程中，最好把握特点运作、定时发布、信息互动以及自主创新等要点。

以微信公众号“手机摄影构图大全”为例，如图 1-15 所示，它在内容定位的过程中就是从三个方面展开的：1000 多种构图技法、1000 多种场景和物品构图拍法、10000 多张作品展示，从而找到自己的目标用户，发布精准的内容。

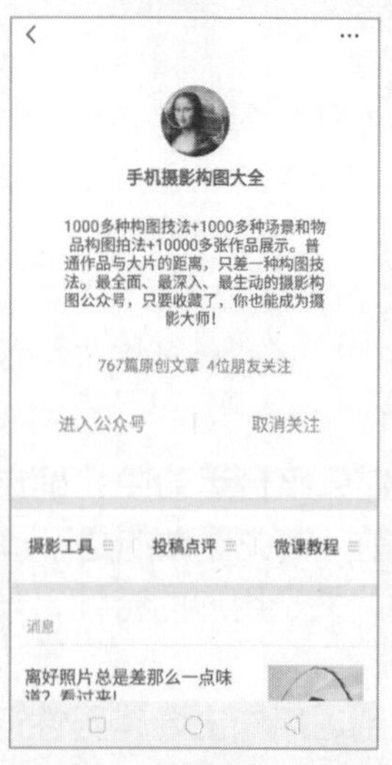


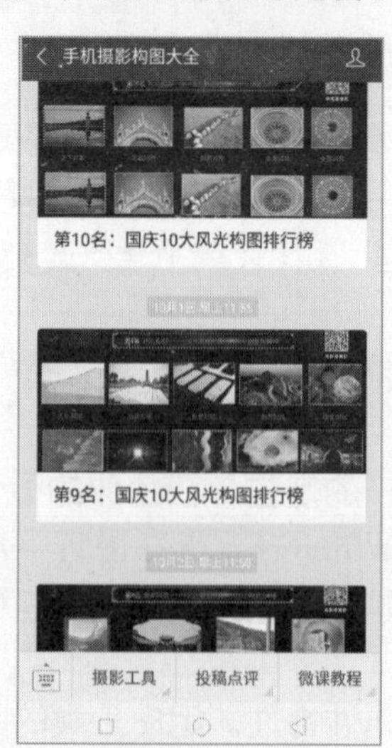


**图 1-15　微信公众号“手机摄影构图大全”**

专家提醒

在实际的内容定位中，有些细节可能要根据实践做出相应的调整。因为用户是变化的，内容也应随用户的变化而不断变化。因此，内容定位是一个需要花费时间和精力的步骤。

“手机摄影构图大全”为了吸引更多的粉丝，推广自己的内容，进而轻松盈利，在内容定位上下了不少功夫。那么，它具体是怎么做的呢？笔者将它的做法总结为以下 3 个步骤。

第一步，立足平台：结合微信公众平台的特点确定布局。

第二步，找准用户：用数据打造用户画像，确定目标受众。

第三步，发布内容：通过定时发布的方式推送相关的内容。

“手机摄影构图大全”的内容定位是按照步骤一步一步来的，既是一个寻找目标的过程，也是一个打造定向内容的过程。内容定位的成功，帮助“手机摄影构图大全”赢得了不少粉丝的信赖和支持，同时也从不同的渠道获得了利润。

# 第2章 软文形式：深入了解多样的软文种类

不管是线上还是线下的企业，都会用到软文这一形式对企业的产品进行推广和营销。软文的形式是多种多样的，不同的软文形式能够起到不一样的营销作用，因此掌握不同的软文写作技巧就能以更多的视角营造销售的效果。

要点展示

- 广告式软文
- 新闻式软文
- 促销式软文
- 病毒式软文
- 情感式软文
- 创意式软文
- 故事式软文
- 警告式软文
- 悬念式软文
- 逆思维式软文

# 2.1 引导市场消费的软文类型

每种软文都有自己的特点，这些软文对企业或产品的推广都会有很大帮助，所以在写软文之前，要充分了解不同软文类型的特点，写起来才能有针对性。本节主要介绍直观引导式软文的写作，如广告式软文、新闻式软文和促销式软文。

## 2.1.1 广告式软文

广告式软文比较有说服力，是软文中广告性质较浓的一种，一般由专门的撰稿人负责组织撰写。它的特征在于：投入资金少、吸引消费者目光、增强产品销售力以及提高产品美誉度。这种广告式软文，能够通过自身的魅力和特点，大力吸引读者的眼球，从而进一步引导其产生购买行为。

一般来说，广告式软文除了发布在各大权威的网站，还会发布在报刊上。很多企业经常会把优秀的广告式软文投放在报纸上，投放时需要遵守以下 3 点原则。

(1) 软文广告中适当带出联系方式，可以留下微信号或者公众号，作为宣传。

(2) 软文最好放在行业相关的板块中，这样最容易吸引精准用户。

(3) 软文内容要做到客观真实，避免出现自卖自夸式口吻。

广告式软文在各大电子商务网站上也比较常见，比如淘宝、京东等。图 2-1 所示为淘宝上的“淘宝头条”板块发布的一篇关于华为手机的广告式软文。

图 2-1 淘宝头条上的广告式软文

这篇软文的特色比较明显，一是图文并茂，文案突出重点，即“荣耀千元机”；二是叙述的都是比较实际的消息，为读者带来了相应的参考；三是列出了这款产品的优点，吸引读者对其产生注意，为后面的购买做好铺垫。

专家提醒

广告式软文比较直观，但又不是直指销售，属于软性植入的一种手段。值得注意的是，在打造这样的广告式软文的时候，最好事先确定好目标人群，针对受众的特点来撰写软文，这也是撰写所有软文所必需的。

## 2.1.2 新闻式软文

新闻式软文，指的是以新闻的大致套路，从不同的角度传递经营理念、品牌理念以及产品特点。撰写软文可以巧妙通过重点新闻事件来为软文增色，新闻事件不仅可以吸引读者的注意力，而且对引导市场消费也有所帮助。

新闻式软文能够在较短时间内迅速提升企业产品的曝光率，从而树立良好的品牌形象。微信公众号“不二大叔”发布的一篇题为《48 岁伊能静回怼网友：一个女人可以漂亮到什么地步？》的文案就是典型的娱乐新闻式软文，如图 2-2 所示为软文的部分内容展示。

图 2-2 新闻式软文的部分内容

这篇文案以“伊能静”这一名人为出发点，广泛吸引读者的注意力，而标题的问句形式也很好地勾起了读者对文章的好奇心，增加文章的点击率。

## 2.1.3 促销式软文

促销式软文从字面意思来看，是一种直白的推广式软文。对于这种形式的软文而言，越直白越好，它是如今企业用得比较多的一种软文营销的方法，也是比较经典的一种营销手段。

一般来说，促销式软文可以分为纯文字和“促销标签＋图片”两种形式，下面具体介绍它们的不同之处。

### 1. 纯文字，直接推荐品牌和产品

纯文字的促销式软文比较常见，它主要凭借文字向读者推荐品牌的特色、发展历程以及卖点等信息。如图 2-3 所示为微信公众号“周冲的影像声色”发布的一篇直白的促销式软文，为读者推荐了好用的护肤品。

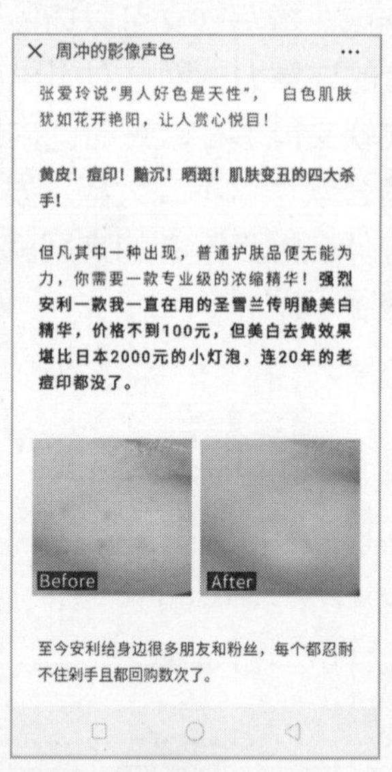



图 2-3 “周冲的影像声色”发布的促销式软文

这篇软文从标题开始就十分直接，“媲美 2000 元小灯泡的传明酸美白精华，拯救了我 20 年黄皮和痘印”一是突出了产品的性价比，二是说明了产品作用。软文内容也是围绕产品全面展开，为读者提供了比较准确的购物指导，从而进一步引发其购买欲望。

### 2. “促销标签＋图片”，更加直观

“促销标签＋图片”的促销式软文是指在产品或活动的图片上，搭配一些促销标签，如“全场包邮”“新春限时抢购”等。这种软文一般通过“攀比心理”“影响力

效应”等因素来吸引受众的注意力。如图 2-4 所示为“促销标签＋图片”的促销式软文。

图 2-4 “促销标签+图片”的促销式软文

此篇文案是“促销标签＋图片”的典型案例，以“春节”为中心，突出“280元”“清仓”等字眼。同时，还制造了一种节前的紧张氛围，使得受众看到文案后禁不住心动，这就是促销式软文的魅力。

# 2.2 迅速感染读者的软文类型

在这个信息爆炸的时代，我们每个人每天接触的信息不计其数，这其中能被记住的信息寥寥无几，广泛传播的信息更是少之又少。那么，究竟哪些内容可以吸引网友的注意呢？本节就介绍几种能迅速感染读者的软文类型，如病毒式软文、情感式软文、创意式软文和故事式软文。

## 2.2.1 病毒式软文

打造病毒式软文的关键是迅速找到制造病毒的方法。一篇病毒式软文产生的营销效果往往是不可估量的，因为它往往能够传播得比较广泛，让更多的潜在消费者接触和阅读。

以微信公众号“由这性子”为例，它是一个分享日常搭配的账号，它发布的软文特征就是会加入一些实际的优惠，如图 2-5 所示。在分享入秋穿搭的同时，还在文案的末尾突出展示了微博抽奖活动的信息，吸引更多的读者持续关注微信公众号，从而推销产品，赚取利润。

“由这性子”之所以能够成为呈病毒式传播的软文，一方面是因为在文案当中加入了抽奖等具有实际利益的信息，另一方面因为它提供的穿搭技巧为读者带来了帮助。病毒式软文之所以能够广泛地传播开来，是由多方面的原因造成的，当然，有时候因为一个、两个原因也可以呈病毒式传播，主要是看有没有找到引爆点。

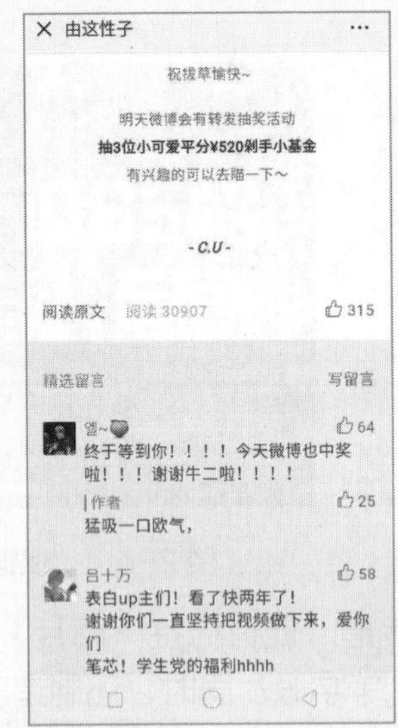


**图 2-5 “由这性子”发布的内容**

## 2.2.2 情感式软文

“情”作为一个亘古不变的话题，在广告界也备受瞩目和欢迎，渐渐地也被人们所看重。如今消费者购买商品不仅仅看重数量、质量以及价格，而且还看重感情的诉求和心理的认同，这种独特的消费方式可以称为感性消费。感性消费是以自己的直观感性情绪为基础的，这类型的消费者一般会比较关注精神方面的感受，对于他们而言，情感式软文是很有感染性的，往往能起到较为理想的效果。

以著名的巧克力品牌德芙为例，它的广告大多走的都是情感路线，通过爱情、亲情以及友情等元素来吸引消费者。图 2-6 所示为“婚礼纪”在公众平台发布的一篇题为《看过德芙巧克力丝滑婚礼，才发现最美婚礼长这样》的情感式软文，字里行间都渗透着爱情的甜蜜，同时又恰如其分地对产品进行了推广。这样充满感情的软文，十分容易引起广大读者的情感共鸣，从而得到更为广泛的传播，产品的植入也是毫无痕迹，悄无声息。

**专家提醒**

例如，比较经典的“家里有你才是过年”“把乐带回家”“我爱你只是隔了两个旺旺的距离”以及“女人，你的名字是天使”等情感软文，都是利用“情”这一特色，激发读者的情感共鸣。

图 2-6　情感式软文的案例

## 2.2.3　创意式软文

随着科技的不断进步，人们开始追求有趣的、好玩的以及没见过的事物，希望每天都有不同的创意围绕在身旁，那样人们才不会觉得生活枯燥、单调以及乏味。如果撰写出让人们感到惊喜的创意软文，那么就很有可能吸引更多的读者和粉丝，使得文案中推销的产品和服务热销。

如图 2-7 所示，为江小白联合综艺节目“见字如面”发布的创意广告文案，简单的文字，走心的图片，搭配起来十分惹人注目。这样的广告文案不仅在视觉上为受众带来了美的享受，而且还戳中了不少受众的痛点，引发了广大人群的情感共鸣。

图 2-7　江小白的广告文案

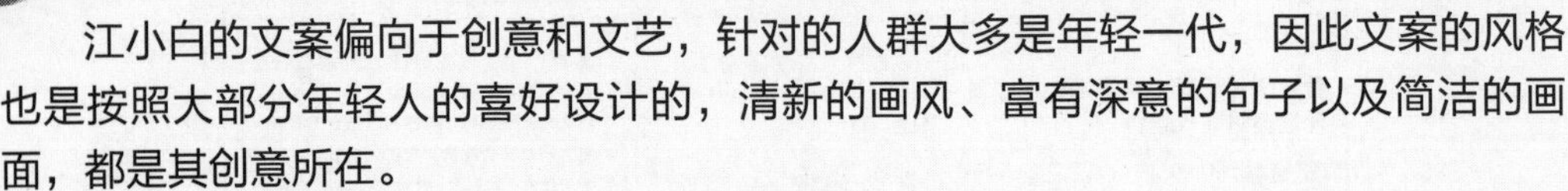


江小白的文案偏向于创意和文艺，针对的人群大多是年轻一代，因此文案的风格也是按照大部分年轻人的喜好设计的，清新的画风、富有深意的句子以及简洁的画面，都是其创意所在。

## 2.2.4 故事式软文

故事对于人们来说是一个什么样的存在呢？我们小时候就喜欢听故事，长大了喜欢看故事。不同的阶段，故事对于我们来说有着不同的意义，而且人人都爱听故事。

总之，故事永远都是人们所热衷的，写出一篇好的故事式软文，就能抓住读者的心，赢得他们的认可，从而促进产品的销售。

以微信公众号“独木舟”发布的《当你感到小确丧的时候，也许该洗个热水澡》为例，如图 2-8 所示，文章的开头以本人经历为切入点，将自己的故事娓娓道来，看起来与广告完全没有关联，但随着故事的不断深入发展，笔触开始自然而然地向广告方面延伸，最后向读者推荐了一款沐浴露产品。虽然是一篇软文，但在文案的前半部分完全看不出推销产品的痕迹，这就是故事式软文的高明之处。

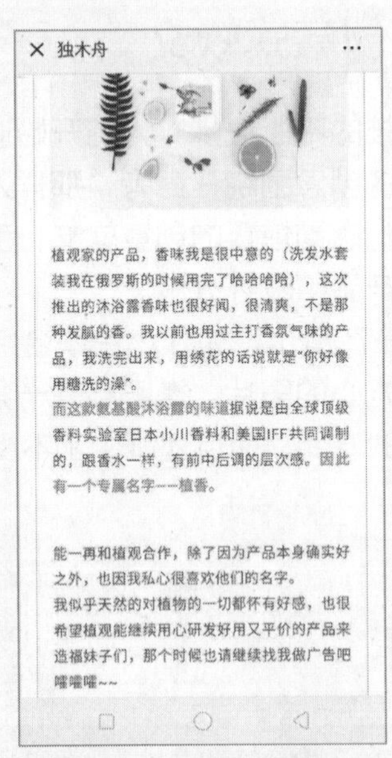


**图 2-8 《当你感到小确丧的时候，也许该洗个热水澡》的内容展示**

这篇文案是典型的故事式软文，关键是这个故事还是用第一人称叙述的，因此带给读者的感受也更加平易近人、真实可信。总结起来它有 3 个特点：开头以情景式导入、内容过渡无缝连接、产品推广自然而然。

再比如知名厨电品牌方太的文案，如图 2-9 所示，为“FOTILE 方太”推出的一

篇文案，开始从中国夜间消费的大数据切入，再引出自己闺蜜的故事，最后由闺蜜的故事导向产品介绍，无缝连接，让读者觉得无比自然。

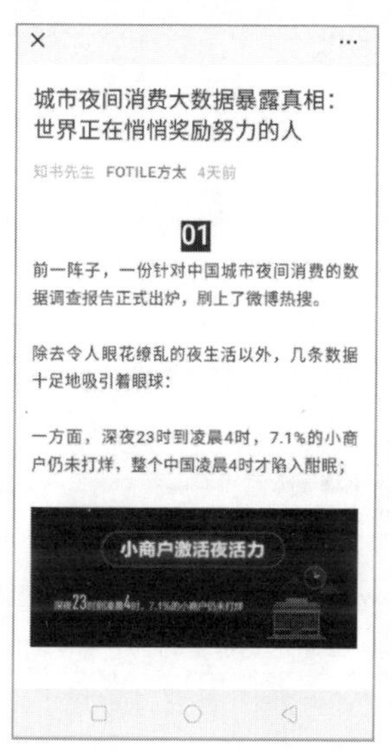
城市夜间消费大数据暴露真相：世界正在悄悄奖励努力的人

知书先生 FOTILE方太 4天前

01

前一阵子，一份针对中国城市夜间消费的数据调查报告正式出炉，刷上了微博热搜。

除去令人眼花缭乱的夜生活以外，几条数据十足地吸引着眼球：

一方面，深夜23时到凌晨4时，7.1%的小商户仍未打烊，整个中国凌晨4时才陷入酣眠；



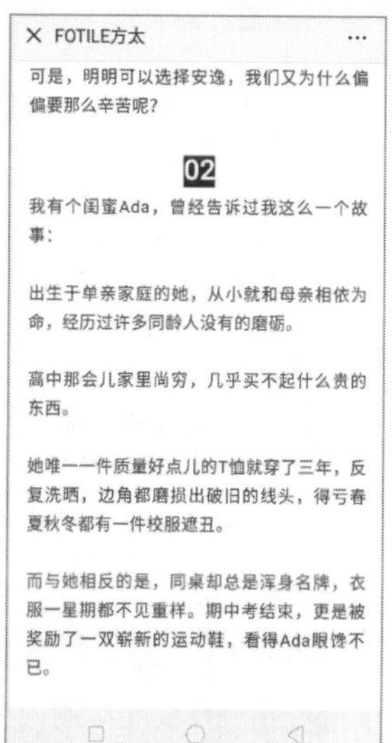
FOTILE方太

可是，明明可以选择安逸，我们又为什么偏偏要那么辛苦呢？

02

我有个闺蜜Ada，曾经告诉过我这么一个故事：

出生于单亲家庭的她，从小就和母亲相依为命，经历过许多同龄人没有的磨砺。

高中那会儿家里尚穷，几乎买不起什么贵的东西。

她唯一一件质量好点儿的T恤就穿了三年，反复洗晒，边角都磨损出破旧的线头，得亏春夏秋冬都有一件校服遮丑。

而与她相反的是，同桌却总是浑身名牌，衣服一星期都不见重样。期中考结束，更是被奖励了一双崭新的运动鞋，看得Ada眼馋不已。

**图 2-9 故事式软文的案例**

专家提醒

故事式软文是很多文案创作者都会用到的一种形式，它的优点很多，最主要的是容易将读者带入到情境之中，使得文案更加有代入感。当然，想要创作出优秀的软文也不是那么轻而易举的。

# 2.3 反常规的软文类型

内容出人意料，且合乎情理的新颖软文往往能引发转载浪潮，一个好的创意能给人赞叹，打消人们对软文广告的抵触心理。本节将为读者介绍反常规的警告式软文、悬念式软文和逆思维式软文。

## 2.3.1 警告式软文

警告式软文恰好与情感式软文相反，情感式软文是比较正面、乐观的，而警告式软文则不同。其表达形式一般都是“你正走向死亡的边缘”“洗血洗出一桶油”“一天睡不好，等于三天衰老”以及“天啊，骨质增生害死人”等类型，以警告的形式，引起消费者的注意。

警告式软文一般都采用警告、恐吓等方式来展示，主要目的是为了吸引读者的注意。图 2-10 所示为警告式软文的典型案例。

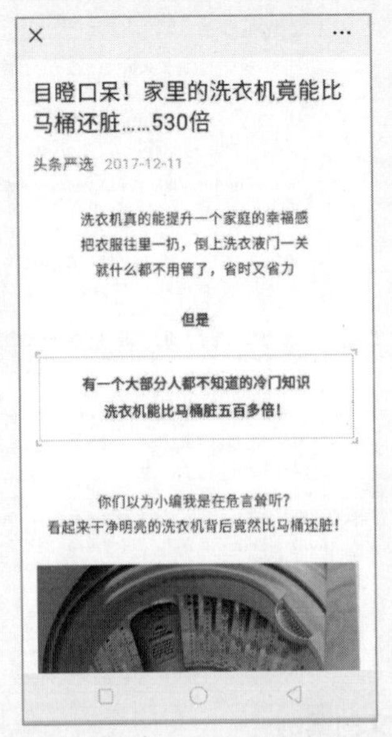


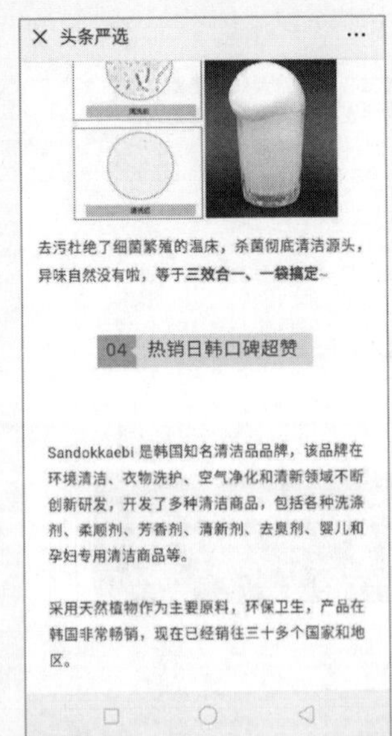


图 2-10 警告式软文的案例

从该案例可以看出，一般警告式软文的标题都会比较夸张，如“别等到皮肤病才后悔”，这显然有点夸张的成分在里面。而正文一般会循序渐进，提到为何会出现如此严重的情况，应该如何解决，进而推荐要销售的产品，这就是警告式软文的大致套路。

## 2.3.2 悬念式软文

悬念式软文，顾名思义，就是通过设置悬念来引起读者的注意。首先是提前设置好问题，让读者自行猜测、关注以及讨论，然后等到时机成熟再抛出答案，它属于自问自答式。

悬念式软文在各种各样的场景都会出现，不管是主打文字销售的微信公众平台，还是致力于销售商品的淘宝头条，都会用到悬念式软文这种形式。

图 2-11 所示为淘宝头条上一篇名为《编辑部的仙女们都用啥来保护第二张脸？》的软文，这个标题一开始就设置了悬念，勾起了读者无限的好奇心，紧接着，读者就会点击文章进行查看。在阅读的过程中，读者会发现，作者会一步一步地给出答案，同时向读者推荐一些商品，促使读者产生购买的欲望。

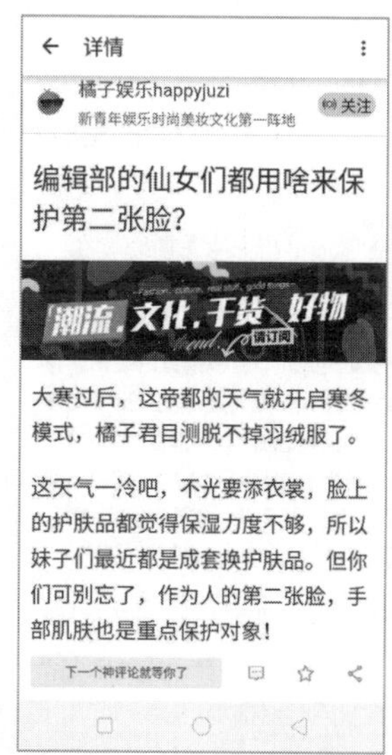


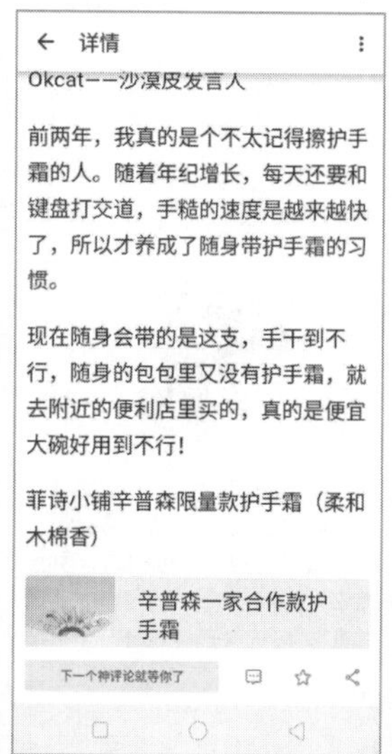


图 2-11 淘宝头条上的悬念式软文

悬念式软文不仅可以有效吸引读者的眼球，提升软文的浏览量，而且还可以趁势推销相应的产品，在帮助读者解决问题的同时获得收益，两全其美。

## 2.3.3 逆思维式软文

逆思维式软文，就是在构思时，让大脑朝着正常思维的对立面思考，从不同的思维角度进行较为深刻的挖掘，从而找到新的突破点。

怎样才算是“反其道而思之”呢？就拿照相来说，为了让摄影师把自己拍得美美的，一般人们喜欢在摄影师按下快门之前，就把眼睛睁得很大。可由于拍照时，人们往往在等摄影师喊“一！二！三！”，坚持了半天之后，恰巧在“三”字上坚持不住而闭上眼睛，就造成了不能一次成功的状况。

所以，英国伦敦的一位摄影师换了一个思路。他请照相的人们先闭上眼，听他的口令，同样是喊“一！二！三！”，但在“三”字上一齐睁眼。结果，照片冲洗出来一看，一个闭眼的也没有，全都显得神采奕奕，比本人平时还精神。因此，逆向思维就是不走寻常路，给读者呈现与众不同的软文，带给读者非同一般的阅读体验。下面就来欣赏两篇淘宝头条上的逆思维式软文，如图 2-12 所示。

一般的软文都会从正面的角度说这几款大衣适合 1.6m 以下的女生，或者 1.6m 以下的女生最好这样穿等，但这两篇软文反其道而行之，从相反的角度说 1.6m 以下的女生千万不要穿这几款衣服，实际上也可以达到同样的效果。针对体格比较小的问题，提供相应的解决方案，从而推广自己的产品。

详情
我爱美搭搭
最流行的穿着搭配，做一个时尚...
关注
1.6m以下千万别穿这几款大衣，压个头
有对比，就有伤害！身材娇小的妹子，很难和170的大长腿比身材硬件，就拿春秋冬季出镜率最高的外套呢子大衣来说吧，有些版型真的不适合身材娇小的妹子，真的很压个头。
下一个神评论就等你了
233
小芽时尚酱
null
身高不到160，千万别再碰这4款衣服！
身高160cm以下的女生有多痛？身高 160 以下的我，就连呼吸的空气都跟别人不一样，对于很多小个子女生来说，身高简直是硬伤，特别是在穿衣单品的选择上，选不对单品，会让自己看起来更矮，稍微胖点，更是会出现穿衣尴尬，把自己变成“土肥圆”！因此，在穿衣这件事上，矮个子女生一定要格外注意！
今天小芽酱就和宝宝萌说说，小个子
下一个神评论就等你了

**图 2-12　逆思维式软文**

# 第 3 章　软文写作：学会巧妙编写软文的内容

在铺天盖地的软文海洋中，如何让自己的软文脱颖而出？答案就是正文的布局，通过标题与正文的布局，让软文给读者留下深刻的印象。

## 要点展示

- 软文写作读者为上
- 软文需要体现价值
- 软文要有切入点
- 软文要有观点思想
- 写作思路需要扩展
- 软文标题的要求
- 软文标题的写作技巧
- 软文标题的类型
- 软文开头的写作方法
- 软文结尾的写作方法
- 软文内容的布局方法
- 软文正文类型

# 3.1　软文写作需知

在撰写软文之前，我们应该学习一些打造优秀软文的必知事项，下面就来看看软文写作中非常实用的写作知识点。

## 3.1.1　软文写作读者为上

一篇优秀的软文，需要获得读者的认同与信任。因此，第一步，我们需要从读者感兴趣的话题入手，通过搜集并整理资料，并由之展开软文撰写，从而消除与读者之间的陌生感。撰写者需要时刻谨记，软文的生命力就是给读者看。不同身份、不同职业的读者，对于软文有不同的需求。

为了能够满足读者的期待，软文撰写者需要根据不同的对象来使用不同的文风。比如在撰写针对职业方向的软文中可以多使用职业相关的专业语言；而当软文的目标受众指向年轻读者的时候，多使用当下火热的流行语言。投其所好，是软文得到更好传播的最好渠道。

例如，一篇标题为《睡不好，就变老》的美容软文，标题中就针对美容的客户群，使用了“变老”这样对于年轻女性最有杀伤力的字眼，在软文的内容中，也较多采用了一些针对于年轻女性的用词，从而最大程度的引起客户人群的重视。图 3-1 所示为这篇美容软文的部分内容。

美容机构软文：睡不好，就变老

随着现代生活节奏加快，工作压力增大，我们很多时候都得不到充足的睡眠和休息，长此以往各类眼衰问题接踵而至：黑眼圈、眼袋、眼纹就"定格"在我们的眼边。"睡不好就变老"，根据丹凤眼专业美眼连锁机构的数据统计，近两三年间，女性眼部肌肤衰老速度比前些年提早了一年多。

**眼部衰老**

**见证青春的远去**

"昨天，你睡得好吗？"都市人的生存压力越来越大，睡眠时间的不足和睡眠质量的不高，引发了众多的眼部疾病。现在越来越多的人，"未老先衰"晋升为"眼袋族""黑眼圈族""眼部皱纹族"。没有人愿意在经历过最耀眼的青春之后，承认自己正在渐渐老去。可是就算你不说，眼角的条条细纹和垂下的大眼袋早已出卖了你。

图 3-1　读者优先

## 3.1.2　软文需要体现价值

软文本身只是文字的组合，虽然它有宣传产品、企业品牌的功效，但要实现自我价值必须要附着于其他产品之上。

而一篇优秀的软文，除了要体现它宣传产品和企业品牌的功效，还需要具备价值，这样的软文，在起到软文必须达到的功效之外，还具有极强的阅读性，能够使读者在接收软文传达信息的同时，获得愉悦感。在此，笔者将软文需要具备的价值总结

为 4 个：第一，软文要有新闻价值；第二，软文要有学习价值；第三，软文要有娱乐价值；第四，软文要有实用价值，如图 3-2 所示。

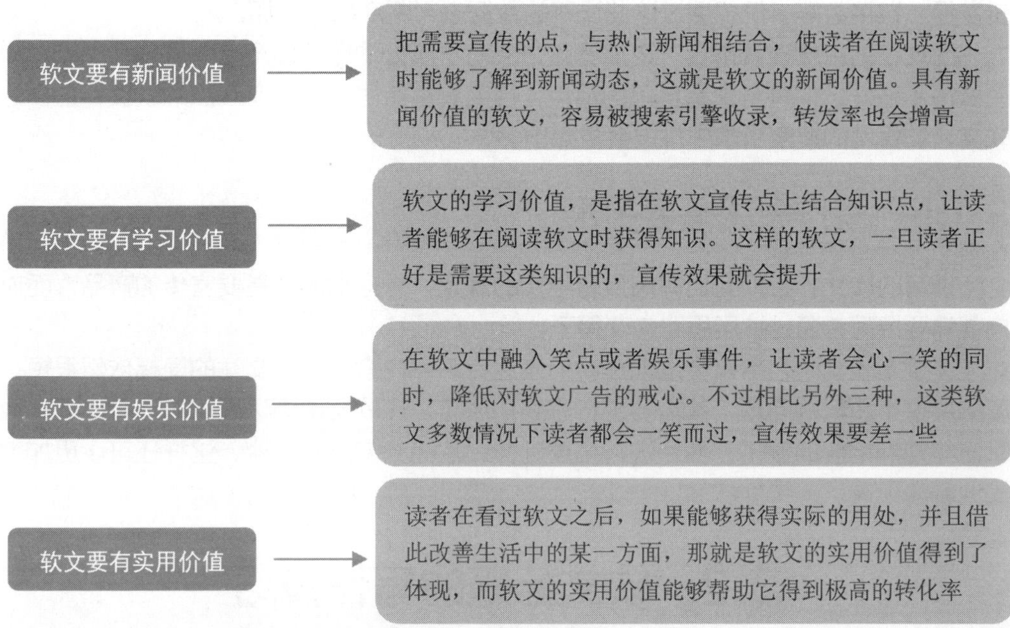


**图 3-2 软文需要体现的 4 个价值**

## 3.1.3 软文要有切入点

软文不同于其他文章，需要一个点切入进去才好进行产品的宣传与推广。而切入点的定义，就是软文主题关于什么，或者说，在撰写这篇软文时，从什么角度入手，向什么方向发展。

## 3.1.4 软文要有观点思想

企业尤其是电商企业，在撰写软文时有一个明确的目的，就是宣传产品品牌，使得产品关键词在搜索页面的排名靠前。如果某种产品的生产厂家只有一家，那自然是不需要这么做的，消费者只要进行搜索就肯定会找到这家企业。

而如果某种产品有两家生产企业，这种情况下，在实体经济中我们能够从规模、装备水平、研发实力等因素上，直观地通过比较来得出孰优孰劣。但是在电商平台，在虚拟经济中，这种评判方式显然就不能适合了。

以百度为例搜索引擎对此的做法是：如果挨家企业去进行实地考察自然不现实，因此就只能参考两家竞争企业的发言，而这些发言包含了对于所处行业的总体看法，

以及如何看待产品的发展趋势、市场的发展、行业的政策等。这些就是软文的素材，也是软文写作的观点。曾经百度走过一些弯路，将排名的顺序取决于企业付费、软文转发量、链接数等，仅仅通过这些浅薄的数据来判断产品的好坏。

而现在的百度搜索排名，更加看重企业对于所处的行业和产品的原创性观点，即使做得不够好，但是至少有自己的观点，百度看重有思想性、有观点的软文，这样的软文，在百度的搜索引擎中排位会更靠前。

### 3.1.5 写作思路需要扩展

撰写的软文，必须有血有肉且有结实的骨架，骨架指的就是要宣传的产品，而血肉就需要撰写者通过扩展思路来获得了。

在撰写软文时，常常会发现在我们表达完观点内容以后，文章的篇幅依然很短。要解决这个尴尬的问题，就需要进行思路扩展了。在软文中表达观点时，可以适当地举出与观点相应的例子，然后进行拓展延伸，从而充实文章内容，这样还可以更加完善地解释观点。

## 3.2 软文标题的写作技巧

在着手软文撰写之前，软文撰写者需明白软文的主题内容，并以此进行题目的拟定，从而让软文标题与文章内容能够紧密相连。无论撰写软文的主题内容是什么，最终目的还是吸引用户去阅读、去评论，让更多的人转载，从而带来软文外链，所以撰写一个有吸引力的标题是很有必要的。

### 3.2.1 软文标题的要求

从我们刚接触作文开始，老师就常告诉我们：“题好一半文”。意思是说一个好的标题就等于一半的文章内容。不过优秀的标题也不是那么容易写出来的。

下面来看看软文标题的 4 个要求：第一，简单直接；第二，呼应正文；第三，画龙点睛；第四，善用关键词。

对于软文标题的设计，最重要的莫过于简单直接，读者最喜欢的标题，就是简短好记，扫一眼就可以在脑海里产生印象。若是使用长句作为标题，难免会给人一种冗余的感觉，会引起读者反感，而不是对于软文的阅读兴趣。

下面来做个对比，很明显地就可以看出简短明确标题的优势。在如图 3-3 所示的两个标题中，“关于睡眠的真相”标题简单直接，让人一看就知道这是说关于睡眠质量的；而后面软文的标题就太冗长，而且表达的主题也不够清晰。

家居产品软文：关于睡眠的真相

睡多久才足够？通常的指导是：婴儿16小时，青少年不少于9小时，成人7—8小时。但有些成人睡5个小时就感觉良好。有专家指出睡眠时间长短因人而异，一般以"第二天体力充沛"为前提。所谓完美睡眠莫过于此——清晨自然醒来，睁开双眼，顿感身心愉悦，完全放松。

**孩子们也有睡眠问题**

近日，加拿大的研究人员在美国《儿科学》杂志网站发表报告称，小学生每天通常需要10-11小时睡眠，但每个孩子的具体情况不同。那么，如何判断孩子睡眠是否充足呢？美国国家儿童医疗中心专家朱迪思·欧文斯说："这个年龄段的孩子白天不应该犯困，如果他们在车里或看电视时睡着了，这就是（孩子睡眠不足的）危险信号。"另一个方法是关注他们在假期里的睡眠长度。如果他们在假期里每天睡眠都比上学时更长，说明他们平常缺乏睡眠。

眼科医院软文：近视考生注意！高考填志愿热门专业视力有要求

今日是高考的最后一天，为期3天的高考将在今天落下帷幕。经“奋力苦战”，莘莘学子们的付出也将得到回报。按照以往，考完后不久，广大考生就会迎来一件极其重要的一刻——填志愿！对于很多高考生而言，填报专业志愿将在很大程度决定了自己未来的职业方向，也事关梦想能否实现。而一些家长和考生可能还不知道，除了高考成绩，很多热门专业其实还有一定的视力要求。可对于想报考这类热门专业的近视考生而言该怎么从容应对呢？

**图 3-3　简明与冗长标题的对比示例**

软文撰写者需要先明确软文的主题内容，并以此命题，再着手软文的写作，这样才能做到软文标题与文章内容紧密相连。如果软文的标题和主题内容相关性不大，无论撰写的软文标题与主题内容多精彩，都会让读者产生被欺骗的感觉。

如果把软文比作一个大房子，标题就是这栋房子的大门，读者第一眼往往看到的是大门。那么如何才能让软文标题吸引读者眼球呢？在设计软文标题的时候，可以使用一些比较有吸引力的词，来抓住读者的眼球。不仅如此，软文的标题需要点题，必须在标题中体现出软文所要表达的主题。如果软文的标题主题模糊，不仅无法吸引读者，更是没有任何意义。

软文说到底还是给搜索到的用户看的，因此在软文标题的设计上，需要充分考虑搜索引擎收录的问题。而搜索引擎收录的重点，就在于关键词。

因此在软文标题的设计上，需要充分考虑到关键词的融入，无论针对的是搜索引擎还是使用搜索引擎的用户，只有把关键词和长尾关键词妥善融入标题中，才能更好地让搜索引擎收录文章，用户才可以通过精确的查找，搜索出需要的内容。

## 3.2.2　软文标题的写作技巧

一篇软文能不能引起读者的点击，关键看标题能否吸引读者视线，尤其现在的网络营销软文，标题吸引视线，才会有点击率。所以在撰写软文时，如何拟写软文标题是至关重要的一环。

衡量一个标题的好坏，不仅仅要看有没有吸引力，还会有其他的一些原则，只有遵循这些原则撰写的标题，才称得上是优秀的标题。图 3-4 所示是标题写作要遵循的 5 个原则。

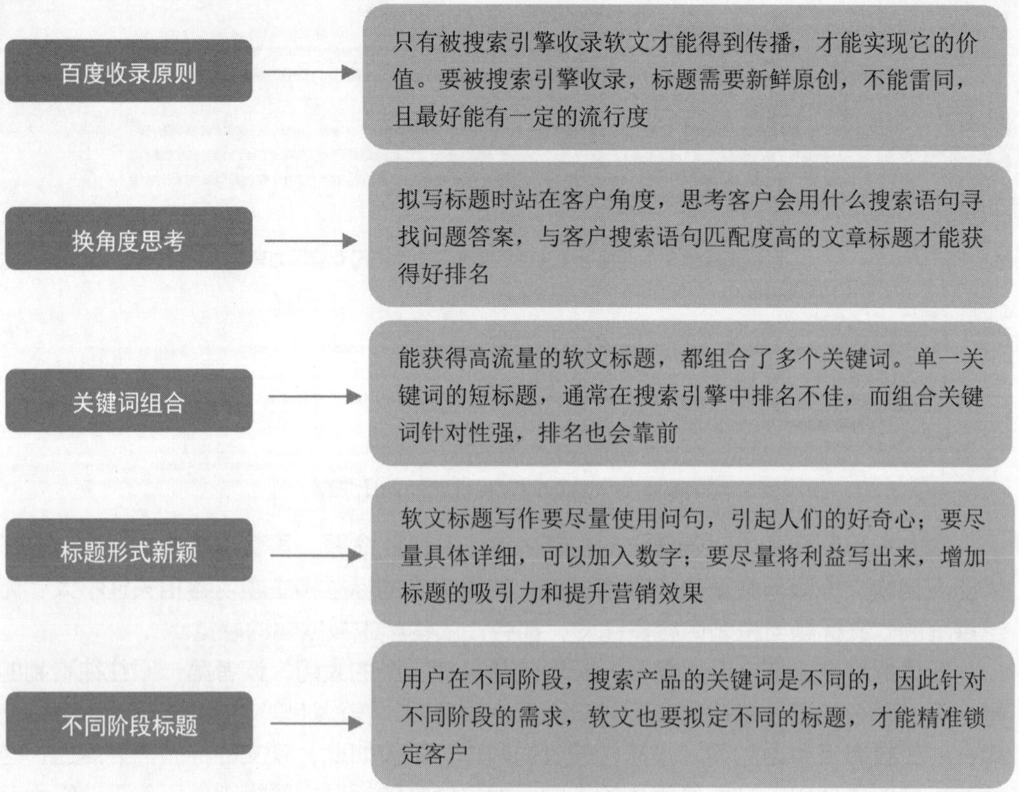

|  |  |
| --- | --- |
| 百度收录原则 | 只有被搜索引擎收录软文才能得到传播，才能实现它的价值。要被搜索引擎收录，标题需要新鲜原创，不能雷同，且最好能有一定的流行度 |
| 换角度思考 | 拟写标题时站在客户角度，思考客户会用什么搜索语句寻找问题答案，与客户搜索语句匹配度高的文章标题才能获得好排名 |
| 关键词组合 | 能获得高流量的软文标题，都组合了多个关键词。单一关键词的短标题，通常在搜索引擎中排名不佳，而组合关键词针对性强，排名也会靠前 |
| 标题形式新颖 | 软文标题写作要尽量使用问句，引起人们的好奇心；要尽量具体详细，可以加入数字；要尽量将利益写出来，增加标题的吸引力和提升营销效果 |
| 不同阶段标题 | 用户在不同阶段，搜索产品的关键词是不同的，因此针对不同阶段的需求，软文也要拟定不同的标题，才能精准锁定客户 |

**图 3-4　软文标题写作原则**

一篇软文的灵魂就是标题，针对的产品或者服务写作技巧不同，撰写者需要进行思考，才能写出有针对性的优质标题。对于利用噱头吸引视线的标题，将内容安排得缜密有价值，会更加吸引读者。下面就为读者介绍 5 个写软文标题的小技巧。

### 1. 符号标题

一般来说，软文标题中包含 3 大亮点，即数字、观点和事例，推广者可以采用数字或符号，来使自己的标题更有说服力和有吸引力。

(1) 数字：“5 天时间，赚足 3800 元!”。

(2) 标点：“小心被宰！低价做网站的惊天秘密”。

(3) 盘点：“盘点 10 大最美天文摄影图 赏太空神秘景象”。

### 2. 学会借势

借势是一种常用的软文写作手法，而且借势完全是免费的。借势一般都是借助最新的热门事件，包括《大圣归来》上映、《花千骨》大结局等大软文事件。例如在电影《捉妖记》热映之际，配合电影宣传的“胡巴公仔”刚推出便火爆热销。

### 3. 使用特色语言

拟写标题时可以通过一些带有特色的语言来吸引读者视线，比如诗词、成语典故、谚语、歇后语等；如果是发送到地方门户网站的软文，标题还可以化用方言土语和人名地名；而针对另一些特殊情况，还有行业内专业术语、口语、军人常用语等各色词汇可以化用。使用特色语言的标题，为了吸引视线，通常采用双行体。

### 4. 使用谐音/多音字

汉语是一门博大精深的语言，在切合软文内容的前提下，通过利用多音字、谐音字，尤其是语音相同或相近含义却相反的词语，赋予标题深刻内涵，引起读者思考，都是可以给读者留下深刻印象的标题。

### 5. 进行对比

在标题中使用对比的手法，不仅可以突出产品的优势，还可以利用被比方的名气来提升自己的名气。如图 3-5 所示。

[原创]同轴距之争 三款中国品牌SUV行情对比

从实际应用的角度来说，轴距直接影响着车身长度以及车内空间；从汽车设计的角度而言，轴距决定了汽车重心的位置、汽车总体布置的设计以及汽车悬架的参数调节；而且对车辆的制动系统、操纵性以及平顺性也有着很大的影响，可见，轴距具有十分重要的作用。此次，为大家推荐的三款中国品牌小型SUV，它们除了有着相同的轴距，还具备高性价比和高销量的特性，在中国市场中有着不错的口碑。在近期有购买一款高性价比SUV的朋友不妨来看看它们的特点以及市场优惠行情如何。

图 3-5 进行对比

## 3.2.3 软文标题的类型

软文能否在第一眼就抓住读者眼球并被读者记住，取决于软文标题的好坏，一个好的标题，同样可以决定软文的流传度。

软文标题有很多类型，在这些类型当中，有一些是非常新颖的，通过在标题中加入流行语、知识、数字，以及借用观点、指导等各种形式，能够帮助软文撰写者拟写一个合适的软文标题，运用得当会为软文增光添彩。

### 1. 标题+流行语

流行式标题就是以网间流传的热门语言为标题噱头，如“DUANG”“我也是醉了”“什么鬼”等，来吸引消费者的注意力。图 3-6 所示为一篇使用流行式标题的软文案例。

亮牙大咖“齿贝白”真能让牙齿duang下就白

近年来，一个曾经名不见经传的品牌“齿贝白”忽然在微商界受到热烈追捧，众多微商大咖纷纷成为“齿贝白”的代理商。“齿贝白”三个字一时刷爆了朋友圈。究竟是何种魔力让一个默默无闻甚至“零广告”的品牌“忽然一夜春风来”，成为众人瞩目的焦点，得到众多朋友的一致选择，记者带着疑问做了深入探究和了解。

图 3-6　流行式标题案例

这种网络化的流行语，可以让软文标题更贴近生活，可以给人们一种深刻的印象，在一定程度上能引人注意。

### 2. 标题+知识

在标题中就将软文的主题表达出来，而且软文必须是拥有知识性的，而且尽量不要是大众所熟知的知识。让软文表面上看似乎是一篇专业的某类型的知识讲解，在知识点中穿插产品内容。如图 3-7 所示就是一篇使用知识性标题的软文案例。

自动清除体内毒素 四种食物具有解毒功能

美国疾病控制和预防中心的统计数据显示，每个人体内循环着140多种有毒化学物质。一些食品可以对体内毒素起到自动清洁作用。美国《医学日报》介绍了具有解毒功能的几种食物。

**苹果。**苹果含有丰富的果胶，这种可溶性膳食纤维能从人体系统中去除食品添加剂和金属残留物。

**甜菜。**甜菜有助于肝脏的解毒功能，缓解胆汁类疾病(如黄疸、肝炎、食物中毒、腹泻和呕吐)。甜菜也被称为“血液净化器”和“血液建筑工”，因为它有助于红血球的再生和恢复，并向人体供应新鲜的氧气。

**姜。**姜不仅能让味蕾发挥效力，还能启动新陈代谢过程，冲刷毒素。这是由其高浓度的姜辣素决定的。

**洋葱。**发表在《环境与污染国际期刊》上的研究显示：洋葱能吸收污染食品中的砷、镉、铅、汞、锡等有毒金属元素。

图 3-7　知识式标题案例

### 3. 标题+提示

在标题中融入劝勉、叮咛、希望等口气的词语，起到一种提示性的作用，目的在于提醒处于某种境地的某些人。这类标题通常适用于养生类软文。如图 3-8 所示就是一篇采用提示式标题的案例。

**不要再被骗啦！直接吃苦瓜不降糖**

坊间关于吃 XX 食物可以治愈XX 病的谣言层出不穷、此起彼伏。当年张悟本绿豆治百病之论早已尘埃落地，最近又冒出许多诸如“吃苦瓜、秋葵治愈糖尿病”的说法。追本溯源，这与根植在人们心中的“食疗”信仰密不可分。所谓“是药三分毒”，在面对疾病威胁时，人们迫切希望自然界的某种普及型食物可以同时满足果腹与治病的双重需求。

**图 3-8　提示式标题案例**

容易引起共鸣的提示式标题，在使用时需要注意措辞谨慎，以免引起读者反感。提示式标题兼具多种优点，主要的有以下三点。

- 标题中的劝说或暗示需要主动，劝说不可过激，暗示可以增强。
- 标题中需要明确所推荐产品的用途和使用方法，越准确越好。
- 一定要站在读者的角度，不能只有推荐产品的骨架而少了必要的血肉。

### 4. 标题+借势

不仅软文中需要借势，就连标题里面也是需要借势的，借的“势”可以是某个人，可以是某件事，也可以是某件东西。在标题中借势，借用名人或热点事件的热气与关注度，吸引读者眼球。例如，每年的 5 月 20 日已被人们列为了“情人节”，520 代表我爱你，下面这篇文章就是借助了 520 的热点，在 5 月 20 日发布了一篇如何拍出好看的情侣照片的技巧，将拍照技巧与 520 作了一个很好的结合，如图 3-9 所示。

**图 3-9　以事件作标题案例**

总之，大众对于和名人搭边的事情，从他们的工作、生活到兴趣爱好，都有别样的关注。所以，软文撰写者在撰写软文时，若能通过借势来造就一场明星效应，不论会引起多少关注，至少明星粉丝绝不会放过与他们偶像相关的任何报道。

**5. 标题+数字**

在标题中加入具体的数据，会带给读者很大的视觉冲击力。一个巨大的数字能与人们产生心灵的碰撞，很容易让人产生惊讶之感，图 3-10 所示就是一篇使用数字或标题的软文案例。

图 3-10　数字式标题案例

**6. 标题+注意**

标题中将注意或者警告类的语句融合，会让读者产生一种危机感。这种标题常常会出现在医疗行业的软文中，通过警告或注意的手法吸引读者对软文的关注，特别是针对一些疾病患者，相关软文能够引发他们的共鸣。如图 3-11 所示就是这样的标题案例。

**吃菜少吃肉多 这7大癌症当心吃出来**

俗话说“病从口入”，“癌”字有三个“口”，可见饮食和癌症的关系有多密切。国际研究证实，每年因癌症死亡的人中有1/3和不良饮食习惯有关，30多种癌症由此而来。值得警惕的是，以下七种癌和吃最相关，如果把好饮食关，就能有效地预防癌症。

图 3-11　警告式标题案例

软文撰写者在使用警告式标题的时候，需要对某个事实进行陈述，依靠事实让读

者意识到之前的所作所为是错误的，从而产生一种极度的危机感。

### 7. 标题+鼓励

软文撰写者需要使用拥有鼓动性的话语来调动读者的积极性，号召读者快速做出购买决定。此类标题，文字必须有暗示性与鼓动力，使消费者在不知不觉中被鼓动，产生购买行为。如图 3-12 所示就是使用鼓舞式标题的软文案例。

瘦身软文：快跟着林蛙学减肥吧！

有这样一部分人，从他背后看俨然是一个体态苗条的人，可一看侧面，就会看到煞风景的啤酒肚;或是呼啦圈。腰腹部是很容易囤积脂肪的部位，就算是想瘦身，也很难针对腰腹让它瘦下去，腰部赘肉，就拿它没办法了吗？

**腰腹长肉容易 想减却难**

31岁的梁丽丽生完孩子后，依然有着令人羡慕的身材，老同学看到她都会惊呼：怎么还是这么苗条，真是辣妈啊！丽丽每次都边笑边说：你看肚子上，全是赘肉，这不都是靠大丝巾遮着呢。丽丽说，前几年因为工作要长期伏案，加上不运动，肚子上的肉越积越多。去年生完孩子，虽然大体的身材恢复得还不错，但小腹上的肉却更加松垮。她开玩笑地说：我从胖子变成了柔软的胖子。

图 3-12 鼓舞式标题案例

专家提醒

鼓舞式标题在文学修辞上，应该做到尽量婉转，以免语气过于强硬，引发消费者不愿被人支配的心理，从而使得消费者对产品产生反感，得不偿失。

### 8. 用趣式标题

所谓用趣式标题，就是用有趣的、别有一番风味的字眼来凑成的标题，这种标题往往会使读者过目不忘、记忆深刻。如图 3-13 所示就是使用用趣式标题的软文案例。

汽车软文：现代汽车后来居上"三板斧"

今年以来，由于日系车受到日本地震影响，现代起亚汽车在全球销量高奏凯歌，在欧洲、南美、中国、印度等市场相继赶超日本汽车企业。在北美市场，现代汽车的市场占有率也只与日系竞争对手相差无几。在中国，北京现代成立9年时间，成为国内乘用车领域的翘楚，销量和品牌力位居行业前列。2010年，北京现代实现销量70.3万辆，在2009年57万辆这一庞大销量基数上，实现增长率23.3%。今年1-9月，北京现代累计产销55.2万辆，预计全年销量有望突破72万辆。随着明年第三工厂的竣工以及更多新车的导入，北京现代的年产销规模将达到100万辆。北京现代用了9年时间，由一个后来者成为市场的领导者，生动演绎了"后来居上"。

图 3-13 用趣式标题案例

在撰写软文标题时，使用恰当的修辞手法，配合幽默诙谐的语言，可以赋予标题神奇，使之获得活泼俏皮的效果。只要运用得当、不夸张、符合软文内容及主题，定

能令读者回味无穷。

### 9. 观点式标题

所谓观点式标题，就是以表达观点为核心的一种标题撰写形式，一般会在标题上精准到人，会将人名放置在标题上，在人名的后面会紧接着对某件事的个人观点或看法。下面就来看几种观点式标题的常用公式。

- “某某称________________”。
- “某某指出________________”。
- “资深________________，他认为________________”。
- “某某：________________”。

### 10. 指导式标题

所谓指导式标题，就是针对某一具体的事情传递一个解决方法，标题扣住“如何”“怎样”“某某的养成之道”“更简单某某之道”之类的字眼。往往这一类标题可以吸引大部分的新人或者对未知领域感兴趣的好奇用户的目光。

这一类的标题可以让广告置于无形之中，且有一定的后续性，因为一篇好的指导性文章，读者多半会进行多次阅读，并且如果实用性强还具有推广性、传播性。撰写指导式标题时需要注意以下几点。

第一，内容必须要有较强的专业性、经验性。

第二，软文广告插入轻微，排除硬广植入的情况发生。

第三，不要产生直接复制粘贴别人文章的行为。

第四，针对具体问题，推出指导性教程，同时完美融入广告。

如图 3-14 所示就是使用指导式标题的软文案例。

**微商怎么做：为何你开的微店卖不出去东西？**

开了微店，卖不出商品有木有，看到别人月赚10万、100万开始怀疑自己有木有，开始怀疑微商这个行业有木有?今天给大家带来我自己的一些经验。

我做微商已经有大概一年了，从刚开始开店的第一单到现在日销100单，整个过程走过来，说辛苦也辛苦，说简单也简单，为什么这么说!主要还是找到做微商的方法，找对了方法一切都简单。就好比你做数学题一样，掌握了公式，都很soesay!

我卖的商品从最开始就是做代销，没有自己货源渠道，对于做微商来说，除了做特产或者私家菜、小吃的是自产自销外，目前还真没有发现谁是自己生产商品来卖的。可能你不信，但目前我是没有发现。

**图 3-14　指导式标题案例**

**专家提醒**

指导式标题的设置会让读者觉得此为软文广告性比较弱，从而不会太过于排斥。对于企业来说，此类软文能大大加快软文营销活动目的成功的步伐。

# 3.3　软文正文的写作技巧

软文营销之所以受企业的喜爱，一个重要的原因就是软文营销中的内容形式多种多样，它不会使企业受到限制。不过企业要想在软文营销的世界里大展拳脚，还必须掌握营销软文的写作技巧。本节主要介绍软文开头、结尾、正文的写作技巧，以及软文的布局方法等。

## 3.3.1　软文开头的写作方法

一篇软文最重要的部分在于标题与文章主旨，除此以外就是软文的开头。在撰写软文时需要时刻铭记，开头必须要能够吸引视线，只有在开头吸引到注意力，才能够让受众产生往下看的欲望。所谓“转轴拨弦三两声，未成曲调先有情”就是这个意思了，一篇绝妙的软文，至少在开头就能留住受众，下面的内容才有可能传播出去。下面就阐述一下各种软文开头的写法。

### 1．想象与猜测型

想象与猜测类型的开头可以稍稍增加一些夸张的写法，但不能太过夸张。可以适当采用拟人或比喻手法的写实风格。做到在第一眼就引发读者展开丰富的联想，对于下文内容的揣测与好奇，从而使读者产生继续阅读的欲望。在使用想象与猜测类型的软文开头的时候，要注意的是开头必须有一些悬念，给读者以想象的空间，最好是可以引导读者进行思考。

### 2．波澜不惊型

波澜不惊型也叫做平铺直叙型，表现为在撰写软文开头时，把一件事情或者故事有头有尾地说出来，平铺直叙，也有的人把这样的方式叫做流水账，其实也不过分。平铺直叙类型的方式，在软文中使用得并不多，更多的还是媒体发布的新闻稿中，但是软文中也可以在适当的时候使用。比如介绍名人明星或者重大事件时，借助这些事情作为噱头就已经足够吸引读者的视线，平铺直叙反而更加简单明了。

如图 3-15 所示就是一篇使用平铺直叙方式来开头介绍宜家的软文。

### 3．开门见山型

开门见山类型的开头，就是需要直截了当，直奔主题，毫不拖泥带水地将主题体现出来。在软文的一开始，就引出文中的主要人物、点出故事、揭示主题或点明说明的对象。在使用这种简单明了的开头方式时，务必语言朴实迅速切入正题，直接将要

表达的内容主题摊开，切忌吊人胃口。

**不仅有你喜欢的墨鱼丸？小编带你逛一次宜家**

（原标题：不仅有你喜欢的墨鱼丸？小编带你逛一次宜家）

【PConline 文化】说起宜家家居卖场，相信不少人一年下来，无论是否真的是去买家具，都会去逛那么几次。原因很简单，去吃墨鱼丸啊。当然这只是大家习惯了的坊间调侃，宜家里面有很多创意设计也是吸引大家去逛去买的一个原因。上周末，小编的一位即将装修新家的表姐问我是否有空一起去宜家看看，她也想去看看宜家的家电（叫多个免费劳动力也好扛货），因此就叫上我了。计划就这么定下来了，那就行动吧。

图 3-15　波澜不惊型

在使用这种开门见山类型做软文开头的时候，要注意软文的主题或者事件必须要足够吸引人，如果主题或者要表达的事件没办法快速地吸引读者，最好还是不要使用。如图 3-16 所示就是一篇使用开门见山方式来开头的软文案例。

九仓主席对「融创入主绿城」态度正面

融创(01918-HK)早前以63亿元收购绿城(03900-HK)24.3%股份，其持股量与九仓(00004-HK)相同。

九仓主席吴光正於股东会後表示，「融创入主绿城」对绿城影响正面。

吴光正亦对融创主席孙宏斌本人表达肯定，他称看过往绿城与融创的合作表现，认为不应低估融创能力，融创亦有很多长处值得学习。

图 3-16　开门见山型

### 4. 幽默故事分享型

幽默感是人们进行社交、沟通的桥梁。所谓幽默，就是通过使人获得快乐、喜悦的感觉来让人发笑。在软文写作中运用幽默这一特质，往往会产生令人意外的效果。

许多使用了幽默、有趣的故事作为开头的软文，都能够吸引读者的注意力。没人不喜欢看可以带来快乐的东西，这就是幽默故事分享型软文开头的存在意义，并且以分享幽默故事作为开头的软文，能够在开头迅速确定软文中心思想与情感基调，更有利于吸引读者。

### 5. 引用名人名言型

写软文时有一个小窍门，那就是在撰写软文时，多去查一下有没有与这篇软文主

题相关的名人名言，或者是经典语录。这种开头，更容易留住受众。如果能够在文章开头，使用短小精练的名人名言，既点明主旨又意蕴深厚，或者是使用诗词、谚语等，都可以起到引领内容凸显主旨与情感的作用。而且通常情况下，读者会因为这样的开头而认为作者知识储量丰富，文采斐然，从而对软文更有信赖感。这种提高软文可读性，又吸引受众的写法，在软文写作中非常常见。

### 6. 修辞手法型

熟练运用修辞手法，是每一位软文撰写者必须掌握的能力。比喻、比拟、借代、夸张等都是常用的修辞手法。使用修辞手法撰写开头非常容易，而且由此可以衍生许多开头，运用得当能为软文增色不少。其实，写软文与写作文有很大程度的相似点，但是与写作文相比，更自由一些，只要软文的内容有价值，再将产品或者企业的宣传融合进去，就是一篇优秀的软文。这样的软文，读者愿意看，企业愿意写。

说到底软文就是给大家看的，所以千万不要吝惜笔墨，也不要看轻软文。有句俗话说不管黑猫白猫，能抓到老鼠就是好猫。写软文也是一样，不管采用什么修辞手法，可以吸引读者就是好用的修辞，如图 3-17 所示。

专家解说：揭开方便面的营养面纱

近来，有关方便面的新闻不断，先是经历集体涨价风波，现在方便面协会中国分会又被国家发改委认定为串通企业、合谋涨价，部分方便面又面临降价。看来这方便面的一举一动还是牵动很多人心的。如今，方便面已成为人们生活中不可缺少的食品。对忙碌的现代人来说，吃方便面似乎是一件免不了的事。今天，我们就来说说方便面的营养——

方便面到底是什么样的食品?让我们揭开它的面纱，仔细地看一看。

方便面其实很简单，无非是精白面粉，先蒸煮成熟，然后用油快速炸制，脱去表面附着的油脂，加上料包，然后装袋而成。

图 3-17 修辞手法型

## 3.3.2 软文结尾的写作方法

俗话说，写文章要做到龙头凤尾猪肚皮，意思就是说，软文的开头要画龙点睛且吸引视线，而软文的正文需要内容翔实丰富，凤尾指的就是软文的结尾了。

软文的结尾与广告末尾的附文不一样，附文常见于报纸上的付费广告，用于详细介绍企业名称、产品服务购买方法等信息。而软文的结尾，更加看重对开头的呼应，有头有尾。那么，如何才能撰写一个优秀的软文结尾呢？下面就为大家一一介绍。

### 1. 抒情法

以抒情结尾，多见于记叙文文体性质的软文，除此以外，说明文与议论文性质的软文也可以用，只是较为少见。使用抒情法收尾，要求撰写者真情流露，只有打动自己才能够让读者感受到情感的波澜，引起读者的共鸣。

如图 3-18 所示就是一篇以抒情法收尾的软文。

上海▇▇社区健康促进社负责人表示："目前居家养老的主力护理人员在护理工作方面缺乏科学化的认知度，特别是失禁失能方面的护理及预防知识。我们非常欢迎也需要像添宁这样的热心社会力量，走进老年机构和老年家庭，提供家政、照料、护理、信息咨询、心理疏导等服务，共同参与到居家养老事业中，帮助促进这一事业的良性健康发展。"

图 3-18　抒情法

### 2. 祝福法

祝福式收尾常见于营销软文，在撰写这种结尾时需要注意的事项是站在第三者的角度来祝福企业或者产品的远景。而在企业新店开业或者推出新产品，又或者举行什么活动的时候，这种方法是极为常用的。

如图 3-19 所示就是一篇以祝福法收尾的软文。

美国摄影师安▇▇特这些天跑遍了泽普金湖杨景区的每个角落，他在接受天山网记者电话采访时说："这里的水生胡杨林非常美丽，当地的民俗令人着迷。我拍了很多值得回味的照片，我会分享给朋友。我祝愿新疆更美好。"

在喀什噶尔老城景区，广州游客赵▇说："去过很多地方，看过很多美景，喀什是最独特的。这里的老城保持了原有的风貌，是一座包罗万象的历史博物馆。不到喀什就不算到新疆，这话一点不假！我衷心祝福新疆更加繁荣昌盛，祝愿喀什人民生活越来越好!"

图 3-19　祝福法

### 3. 回味无穷法

所谓的余音绕梁三日不绝，就是要给听者留下深刻的印象和回想的空间，软文写作中也常常会用到这种方法。在撰写软文结尾时，很多写手喜欢在结尾处留白，给读者一个想象空间，通过发挥想象力来揣测写手的心思。回味无穷的结尾除了精心设计之外，很多时候还是来自于生活中的灵感或者情感，加以提炼后得到的。

### 4. 首尾呼应法

首尾呼应，就是常说的要在结尾点题。写软文要有头有尾，在前文说的内容，在最后需要点一下，也就是收回来。

常用的软文布局形式就是总一分一总，即在软文开头提出观点，而后正文内容对观点进行充分的分析例证，结尾自然而然地再次点明主题凸显主旨。这是一种最自然

的首尾呼应的写作手法。

写作软文时，通过首尾呼应，可以起到强调主题、加深印象、引起共鸣的情感作用，同时能让结构显得严谨，内容完整，行文自然明确。

**5. 号召法**

号召法结尾常见于公益性的软文，撰写者在前文讲清楚道理，而结尾处顺势向人们提出请求或者发起号召。读者在看完内容后，往往会被号召打动，引起共鸣，从而降低对文章发起号召的戒备。

例如一篇题为《平静心态专注当下 禅宗少林再次号召“放下手机”》的软文，说的是 9 月 19 日上午，郑州棉纺路某繁华商场中几名少林小和尚打坐诵禅、合十劝导，引导众多围观者放下手机，放下烦恼，专注当下。这是一篇活动报道性软文，号召人们放下手机，把更多的时间拿来陪一陪家人，在软文结尾处，号召力十分明显，如图 3-20 所示。

> 率先完成活动的王先生高兴的表示,自己平时工作很忙,今天难得陪孩子过周末。看到这个活动后马上参与,锁上手机带着孩子去看了场电影,活动就完成了。“我已经好久没好好陪儿子看过电影了,感谢禅宗少林音乐大典,以后不管多忙,我都会尽量抽时间陪陪家人。”
>
> 另一位参与者周女士刚拿到一张音乐大典的门票,开心的对记者说:“我先生有手机依赖症,陪我的时候一直玩手机,今天他能主动把手机放下了好好陪我,我特别开心!”
>
> 禅宗少林音乐大典的工作人员表示:放下,并不是要所有人放下一切;而是要放下杂念、杂事。希望通过这次活动,能让大家体会到生活中的禅意,平静心态,专注当下。

**图 3-20 号召法**

## 3.3.3 软文内容的布局方法

只有合理地布局，在实施接下来的步骤的时候才可以有条不紊。在软文写作中，对软文的整体布局也是非常重要的。软文布局，就是在软文撰写过程中对素材、文字、标点符号及数字的排兵布阵。“凤头、熊腰、豹尾”，这就是通常所说的完美的软文布局。“凤头”就是软文的开头，要足够吸引人；“熊腰”就是中间内容尽量详尽和精彩；“豹尾”就是结尾巧妙，强而有力。

具体来说，软文布局要做到“井然有序、气势连贯、观点一致、段落匀称”。

- “井然有序”：所有素材的排列次序要有先后，顺应逻辑关系，安排妥当。
- “气势连贯”：写文时一气呵成，气势连贯，前言后语互相呼应。
- “观点一致”：软文中观点与论据相互联系，不能前后矛盾。

- “段落匀称”：分段内容不能过长或太短，开头要有吸引力，内容要有说服力，结尾要有震撼力。以避免出现“虎头蛇尾”、头重脚轻的现象。

### 1. 层层递进型

层层递进型的正文布局的优点是逻辑思维严谨，按照某种顺序将内容一步步地铺排，给人一气呵成的畅快感。这种布局方式也有明显的缺点，就是对于主题的推出不够迅速，如果开头不能吸引读者，那后面的内容也就失去了存在的意义。

在议论形式的软文中时常会用到层递式布局，特点是论证严谨，层层深入，一环扣一环，每个部分都不能缺少。层递式布局又分为两种情况：一是论述时按照“是什么”“为什么”“怎么样”来进行；二是层层深入地讲道理。

在软文中运用层递式结构时，要注意内容之间的逻辑关系，逻辑紧密，不能蓄意颠倒顺序。层层递进型软文的优势在于一步步地引导读者，让读者自然而然地接受软文中的广告。

### 2. 罗列型

从若干方面入笔，不分主次、并列平行说明事物或叙述事件，就是并列式文章的定义。并列式文体将事件论题分成几个方面的描述、议论和说明，每一部分相互并列平行，是独立的主题。

常规意义上的罗列式软文营销的内容，基本上划分为两种布局方式：一种是围绕一个论点，利用有并列关系的论据，并列平行地论证论点，要注意不能让各方面出现交叉或从属。另一种是围绕中心论点，列出若干平行关系的分论点。并列平行的分论点们各自独立，但紧紧围绕中心论点。

如图 3-21 所示就是一篇典型的采用罗列式布局的软文案例。

### 3. 悬念型

在一个完整的故事情节发展的关键点分割开来，这就是悬念的定义。悬念式软文通过设置悬念，能够持续吸引受众的关注。而想要制造悬念可以采用以下 3 种形式。

第一，设疑，在开篇设疑，疑问随着文章逐层解开。

第二，倒叙，开篇写高潮，吸引读者注意，再叙前因。

第三，隔断，引起读者兴趣后，中断改叙旁事，引起读者兴趣，造成悬念。

悬念式软文需要注意的是，我们不能一次性释放所有资讯，而应该提炼几个产品核心和神秘卖点，根据进度慢慢放出。做到了这一点，只要沿着正确的方向，按照合理的三步走即可布好软文营销内容的局：第一步，保持悬而未决的状态，不要过早揭开神秘面纱，影响引人关注的效果；第二步，紧密结合受众心理需求，根据受众的期待方向发展情节，重视受众的感受是成功的基石；第三步，不断深化冲突，制造悬念，就是要把最精彩的东西留到最后，才能给人以惊喜。

**5 A级的规模——面积近9000平方米**

国美石路旗舰店位于金门路85号，地处石路商业圈，可谓寸土寸金，其地理位置的重要性从各家电、数码卖场的纷纷入驻可见一斑，国美石路旗舰店在国美苏城未来的网络布局中将处于核心地位。该店是继国美干将店之后，又一突破性的家电shopping mall，仅营业面积就有近9000平方米，拥有数百个互动体验区，同时交通便利，停车方便，是国美电器新一代旗舰店的示范店。

**5 A级的产品——商品种类囊括全球**

国美石路旗舰店除经营传统家电外，突出经营其他卖场所没有的商品。最大的液晶电视、最昂贵的整体橱柜等高端产品都在卖场内"安家落户"。彩电、冰箱、洗衣机、空调、手机、数码、电脑、厨卫、小家电、OA产品必将成为石路旗舰店开业的主打品类。国美石路旗舰店还以"人无我有，人有我优，人优我全，人全我专"的创新思想，引入了"泛电器"概念，销售商品涵盖生活电器类、娱乐电器类、IT/OA类、家居用品等品类，涉足商品延伸到家居用品、办公用品、智能家电等。

**5 A级的体验——亲密感受世界潮流科技**

升级后的石路旗舰店与其他卖场的不同，还在于它是一个以家电体验消费为主的开放型展示卖场。置身卖场，与世界领先科技同步的产品比比皆是，让消费者感觉到e时代的到来。其中首次现身苏州国美卖场的苹果展厅，仅面积就有近百个平方，成为目前华东区域面积最大、形象最新、产品最全的apple体验展厅。同时，世界知名品牌爱普生展厅也是首次出现在家电连锁卖场。国美表示：国美此次全力引进的一批世界上高、精、尖的产品，将让苏州的消费者能够与其他大城市的消费者同步感受世界潮流科技。

图3-21 罗列型软文布局

## 4. 先抑后扬型

倒置式布局，相当于记叙文写作中常用的一种技巧，即"抑扬"，就是先抑后扬，是一种常用的写作手法。先抑后扬式软文的布局，需要做到百转千回，突出事物特点或人物思想感情的发展和变化，同时使得软文产生诱人的魅力。杜绝平淡普通以及读者看完开头就知道结尾的情况。

## 5. 组合型

组合型布局，是指以为主题服务为目的，将生动典型的几个片段结合，在短小的篇幅内，立体而多角度地进行描述。这种布局多用于记叙文，在叙述事件、描述人物、表现商品特点、烘托品牌等方面效果极佳。

在撰写这种类型的软文时要注意，开篇要亮明主题，然后通过几个经典片段作为分论点横向展开，结尾进行归纳总结或者必要的引申。除此以外，布局时要有大局观念，因为组合型软文的各个组合片段看似毫不相关，但内在联系紧密。且分述部分应该以总述部分为总纲，或总述部分是分述部分水到渠成的结论。

片断组合式软文有以下4个明显的优点。

第一，中心明确，主题清晰，分步骤表达，清晰自然。

第二，文章结构严谨、层次清晰，选材具有灵活性与自由度，利于充实文章内容打开作者思路。

第三，片段并列省去过渡语句，省去作者对于结构安排的考虑。

第四，片段多少可以选择，软文篇幅可灵活控制。

## 3.3.4 软文正文的类型

要写好软文正文，除了要对所宣传的产品和企业有较深的了解之外，更要对各种类型的正文有一定的把握。根据软文的素材与作者撰写软文的思路，软文正文可以分为不同的形式，具体如下。

### 1. 情感式正文

消费者购物时，常常是基于个人直观感性认识。而感性消费的人群，通常会比较注重情感需求，他们在消费时往往主要凭借个人主观感受。所以，在撰写软文时，企业要做的不仅是推广产品，还要富有情感和感染力，才能使读者感同身受。而发掘情感的方向，不外乎亲情、友情、爱情等。

情感软文以容易打动人、容易走进消费者内心为特色，如果企业在撰写软文时做到了动之以情，就很有可能俘虏读者的心，受到大众青睐。

### 2. 促销式正文

纯文字的促销式软文完全以文字的形式来向读者介绍品牌或者活动的内容、时间、地点等信息。促销式软文，突出产品的供不应求，从而勾起用户的从众与攀比心理，刺激用户的购买欲望。

如图 3-22 所示是一篇京东为“618 年中大促”撰写的促销式软文。

**二、京东618活动发力移动端：**

京东618最值得关注的环节京东无线端促销策略：三个阵地、10亿红包、提前两小时是最突出的三个玩法。

三大阵地：京东客户端、微信端、手机QQ。京东客户端首单免5元，领红包消费;微信端主要促销方案是爆品引流。手机QQ端，京东在手Q的二级入口将位于“QQ钱包”之下。

10亿红包：京东将在5月底陆续在微信、手机QQ和京东手机客户端上推出价值10亿元的“京东红包”，单个红包价值最高达618元。

提前两小时：今年京东618主要分为欢聚趴、明星趴、特惠趴、品牌趴等几个板块。其中，明星趴和特惠趴都将在移动端提前两小时(即头天晚上22：00)启动大促。(这个活动并非首创，唯品会在之前的年度特卖也用过此策略)

**三、京东618活动全民福利16亿的优惠券：**

图 3-22 京东“618 年中大促”活动软文

此活动软文，采用小标题分段，全文清晰明了，独显重点，让读者可以快速了解活动内容和促销力度，勾起读者的兴趣和购买欲望。

### 3. 事件式正文

事件式正文是指以某个事件作为基础，进行一系列包含对时间的拓展、加工与深入分析在内的写作。通常选取的都是具有很强新闻特质的时间，因而这类软文能够在短时间内很快吸引人们的目光。对于需要做软文推广的企业来说，可以借此机会扩大知名度以及曝光率。

当下很多网络公司已经不再满足于借力热门事件了，它们会准备好相关内容，刻意地炒作事件，等到事件在互联网上发酵蹿红，网络公司会迅速将准备好的大量相关内容发布出来，从而进行宣传推广。

如果掌握了一定的技巧，事件类软文写作起来还是比较容易的，并且对品牌的影响力非常大。它的主要策划方法分别有以下几点。

- 持续的策划与推进，扩大事件的影响力与影响范围。
- 允许甚至支持不同观点，引发受众议论，从而加深印象与感染力。
- 通过标题的噱头，吸引注意力。
- 借助发布平台的影响力，来提高转载率。
- 软文有深度有内涵，容易捕获忠实读者。
- 事件只是一个载体，注意不要花费全部精力，适当穿插自己的内容，宣传品牌才是重点。

### 4. 炮制式正文

有些时候，会因为某些事情而在短时间内需要大量的软文，可是人力确实有限，这个时候，就需要用炮制软文的方法了。炮制软文的概念就是批量写作，轻松快速。

举例而言：有的人一天最多写一两篇软文，而且还很难，可是有的人一天可以写近百篇，而后者就是炮制软文了。

### 5. 数据式正文

软文的类型虽然不同，但大多都是以宣传品牌为目的，因此对受众的说服力很重要。所以向用户呈现精确数据与精准分析的数据类软文，对用户的影响更大。而通过统计数据，分析数据，而后以文字的形式呈现给用户，就是数据式软文的定义。

尽管被称为软文，但相较于大篇幅的文字软文，数据式软文更多的是调用数据、图片图表或者评论举例搭配少量文字信息来穿插广告，进行合理的宣传。

数据类软文的写作方式与其他软文相似，不过其主要特色在于数据较多，因此还具有一些其他软文所没有的特点。

收集软文数据的方法：可以自身通过测试或调查获得结果数据；也可以去第三方网站下载相关数据；在搜索引擎中搜索相关的关键词可以获得许多原始数据，然后对这些原始数据进行整理加工，获得我们所需要的。

数据式软文通过引用大量精准数据，能够给用户一种专业的感觉，它的可信度要高于其他软文。因而数据式软文可以帮助企业或网站，迅速建立品牌影响力以宣传品牌。

### 6. 观点式正文

观点式正文，是以表达观点作为主体，围绕某件事物提出自己的观点和主张，正面或者负面皆可，不过负面观点不可太过，恶意诋毁是大忌。

网络上常见的以“某某认为”“某某指出”“某专家说”等为题的软文，都属于这种有利于树立个人品牌的观点类软文。值得注意的是，如果想使用“某某认为”这样的方式写软文，那这个“某某”，必须是有一定名气的人。

观点类软文的优势在于：对作者本身的影响力与其个人品牌的迅速建立与扩张，彰显权威、个性。此类文章通常能获得较多的转载与传播，并且一般的观点类软文都比较短，很容易书写。

在撰写观点类软文时，观点的表达要完整且明确，并且写出来的软文，最好简短有力，注意语言的锤炼。

### 7. 研究式正文

研究式正文，是以研究报告、研究资料、文献为基础，经过企业加工、修改，使这些学术文章与自身产品相结合，变成一篇地地道道的研究软文。而通过借助学者专家的地位名气与研究方向的独特，企业往往能够获得广泛的影响力。

研究式软文的特点也很明显，由于研究软文主要用于社会现象、行业发展以及学术等研究，其内容有很多以引用专业性的研究文章为主，因为传播高，影响力也大。

在研究类软文中加入产品或者企业的广告时一定要慎重，不可提及太多，不然会引起反感，结合手段一定要巧妙。

### 8. 专家式正文

对于消费者来说，专家发布的建议、论文、文献等信息，往往都会被采纳，这就叫专家效应。

因此以专家、名家的名义来打响个人品牌撰写的软文，就是专家式正文。围绕名人来打造专家形象，能够提高软文的权威性。此类软文几乎都是些专家的观点、建议，这样就会让行业内的这些专家的崇拜者喜出望外，很可能会就此掉进“专家的陷阱”里，却浑然不觉这是企业的一种广告。

### 9. 揭秘式正文

人们对于一些充满神秘感的东西容易产生好奇心理，企业只要抓住这一点，充分利用人们的猎奇心理，撰写一些揭秘或者解密类型的软文，定然会吸引很多读者的注意力。如图 3-23 所示就是一篇采用揭秘式正文的软文案例。

揭秘：成年人长痘的7种原因|冒痘|护肤

导语：为什么过了青春期肌肤还是不停冒痘？除了自身原因，一些错误的习惯也是导致肌肤长痘的罪魁祸首。谨记以下7原因，远离肌肤冒痘的困扰。

1，帽子，围巾，眼镜，智能手机

图 3-23　揭秘式正文

### 10. 技巧式正文

技巧式正文，顾名思义，就是指通过普及一些小的知识技巧来撰写的软文，许多行业比如软件数码类、教育类，非常适合采用技巧性软文来进行推广。

技巧式软文可以算得上为数不多的撰写轻松，且传播范围广泛的软文了，只要稍加留意就可以发现互联网上随处可见技巧性软文。软文内容小，成文迅速，能够迅速获得阅读量，并且只要内容技巧确实实用，伴随而来的就是大范围的传播。

这些和生活息息相关的小技巧经久不衰，不管在何时都会引起一部分人群的注意力，所以，该类软文的转载量、传播率都属于长期的，如图 3-24 所示。

20个做饭技巧，快学起来(组图)

1、炒青菜时，不宜加冷水，冷水会使青菜变老不好吃，而加开水炒出来的青菜又鲜又嫩。炒的时间不宜过长;

2、炒藕丝或藕片时，一边炒一边加些清水，能防止藕变黑;

最科学吃水果方法学起来 能直接吃就别榨汁

盛夏来临，各色水果纷纷上市。吃水果成了很多人每天的“必修课”，但吃得多不如吃得巧，每天吃多少最合适？什么时间段吃有利于健康？水果到底要不要削皮吃？……生活中，我们对吃水果这件事总有很多疑问。为此，记者采访了专家，教你正确吃水果。

图 3-24　技巧式正文

### 11. 通讯式正文

通讯式正文是一种比较常用的写作手段，主要用来报道企业新闻、动态消息、杰出人物，行文类似于新闻类软文。

一般来说通讯式软文是一种准确、及时而又普遍的写作方式，它的基本要求在于有时效性地报道周围所发生的事与周围的人。最初，企业撰写通讯式软文的初衷是“既然做了就要说，并且一定要说出去，让很多人知道”。一般企业通过通讯式软文扎根于基层、来源于基层、服务于基层。

如今不管是中小型企业还是个人组织抑或是网站，都开始像大型企业一样，具有了宣传意识，也逐渐发现了通讯的重要性，于是企业开始将自己的动态、消息、人物及时向社会宣传，从而获得了一定的用户流量和知名度。

# 第4章 图片修饰：让软文更有吸引力

企业要想打造阅读量上 10W+的软文，就必须依靠软文的视觉功能，通过图片来获取点赞率，吸引用户的眼球。在运营的过程中，想要获得 10W+的阅读量，就不能忽视图片的作用。本章主要介绍 10W+文案标配美图的相关操作与处理技巧，让软文图片锦上添花。

**要点展示**

- 头像是最佳广告位
- 封面图能提升文章点击率
- 软文侧图要有特色和亮点
- 搭配图片色彩的学问
- 怎样处理图片尺寸的大小
- 推送单图文和多图文
- 根据内容定图片数量
- 配图一定要精修
- 图片的容量大小怎么定
- 具有立体感的动图应该怎么发
- 如何设计长图文效果
- 如何设计图片水印效果
- 如何设计二维码图片

# 4.1 做有特色的软文配图

想撰写出一篇吸引读者眼球的软文，离不开图片的加持，图片是让软文内容变得生动的一个重要武器。本节主要向读者介绍软文中所配图片的设计技巧，如头像的设计技巧、封面图的设计技巧，以及软文侧图的搭配技巧等。

## 4.1.1 头像是最佳广告位

新媒体运营企业的头像是非常重要的一个标志，一张优秀、吸引眼球的头像胜过千言万语，它能给读者视觉上的冲击，达到文字所不能实现的效果，也能为软文的阅读量引来千万流量。关于头像的作用，主要包含两个方面，一是能吸引读者的注意力，二是具有扩大传播品牌的作用，最终目的都在于为平台引入更多的粉丝流量。

从头像设计的作用出发可知，无论是自媒体人还是新媒体企业，都必须重视企业品牌头像的设计。想采用清晰的图片作为头像其实不难，只要保证图片是原图就行，而辨识度高的头像则要依赖于设计者的能力了。一般自媒体人和企业的头像主要来自于 3 种途径：专业设计师量身打造、企业品牌的固有 LOGO、高清图片网站自行搜索。

由此可见，头像的设计主要分为两大途径：一是原创，二是借用。下面提供几个好用安全的图片网站，帮助大家积累头像素材，如图 4-1 所示。

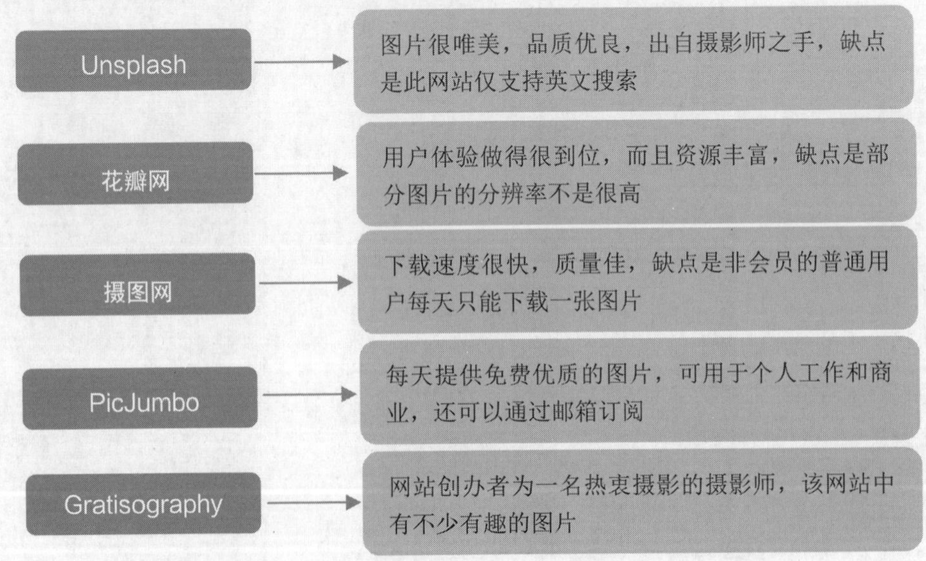


**图 4-1 好用安全的头像素材网站**

用户不仅可以从这些图片网站上选取自己喜欢的图片作为头像，还可以从中挑选

合适的图片插入文章中当作配图，可以说是一种资源，多种利用。如果是企业为了销售产品或者宣传品牌理念，那么其微信公众号头像的设置又另有技巧，总结起来有 3 种方法：第一，设置企业的 LOGO 图片，加深读者的品牌印象；第二，设置企业产品图片，大力增加产品的曝光率；第三，设置其他类型的图片，如与公众号相关的图片。

例如，简书在微信公众平台的头像就是一个非常简单的“简书文字＋英文字母”的设计字样，让读者、粉丝一眼就能在众多微信公众号中找到它，而简书电脑端使用的头像和简书微信公众平台的头像一样，如图 4-2 所示。

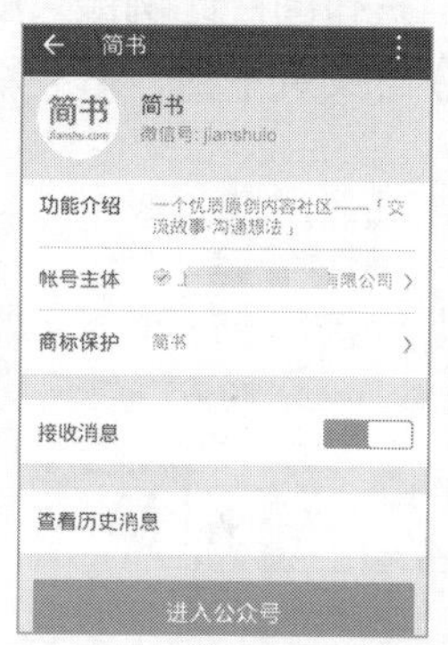

图 4-2　简书微信公众号的头像与电脑端的头像

## 4.1.2　封面图能提升文章点击率

封面图也称为文章主图，文章主图设置得好坏会影响读者点开文章阅读的几率，一张漂亮、清晰的主图能瞬间吸引读者的眼球，让读者有兴趣进一步阅读。下面就为大家介绍软文中封面主图的相关要求与技巧。

在选取文章主图的时候，还需要考虑图片的大小比例是否合适。比例适宜的主图，需要注意以下相关事项，具体如图 4-3 所示。

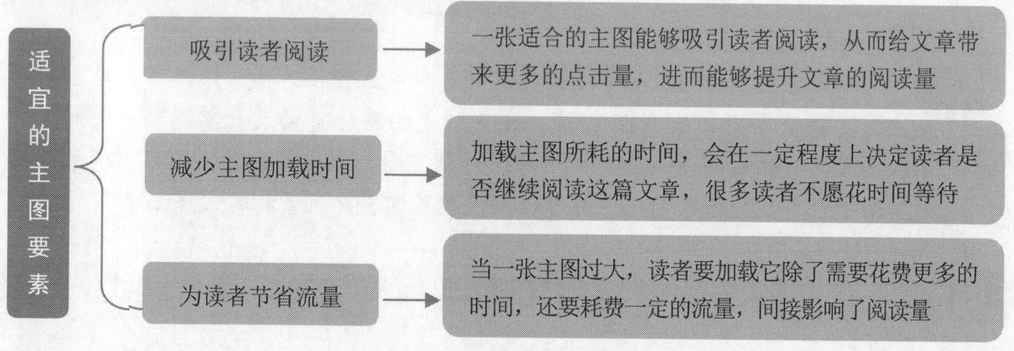


图 4-3　适宜的主图要素

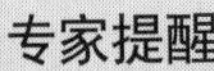

专家提醒

封面图片的重要性是不容忽视的，它不仅给读者带来了第一印象，而且还是整体印象，因为图片往往比文字的影响力更强。

在选择文章主图的时候，最好遵循 3 大原则，即高清、独特以及紧贴文章内容，只有这样才能为文章增光添彩。同时，这也是吸引读者眼球的绝佳方式之一。

以微信公众号为例，文章的主图指的是打开一个公众号时，文章列表中每一篇文章都会配一张图片，文章所配的图片大小是不一样的，只有图片比例最大的那张图片才被称为文章主图或者封面，如图 4-4 所示。而在今日头条平台，每一篇文章都可以配 3 张封面主图，如图 4-5 所示。

图 4-4　微信公众号文章主图

图 4-5　今日头条文章主图

专家提醒

今日头条平台的封面主图设置，有 3 种方式可供选择：第 1 种是单图封面主图，第 2 种是三图封面主图，第 3 种是由系统自动设置单图与三图封面。在这里，建议新媒体运营者使用三图封面主图，优质的封面主图可以得到今日头条平台更多的推荐量，这样可以获得更多的用户流量和软文点击率。

## 4.1.3　软文侧图要有特色和亮点

文章的侧图指的是微信、APP 以及自媒体平台文章列表中除了头条文章之外的

文章所配的图片。侧图的显示比例和大小比封面图要小很多，但侧图也能体现文章的主题思想，展示软文的核心内容。

很多创作者认为侧图的作用不如主图重要，因此在选择侧图的时候不太用心，结果阅读量损失惨重。实际上，文章侧图也是文章的一个组成部分，它的价值和作用也是不容忽视的。

虽然很多时候主图掩盖了侧图的光芒，但侧图仍有自己的特色和亮点，那么，又该如何挑选和打造文章中的侧图呢？笔者将其技巧总结为 3 点：第一，与文章内容紧密相连；第二，可以使用生动、鲜明的表情包；第三，图片色彩可与主图色彩保持一致。

侧图对文章内容的体现，就是让人一眼能从图中看出文章要表达什么，而使用表情包的侧图作用也是为了快速吸引读者的注意，在这个充满新鲜元素的娱乐时代，幽默表情包是最能引发共鸣的一种手段。至于保持色系的一致，则是从读者的视觉体验角度出发的，比较相近的色彩搭配能够使读者心情愉悦，从而愿意接受文章的内容。

虽然文章侧图所占的比例比较小，但是也不可以忽视它的作用，它有着跟主图一样的效果，能提高文章的阅读量，以及能够给读者提供良好的阅读体验，使得微信公众号或其他的新媒体平台能获得更多的读者支持。如图 4-6 所示为“美秒学院”和“十点读书”发布文章的侧图效果。

**图 4-6 文章侧图效果展示**

**专家提醒**

在微信公众平台的文章侧图设置中，有两种设置方式：一种是从正文中选择侧图素材，另一种是从图片库中选择并上传需要的侧图素材。

# 4.2 图片颜色、尺寸的选择

微信、APP 以及自媒体平台运营者要想让自己的公众号图片吸引读者的眼球，所选的图片的颜色搭配和尺寸就要合理。本节围绕这两点展开介绍，帮助读者优化软文正文的图片呈现效果。

## 4.2.1 搭配图片色彩的学问

对微信公众号而言，一张图片的颜色搭配需要做到 3 点：第一，图片亮丽、夺人眼球；第二，图片色彩与文章内容基调相符；第三，图片颜色最好不要太过杂乱无章。很多读者在阅读文章的时候都希望能有一个轻松、愉快的氛围，不愿在压抑的环境下阅读，而色彩明亮的图片就不会带给读者一种压抑、沉闷的感觉。

至于图片颜色与文章内容基调是否相符，也是在图片的细节处理中需要注意的问题。在微信、APP 以及自媒体平台上的软文图片处理也是如此。如果公众号推送的内容比较悲沉、严谨，就可以选择与内容相适应的颜色的图片，比如偏于深色系的图片。如果这个时候使用太过跳跃的颜色，就会破坏文章的整体效果。

一般来说，大多数公众号都会根据自己的固有风格或者推送的文章内容来决定图片的配色，目的就是为了让读者记住自己，并留下深刻的印象。如图 4-7 所示为“手机摄影构图大全”和“第七会议室”文章配图颜色搭配。

图 4-7　图片颜色的不同搭配

从图片中可以看出，“手机摄影构图大全”的图片颜色明显属于亮丽夺目一类，有力地冲击了读者的视觉，可以第一时间抓住读者的注意力。而“第七会议室”根据内容来设置图片颜色，由于主题比较深沉、严肃，因此采用的配图也很拘谨。

### 4.2.2　处理图片尺寸的大小

搭配图片除了注意颜色的协调之外，还应该选择合适的大小尺寸。因为一张合格、优秀的图片，不仅要协调、柔和，尺寸大小还要符合读者的预期。

“图片尺寸”，实际上指的不仅仅是图片本身的尺寸(即像素)，还代表着排版中的图片展示。软文中的图片在排版中的尺寸大小一般都被限制在了固定的范围之内，不可能做太大的调整。因此，为了保持图片的清晰度，就必须保证图片本身的尺寸大小，以提高图片的分辨率，这是保证图片高清的较好选择。

然而，图片高清显示的容量大小又与读者点击阅读软文信息时的体验息息相关。因此，在保持图片的高分辨率、不影响观看、顺利上传以及能够快速打开的情况下，怎样处理图片容量大小就成了一个十分关键的问题。

关于这一问题，我们可以通过两种方法来解决：第一，运用 QQ 截图来把高清图片改为普通大小；第二，通过画图工具来实现。

## 4.3　图片的数量设置和美化

企业或者个人在使用图片给微信公众号平台增色的时候，也可以通过一些方法修饰图片，让图片变得更加有特色，来吸引到更多的读者从而提升文章的阅读量，本节将为读者介绍图片数量的设置以及美化图片的方法。

### 4.3.1　推送单图文和多图文

对于如何安排图文数量这一问题，根本的依据还在于文章的内容。不同的文章有不同的体例、形式以及侧重点，想让图文完美搭配不是一件易事，那又该怎样来设置图文的数量呢?

关于这一问题，大致可以从两方面来理解——公众号推送图文的多少和文章中排版所用图片的多少。下面就这两个方面进行具体介绍。

推送图文的多少是指一个微信、APP 以及自媒体平台每天推送文章的多少。细心的读者会发现，有的公众号、APP、自媒体平台每天会发送好几篇文章，而有的公众号、APP、自媒体平台每天只会推送一篇文章，甚至隔几天才发一篇文章。

公众号、APP 以及自媒体平台推送的图文越多，所用的侧图就会越多；推送的

图文越少，所用的侧图也就越少。值得注意的是，单图文推送和多图文推送的特色各异，单图文使用的侧图少，推送的文章篇数也少，文章的质量会更高，更有利于读者仔细阅读。多图文使用的侧图多，推送的文章篇数也多，公众号每天传递的信息多，但有价值的信息有限。

以微信公众号为例，从推送图文的多少来看，有的同一时间推送多图文消息，有的则只会推送一则消息，甚至很久都不发消息。如图 4-8 所示为“四六级考虫”和“运营公举小磊磊”推送图文数量的对比。

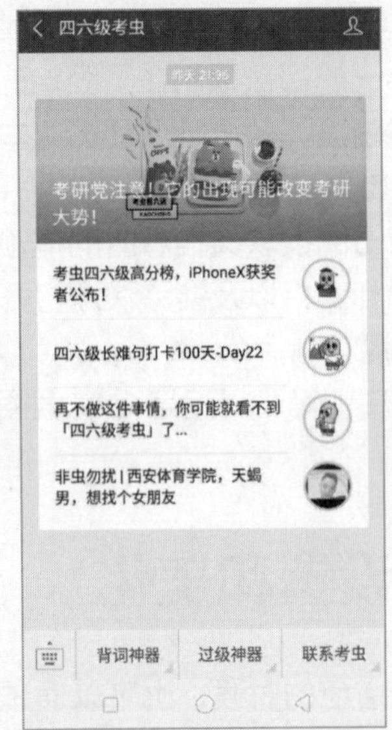

**图 4-8　推送图文数量不同的微信公众号**

专家提醒

当然，也不排除有的多图文、文章篇数推送多的公众号能够有效保证信息的价值性，因为不能绝对地说推送的文章少，质量就好，推送的文章多，就不具备可读性，只能说大部分是这样，不能一概而论。

## 4.3.2　根据内容定图片数量

每个微信、APP 以及自媒体平台都有自己的特色，有的在文章内容排版的时候会选择使用多图片的形式，有的则选择使用一张图片。

这种文章内容多图片、少图片的排版方式会给读者带来不一样的阅读体验，它们的区别体现在两个方面：第一，文章中放置过多的图片会让内容显得更生动，读者不

会因为文字过多而产生视觉疲劳；第二，文章中放置较少的图片则会让文章整体看起来简洁有力，图片加载时间少，节省流量，阅读更顺畅。

微信公众号也会根据文章的内容对其进行不同的安排，如图 4-9 所示为“晚安少年”和“最美应用”推送的文章中所运用的图片。从图中可以看出“晚安少年”的这篇文章只用了一张图片，而“最美应用”则采用了多张图片作为陪衬。

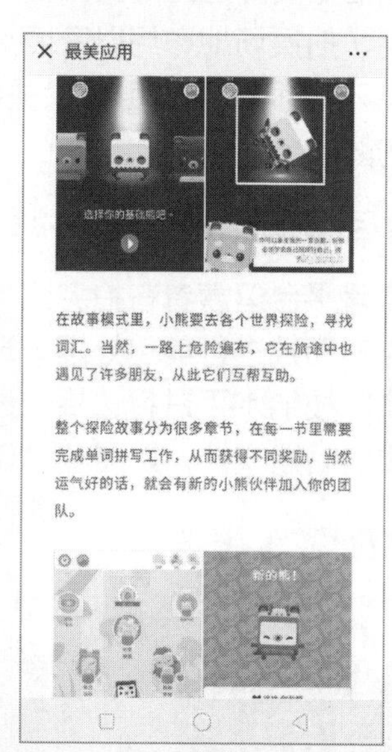


**图 4-9　排版所用图片数量不同的微信公众号**

专家提醒

比如，有的文章可能不需要太多的图片进行辅助说明，图片只起到一个丰富形式的作用，那么用一到两张图片就好；有的文章则必须要有多张图片来解释说明，才能将文章内容传达给读者。这就是为什么要根据文章内容安排图片数量的原因。

## 4.3.3　配图一定要精修

企业、个人在进行微信公众号运营的时候，离不开图片的点缀和美化，因此，当企业或个人利用图片给文章增色的时候，也可以通过一些方法给图片“化妆”，让图片更加有吸引力。

那么，具体而言，有哪些方式可以让图片更加精美，更容易吸引眼球呢？下面为大家详细介绍两种方法。

### 1. 图片拍摄设置，亮眼图片一招搞定

微信公众号平台使用的照片来源是多样的，有的微信公众号平台使用的图片是企业或者个人自己拍摄的，有的是从专业的摄影师处或者其他地方购买的，还有的是从其他渠道免费得到的。

对于自己拍摄图片的这一类微信公众号运营者来说，只要在拍摄图片时，注意拍照技巧的运用、拍摄场地布局以及照片比例布局等，就能使图片达到理想的效果。如果用户对摄影不是很精通，也可以关注摄影类的微信公众号进行了解和学习，比如“手机摄影构图大全”。

### 2. 图片后期处理，众多软件助力美图

微信公众号平台运营者在拍完照片后，如果对图片不是太满意，还可以借助图片后期处理软件对图片进行美化处理。现在用于图片后期处理的软件有很多，用户可以根据自己的实际技能水平进行选择，通过软件让图片变得更加夺人眼球。下面为大家介绍几款好用的后期软件，如图 4-10 所示。

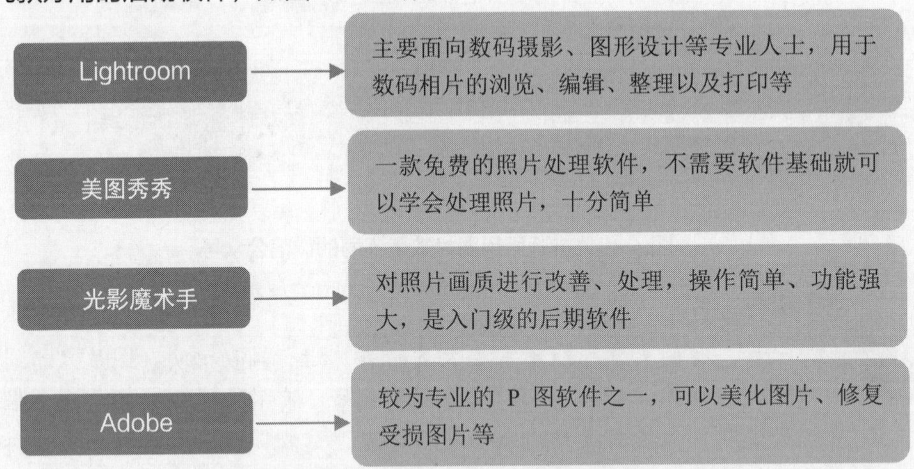


图 4-10　简单实用的后期处理软件

一张图片有没有经过后期处理，效果差距是非常大的，因此给读者带来的视觉效果也是截然不同的。如果使用一张没有经过任何后期处理的照片作为文章的陪衬，很可能难以吸引读者的注意力，这时就需要对其进行精修和美化处理。

**专家提醒**

在选择图片特效的时候，注意最好不要选择太过夸张的效果，可以将其适当应用，调节到视觉上觉得舒适的程度即可。

# 4.4 发配图的小技巧

前面在讲文章主图的时候就提到过要选择适宜的图片，实际上，无论是主图还是其他的图片，都要经过仔细的斟酌，慎重考虑，那么怎样才能让配图更加出色生动呢？本节就为读者介绍 6 个发配图的小诀窍。

## 4.4.1 图片的容量大小怎么定

以微信公众号平台为例，我们在选择图片尺寸大小的时候，不是胡乱设置的，而是需要从不同的角度去考虑，具体如图 4-11 所示。

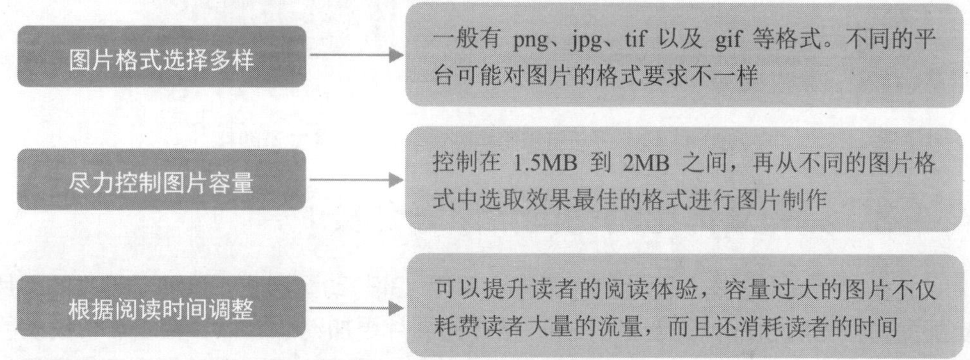


**图 4-11 选择图片尺寸的考虑因素**

例如，如果微信公众平台定位的读者一般习惯晚上 8、9 点钟阅读文章，而这个时间段基本上人们都是待在家里的，因此读者可以使用 Wi-Fi 打开微信公众号平台进行阅读。在这种情况下，既不用担心读者的流量耗费，也不用担心图片加载过慢，那么文章编辑就可以适当地将图片的容量放大一些，给读者提供最清晰的图片，让读者拥有最好的阅读体验。

但是，如果微信公众平台定位的读者大部分都是在早上 7、8 点钟阅读文章，那么读者使用手机流量上网的可能性就比较大，这时候如果公众号发送文章的话，就需要将图片的容量控制在 1.5MB 到 2MB 之间，为读者节省流量的同时也节省图片加载时间。

以“手机摄影构图大全”为例，由于它是一个专门分享摄影技巧和经验的公众号，而且其粉丝、读者大多都是摄影爱好者，因此它的推送时间就选择了中午人们休息的时间，如图 4-12 所示。大部分读者这时候都处在有无线网络的环境下，所以文章中也就置放了很多高清图片，以供读者欣赏、品味。

图 4-12 “手机摄影构图大全”发布的文章图片

## 4.4.2 具有立体感的动图应该怎么发

很多文章编辑在插入图片的时候都会采用 GIF 动图形式，这种动起来的图片确实能为公众号吸引不少的读者。GIF 格式的图片更加动感立体，相对于传统的静态图，它的表达能力更强大。静态图片只能定格某一瞬间，而一张动图则可以演示一个动作的整个过程，因此效果会更好。

作为一种独特的图片格式，GIF 的好处是显而易见的，不论是单独来看，还是作为文章中的插图，它都能带给读者不一样的阅读体验。如果要在文章中插入动图，则需要考虑 3 个方面的问题：第一，如何选择动图的类型；第二，动图如何与文章内容匹配；第三，从哪些渠道获得动图的素材。

首先，怎样获得动图素材。因为动图的制作不是一下子就能学会的，所以最好的办法就是通过不同的渠道寻找动图素材。下面为大家介绍几个素材丰富的网站，以供借鉴和参考，如图 4-13 所示。

其次，如何选择动图的类型和动图怎样和文章搭配。我们可以从内容和形式两大角度来解决，重点也在于这两方面：第一，动图要与文章的内容息息相关，比如表达愤怒的情感时，可以加入表示愤怒的表情动图；第二，动图最好不要和图片紧挨在一起，也不要集中排版，紧跟在相关的文字后即可。

以“茶颜悦色”为例，它推送的文章内容就含有动图，如图 4-14 所示。动图制作的难度系数有点高，但效果是显而易见的。

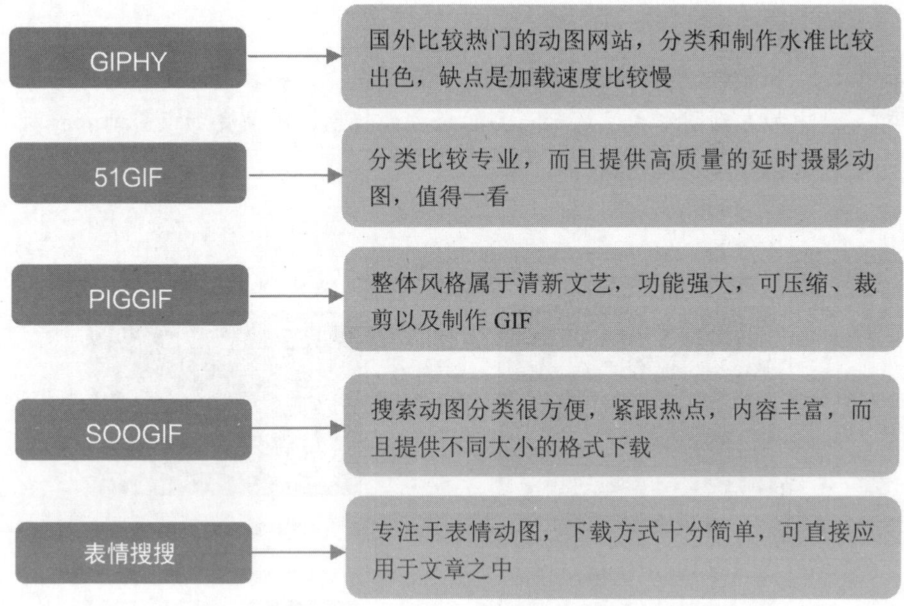


图 4-13　动图素材丰富的网站

图 4-14　“茶颜悦色”推送文章中的动图展示

再比如“花样长沙”推送的一篇文章，通过动图展示了五花肉下锅飘香的画面，如图 4-15 所示。看了这样生动的图片，是不是对于美食的向往更加强烈了呢？这就是动图的魅力所在。

专家提醒

如果想把自己的产品通过文章推广出去，并扩大品牌影响力，可以在文章中加入动图形式，展示产品的全方面特色，以便更加吸引读者和消费者，实现吸粉引流的目标。

图 4-15　“花样长沙”推送文章中的动图展示

## 4.4.3　如何设计长图文效果

除了动图，长图文也是为文章内容加分的一种形式，以图片加文字的漫画形式描述内容阅读量都非常高，很多著名企业经常运用这种方式来宣传和推广自己的新品。长图文是促使各种新媒体平台获得更多关注、吸引更多粉丝的一种好方法，其主要优势体现在 3 个方面：第一，图文融为一体，整体性强；第二，相辅相成，促使内容更加生动形象；第三，信息呈现更简洁，让读者一目了然。

既然长图文的效果这么好，那么我们应该怎么设计这种冲击力巨大的图片呢？长图文的设计有两种方法：一种是直接设计长图，一种是先设计小图再拼接。直接设计长图比较复杂，还要用到 Photoshop 软件。相对而言，设计小图再借用工具进行拼接比较简单。值得庆幸的是，创客贴是制作信息长图的良好平台，用户既可以直接根据模板设计长图，又可以将小图进行拼接制成长图。

**专家提醒**

如果觉得信息图的模板不合适，也可以通过小图拼接的方式来设计长图文，但这样做会花费更多的时间和精力，需要经过长时间的经验积累才能做出比较理想的长图文效果。

长图文的形式在微信公众平台里屡见不鲜，有的微信公众号甚至将长图文当成了自己的固有模式和风格，并以此来吸引读者和粉丝。如图 4-16 所示为“倩碧 Clinique”在情人节当天推送的长图文消息，这样做不仅有力推广了新品，同时也吸引了不少读者的眼球，使得目标粉丝更加青睐该品牌，并持续支持产品。

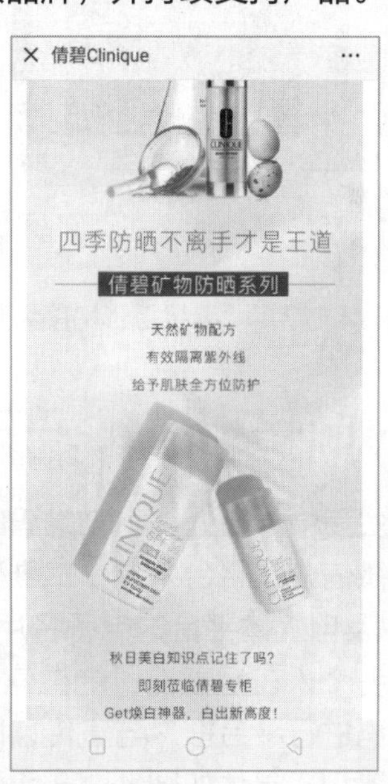


图 4-16　“倩碧 Clinique”推送的长图文消息

## 4.4.4　如何设计图片水印效果

要想新媒体平台的软文图片引爆读者的眼球，给图片打个标签也是一种有效的方法。以微信公众平台为例，给图片打标签就是给微信公众号的图片加上专属于该公众号的水印。一般来说，给图片加水印的目的主要有 3 个：第一，避免图片被他人盗用；第二，让读者对账号留下印象；第三，有力彰显自己的特色，吸引眼球。

下面以“手机摄影构图大全”为例，它在微信公众平台发布的文章图片都是带有水印的，如图 4-17 所示。

图 4-17 “手机摄影构图大全”在微信公众平台发布的带有水印的图片

### 4.4.5 如何设计二维码图片

在现实生活中，随处都有二维码的身影，二维码营销已经成了一种很常见的营销方式。对于微信公众平台来说，二维码也是一种可以吸引读者的图片，同时它也是微信、APP 以及自媒体平台的电子名片。

企业或者个人在运营自己的微信、APP 以及自媒体平台时，可以通过制作多种类型的二维码进行平台推广与宣传，以便吸引不同审美类型的读者。常见的二维码可以分为 5 种类型，具体如图 4-18 所示。

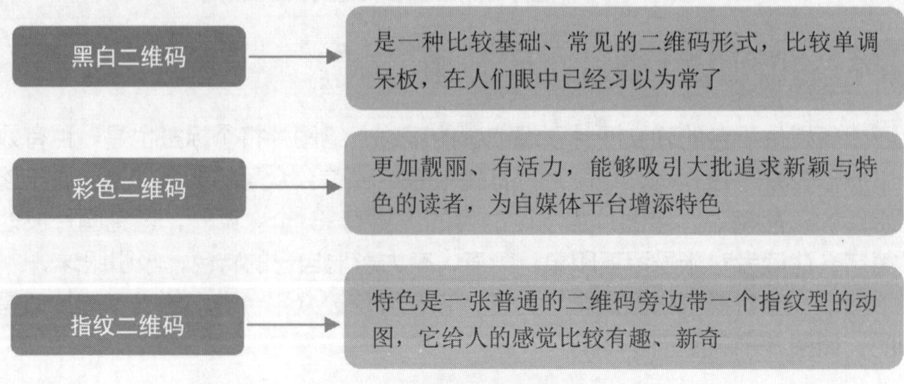


图 4-18 常见的二维码类型

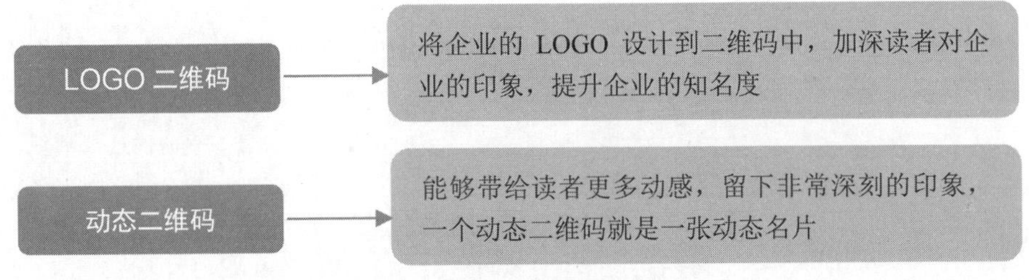


**图 4-18　常见的二维码类型(续)**

随着二维码的不断普及，各种制作二维码的辅助工具也开始发展起来，下面笔者就给大家介绍几款好用的二维码生成器，让二维码制作不再是难题，如图 4-19 所示。

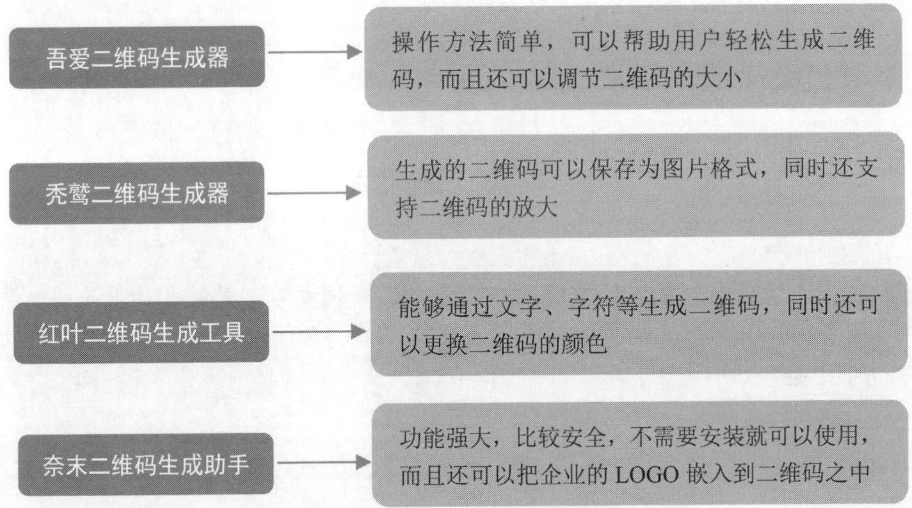


**图 4-19　好用的二维码生成器**

二维码随处可见，形式也是各有千秋。以微信公众号为例，为了吸引读者的注意力，各大公众号各显其才，如图 4-20 所示为“悦食中国”的二维码展示，采用了把 LOGO 嵌入二维码的方法来吸引读者眼球。

图 4-20　二维码展示

专家提醒

二维码图片不仅是吸引读者注意力的一种方式，同时也是吸粉的一种快捷手段，富有创意的二维码自然会更容易获得读者的青睐，并有效增加文章的阅读量。

# 第5章 图文排版：精美排版提升用户阅读体验

除了保证内容的优质和原创性，文章的排版也是影响点击率和转发率的重要因素，只有两者相结合才能带给读者更好的阅读体验，让他们成为媒体平台的忠实粉丝。本章为大家介绍提升文章版式质量和阅读体验的知识和经验。

要点展示

- 字体的设置技巧
- 字号的设置标准
- 排版的设计要点
- 字体颜色是吸睛重点
- 设计有代入感的开头
- 在软文结尾引导读者关注
- i排版编辑器
- 秀米排版编辑器

# 5.1 怎样做好文案的格式布局

视觉是人类获取信息、观察事物的能力，在视觉所及的范围内，人们所观察到的结果是极具选择性的，那么怎样做出遵循视觉效果、让读者赏心悦目的软文版式呢？本节将介绍字体字号的设置以及版式设计的注意事项。

## 5.1.1 字体的设置技巧

正文是一篇文章中占据篇幅最大的内容，因此字体的设计主要是针对正文而言的，如果正文的字体能够给读者带来舒适的视觉体验，那么读者对文章的整体印象也会加深，并提升不少好感。

字体是文字的一种形式，比较常见的有楷书、行书以及草书等，不同的新媒体平台设置的默认正文字体有所不同，同时，创作者也可以根据文章内容来设置形式各异的字体，以便给读者带来新鲜感。

在众多的新媒体平台上，文章的字体几乎都是采用系统默认的，如楷体、宋体以及微软雅黑等。那么，究竟应该如何设置字体才能给读者带来独特的阅读体验呢？以微信公众平台为例，字体的设置技巧有 3 点：第一，重点内容可加粗；第二，用不同颜色突出字体内容；第三，通过图片展示不同形式的字体。

例如，公众号“花王碧柔”发布的文章正文是这样设置的：首先利用显眼的颜色突出正文中的重点信息，如“防晒产品无限量试用”等，然后是图片和文字的结合，设置不同的字体来吸引读者的眼球，如图 5-1 所示。

图 5-1 “花王碧柔 Biore”的正文字体展示

**专家提醒**

重点突出、层次井然的正文自然要比平淡无奇、杂乱无章的正文更容易引起读者的兴趣，而这样高质量的正文是离不开字体的精心设计的，因此，学会设置正文字体至关重要。

## 5.1.2 字号的设置标准

合适的字体大小能让读者在阅读文章的时候不用将手机离自己的眼睛太近或太远，而且合适的字体大小能让版面看起来更和谐，更容易转发和传播。

在微信、APP 以及自媒体平台后台的群发功能中，新建图文消息的图文编辑栏中设有字体大小的选择功能。对于文章来说，对字号的要求主要是符合读者的阅读习惯和视觉期待，字号太大不仅是对篇幅的一种浪费，而且还比较碍眼，造成一种内容空洞的效果；字号太小会影响阅读效果，导致看不清或者阅读起来比较吃力。

那么，文章中的字号到底设置为多大比较好呢？根据笔者多次的编辑经验来看，字号效果比较好的是 14px 和 15px。因此，在对文章字号进行设计的时候，最好按照这个要求来。

以微信排版工具 i 排版为例，它的字号大小设置就比较一目了然，而且操作便捷，如图 5-2 所示为不同大小的字体展示。具体的排版方式在后面的内容中会进行详细讲解，这里暂且不提。

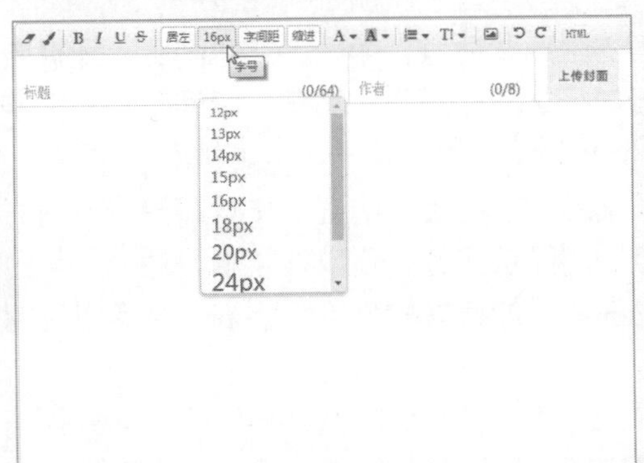


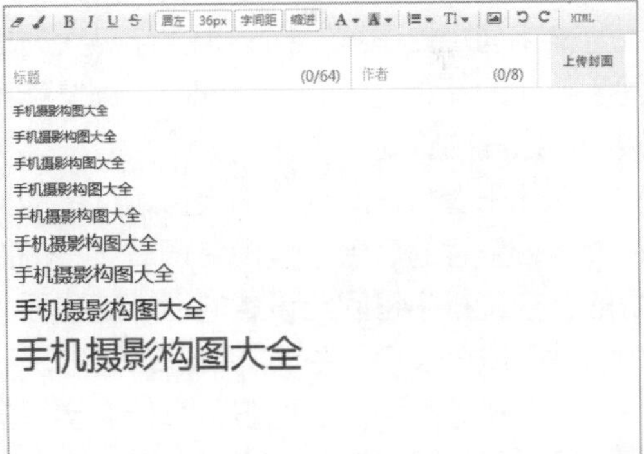


**图 5-2 字号设计的大小展示**

再来看字号设计在手机客户端的展示效果，以“水煮运营”推送的文章为例，它的字号给人带来的视觉效果就比较好，如图 5-3 所示。

一方面是看起来毫不费力，另一方面还有重点的突出和颜色的区分，通过颜色和加大的字号区分开小标题和正文，给人干净利落、有条有理的感觉。

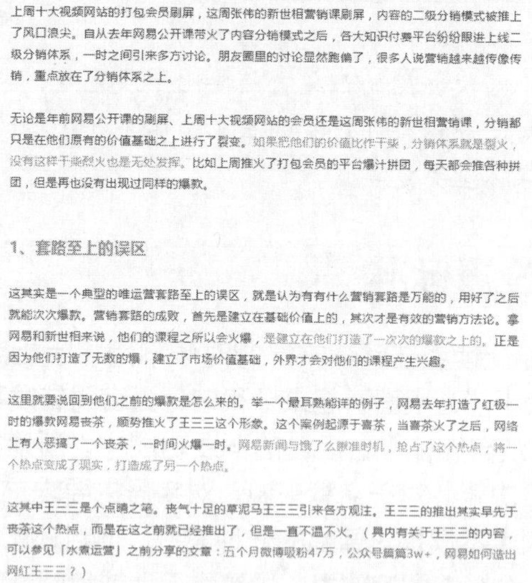

上周十大视频网站的打包会员刷屏，这周张伟的新世相营销课刷屏，内容的二级分销模式被推上了风口浪尖。自从去年网易公开课带火了内容分销模式之后，各大知识付费平台纷纷跟进上线二级分销体系，一时之间引来多方讨论。朋友圈里的讨论显然跑偏了，很多人说营销越来越传像传销，重点放在了分销体系之上。

无论是年前网易公开课的刷屏、上周十大视频网站的会员还是这周张伟的新世相营销课，分销都只是在他们原有的价值基础之上进行了裂变。如果把他们的价值比作干柴，分销体系就是裂火，没有这样干柴烈火也是无处发挥。比如上周推火了打包会员的平台爆汁拼团，每天都会推各种拼团，但是再也没有出现过同样的爆款。

1、套路至上的误区

这其实是一个典型的唯运营套路至上的误区，就是认为有有什么营销套路是万能的，用好了之后就能次次爆款。营销套路的成败，首先是建立在基础价值上的，其次才是有效的营销方法论。拿网易和新世相来说，他们的课程之所以会火爆，是建立在他们打造了一次次的爆款之上的。正是因为他们打造了无数的爆，建立了市场价值基础，外界才会对他们的课程产生兴趣。

这里就要说回到他们之前的爆款是怎么来的。举一个最耳熟能详的例子，网易去年打造了红极一时的爆款网易丧茶，顺势推火了王三三这个形象。这个案例起源于喜茶，当喜茶火了之后，网络上有人恶搞了一个丧茶，一时间火爆一时。网易新闻与饿了么瞅准时机，抢占了这个热点，将一个热点变成了现实，打造成了另一个热点。

这其中王三三是个点睛之笔。丧气十足的草泥马王三三引来各方观注。王三三的推出其实早先于丧茶这个热点，而是在这之前就已经推出了，但是一直不温不火。（具内有关于王三三的内容，可以参见「水煮运营」之前分享的文章：五个月微博吸粉47万，公众号篇篇3w+，网易如何造出网红王三三？）

图 5-3 “水煮运营”的字号效果展示

## 5.1.3 排版的设计要点

在文章排版设计的过程中，有两大要点值得注意：一是整体的风格，二是字体的间距。文字之间的间距是排版中的重点，尤其是对于大部分用手机浏览文章的微信用户来说。

文字间距要适宜，指的是文字三个方面的距离要适宜：第一，字符间距，即横向间字与字的间距；第二，行间距，即文字行与行之间的距离；第三，段间距，即文字段与段之间的距离。

首先来看字符间距，它会影响读者的阅读感觉，也会影响整篇文章篇幅的长短。在微信公众号的后台，是没有调节字符间距的功能按钮的，所以如果想要对公众平台上的文字进行字符间距设置的话，就需要先在其他的编辑软件上编辑好，然后再复制和粘贴到微信公众平台的文章编辑栏中。

其次是行间距，它代表着每行文字纵向的距离，行间距的宽窄会影响到文章的篇幅长短。行间距的调整一般也是通过专业的排版工具进行的，如果想给读者带来良好的阅读体验，最好多尝试不同的行间距或者借鉴别人的优秀排版技巧。

依旧以 i 排版编辑器为例，找到相应的行间距图标进行调节即可，如图 5-4 所示为不同行间距的效果展示。以笔者的实战经验来看，微信公众平台的文章的行间距最好设置为 1.5，当然，这也可以根据个人的喜好和内容的多少来安排。

最后是段间距，它的多少同样也决定了每行文字间纵向间的距离。它主要包括段前距和段后距两部分，在排版工具平台上可以设置，如图 5-5 所示。

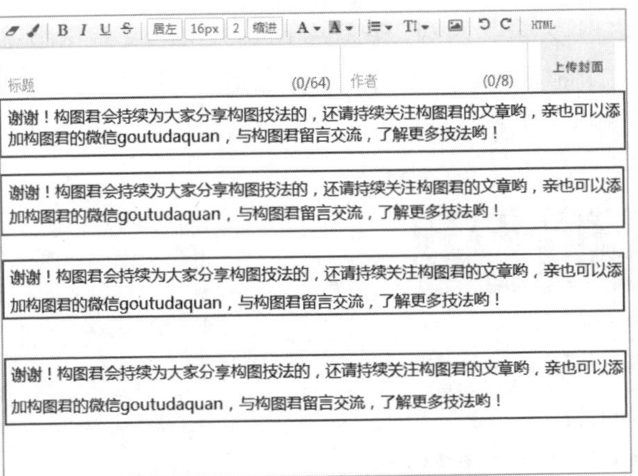


**图 5-4　不同行间距的效果展示**

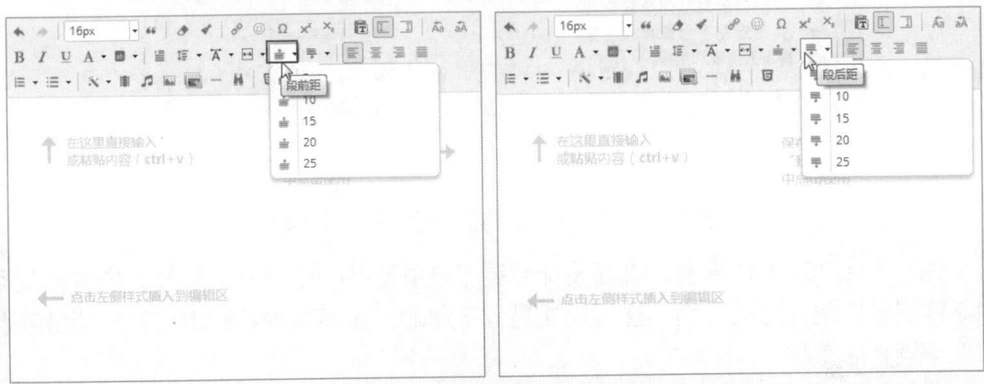


**图 5-5　段间距的两大部分**

段前距和段后距都有 5 种间距范围选择，用户可以根据自己平台读者的喜好去选择合适的段间距。如果不清楚读者喜好的段间距风格，可以向读者提供几种不同间距版式的文章，并呼吁读者投票选择自己喜欢的段间距风格。如此一来，就能够确保大部分的读者能够得到良好的阅读体验了。

专家提醒

此外，首行缩进和分割线也是排版设计中不可忽视的问题，一篇文章除了内容要充实，格式也要有条有理。首行缩进的目的是为了把分段的文字区别开来，给读者以层次感。分割线也是一样，而且分割线更容易在视觉上给读者带来舒适体验。分割线可以用于文章的开头部分，也可以用于文章的结尾部分，尤其是在大段文字的后面，最好使用分割线，让读者轻松掌握文章重点，理解文章含义。

以“手机摄影构图大全”为例，它在今日头条上的文章排版就比较富有特色，整体给人舒适之感，如图 5-6 所示。从细节上看，字号大小适中、各种文字间距恰当，重点的内容还进行了加粗处理。

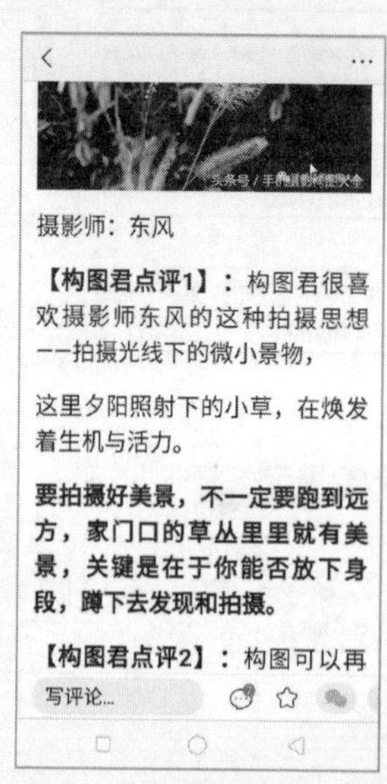


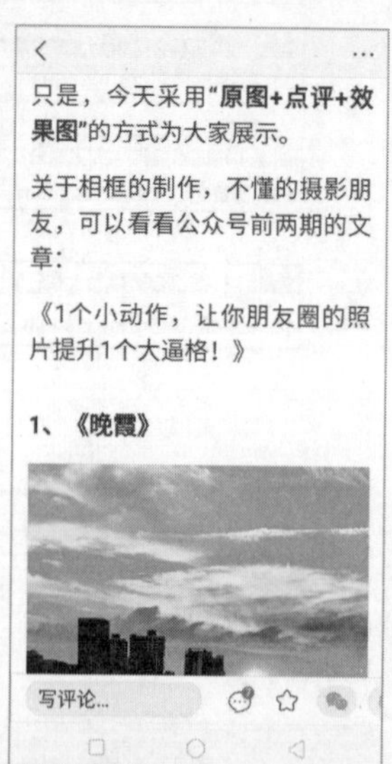


图 5-6 “手机摄影构图大全”的文章排版

无论是什么新媒体平台，排版设计都是比较重要的一个环节，当然，内容的撰写也不容易。但是光有内容而不重视版式是行不通的，只有将内容和版式完美结合才能够赢得读者的青睐。

## 5.1.4 字体颜色是吸睛重点

微信运营者在进行文章内容排版的时候，要特别注意色彩的搭配。人们的眼睛对色彩非常敏感，不同的颜色能够向人们传递各种感觉，例如红色给人以热情、奔放，蓝色给人以深沉、忧郁。对于大部分的公众号文章而言，文字是一篇文章中的重要组成部分，它们是读者接收文章信息的重要渠道。

文章的文字颜色是可以随意设置的，并不只是单调的一个色。适宜的文字颜色搭配会让读者阅读时眼睛不疲劳，使文章版式整体有特色，满足读者对阅读舒适感的需求，进而让文案有更多的阅读量。

微信运营者在进行字体颜色设置的时候，要以简单、清新为主，尽量不要在一篇文章中使用多种颜色，这样会让版面看起来非常花哨，使得整篇文章缺少舒适、整齐的感觉。文字的颜色要以清晰可见为主，不能使用亮黄色、荧光绿这类让读者看久了眼睛容易产生不舒适感的颜色，尽量以黑色或者灰黑色为主。

微信公众号运营者如果要对文章中某一句话或者词进行特别提示，可以使用一些其他颜色来对该文字进行特别标注，使其更显眼，让读者一眼就能看出重点所在。如图 5-7 所示，左图以红色标出了关键词，右图以蓝色标出了关键的语句。

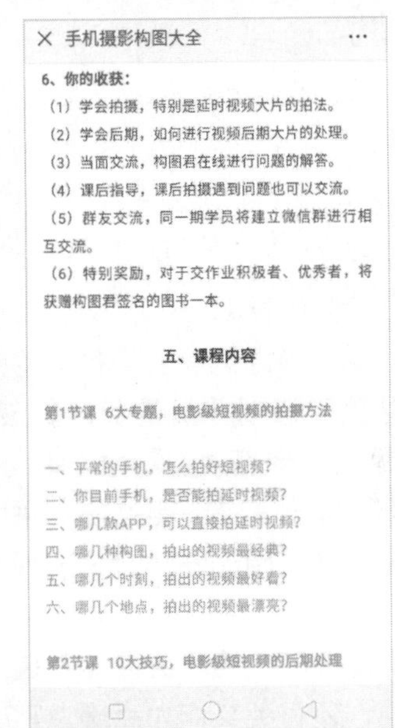


**图 5-7　文字颜色搭配舒适的案例**

# 5.2　合理利用文案的开头和结尾

相信大部分人每天都会阅读微信公众平台推送的信息，只要认真观察就不难发现，每篇微信公众号发布的文章，开头的排版或多或少都运用了些许技巧来尽力吸引读者的眼球，增强其代入感，让读者更好地融入文章之中。

而在结尾也都会有引导读者关注的字样，如“阅读原文”“延伸阅读”，这些文案开头和结尾的设置技巧在本节都可以学习到。

## 5.2.1　设计有代入感的开头

在新媒体平台上发布文章，版式设计是非常重要的组成部分，首先来看，设计开头有哪些技巧呢？笔者总结了 3 个：第一，引导读者关注公众号；第二，内容形式与公众号风格要统一；第三，通过比较显眼的特效吸引读者的眼球。

在开头引导读者关注公众号有许多不同的方式，这也是编辑创意的一种体现，比较常见的方式有：通过富有深意的语句展示个性、通过自带特色的漫画等吸引目光、通过富有创意的图文设计来呼吁关注。

在使用特效吸引读者眼球的时候，有多种形式可以使用，比如可爱的动图、炫酷的字体、五彩的字体颜色以及精美的图片等。

专家提醒

在微信公众号推送的文章当中，很多开头设计都是富有特色的，一方面可以吸引读者的注意力，另一方面又能够引导读者持续关注公众号输出的内容，可谓两全其美。当然，在设计开头的时候，不仅要考虑到吸粉的问题，同时还要从读者的角度出发，不要过度强调关注公众号的信息，以免引起读者的抵触心理。

以微信公众平台为例，各种各样的开头设计让人眼花缭乱，既给人带来了美的视觉享受，又达到了吸粉引流的目的，成功为推广文章和公众号打下了良好的基础。如图 5-8 所示为“十点读书”和“单向街书店”推送的文章的开头设计。

从图中可以看出，“十点读书”采用的是引导读者关注的方式来设计开头，并且这段引导关注字样是用动图的方式表现出来的，显得格外生动，能在短时间内吸引读者的目光。

而“单向街书店”的开头设计则是以文字为主，即“每一个独立而丰富的灵魂，都有处可栖”，还有英文作为点缀。它的开头设计不仅符合公众号的风格，而且还富有深意，比较容易引起目标读者的情感共鸣。

图 5-8　开头设计的不同方式

## 5.2.2 在软文结尾引导读者关注

很多新媒体平台的账号，尤其是微信公众号，都会在文章结尾处的排版中在特定的版面对平台上之前推送过的文章进行推荐，目的是为了引导读者关注之前的内容，增强读者的黏性。

微信公众号引导关注的内容大多以“推荐阅读”和“猜你喜欢”为主，如果公众号拥有自己的网站，就会在文章的最下方设置一个“阅读原文”超链接，尽量把读者吸引过去。这些内容的具体含义究竟是什么呢？笔者将其要点总结为以下 3 个。

(1) 推荐阅读：主要是相关内容的推荐，比如与公众号相关的内容或者主题相似的内容等。

(2) 猜你喜欢：主要是根据读者的阅读习惯和偏好推送的内容，大多能符合读者的口味。

(3) 阅读原文：引导读者点击，并跳转到其他网页，从而增加自己网站、产品等的点击率。

以“手机摄影构图大全”这一微信公众号为例，它在文末放了公众号的二维码，吸引读者来关注公众号。另外，文章结尾处采用了“阅读原文”的引导方式，读者单击“阅读原文”超链接后，就会进入相关商品的购买页面，直接为商品引流，这种方式既便捷又能提供产品的销量，如图 5-9 所示。

图 5-9 “手机摄影构图大全”的“阅读原文”超链接

专家提醒

虽然文章的结尾可能不是那么引人注目，但是如果设置了相关的引导，也会吸引部分读者打开链接，并成功进行细分引流，或者是推广产品。

# 5.3 第三方排版编辑器的使用方法

以微信公众平台为例，它所提供的编辑功能是比较有限的，只有最简单的文章排版功能，显得太单调，不能吸引读者的眼球，因此，一些功能更齐全的第三方编辑器便应运而生。本节就为大家介绍两种比较常见且好用的第三方排版编辑器。

## 5.3.1 i 排版编辑器

i 排版可以一键排版，它最大的特色是可以设计签名，它的功能主要有以下 4 个。

(1) 通过微信扫描二维码即可完成注册与登录。

(2) 编辑器模板样式分为标题、卡片等 9 个部分。

(3) 顶部工具栏提供了清除格式、一键排版等功能。

(4) 利用色板布景可进行换色，还可添加其他颜色。

下面介绍在 i 排版编辑中对软文进行排版的方法，具体步骤如下所示。

步骤 01 进入 i 排版的编辑主页，如图 5-10 所示，输入标题，然后单击页面左侧的“标题”按钮，再单击“散文诗集”按钮即可。输入标题内容。这一功能的使用需要开通会员，通过微信扫一扫会获得赠送。

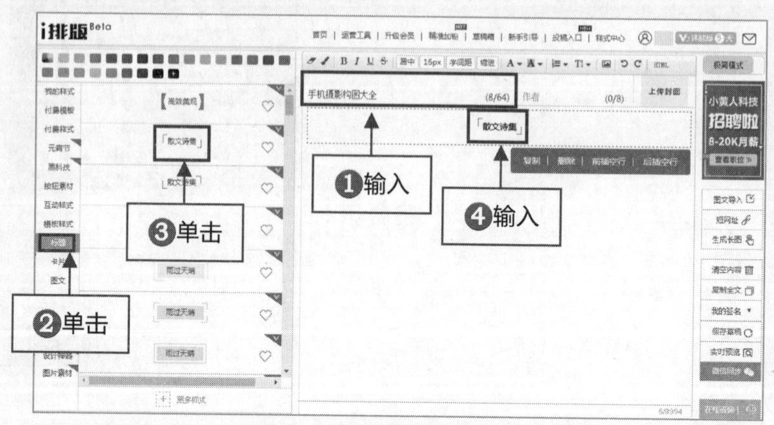


图 5-10 i 排版的编辑主页

步骤 02 复制正文的内容，进行格式调整。单击“卡片”按钮，再单击合适的卡片形式，正文内容的展示效果如图 5-11 所示。

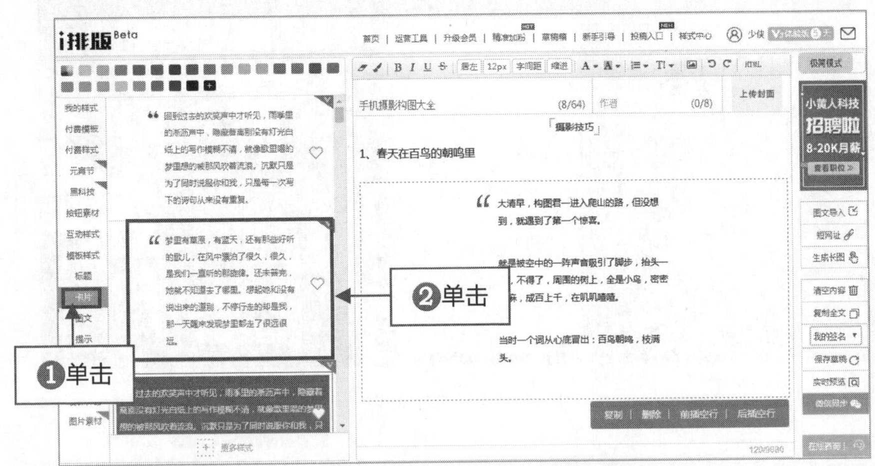


图 5-11　卡片形式的展示效果

步骤 03 也可以使用模板，单击“付费模板”按钮，选择喜欢的模板，再单击合适的小标题即可。此外，模板中的图片可以替换，单击“替换图片”按钮即可，如图 5-12 所示。

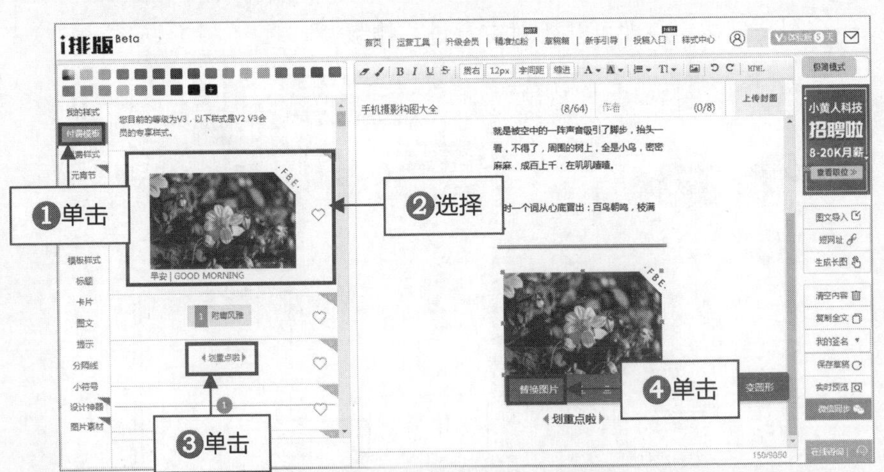


图 5-12　付费模板的使用

步骤 04 文章内容编辑好之后，可以单击“实时预览”按钮，部分效果如图 5-13 所示，确认无误后即可单击“微信同步”按钮。

图 5-13　实时预览

## 5.3.2　秀米排版编辑器

秀米排版编辑器的特色就是简洁明了，其使用方法和页面风格与 i 排版编辑器类似，具体如下。

步骤 01 进入秀米排版编辑器的主页，如图 5-14 所示，单击页面右侧的“新建一个图文”按钮，即可开始对文章进行排版。

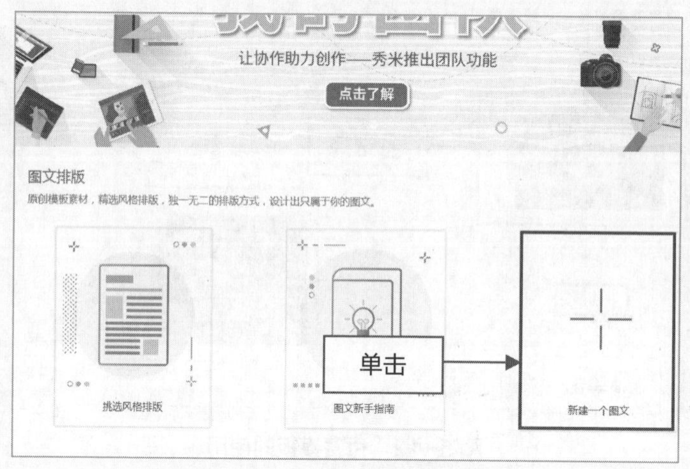


图 5-14　秀米排版编辑器的主页

步骤 02 执行上述操作后，就会跳转到如图 5-15 所示的内容编辑页面，单击页面左侧的“我的图库”按钮即可。

图 5-15　内容的编辑页面

步骤 03 单击页面中间的图标，然后单击“上传图片”按钮，单击合适的图片，即可看到封面图已经展示出来，如图 5-16 所示。

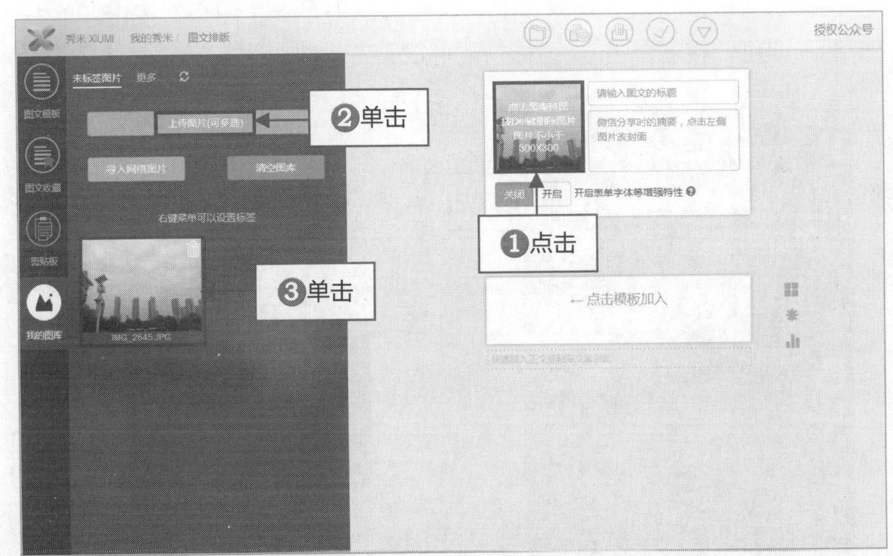


图 5-16　设置封面图

步骤 04 输入标题和摘要，单击“图文模板”按钮，再单击“标题”按钮，选择合适的标题形式，如图 5-17 所示。

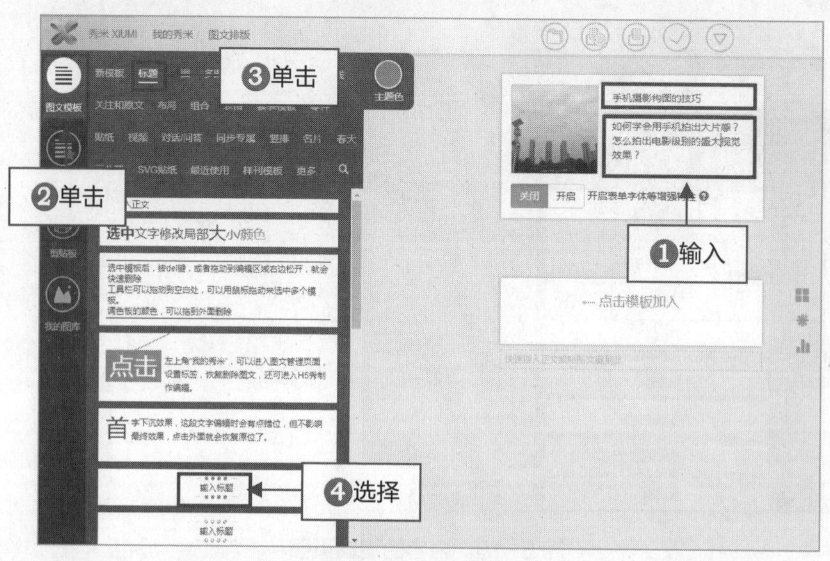


图 5-17　标题的设置

步骤 05 执行上述操作后，即可进行正文的编辑。输入正文标题，如图 5-18 所示，然后单击空白处粘贴正文内容，再单击“上传图片”按钮，单击合适的图片即可。接着单击图标，就可以预览效果。

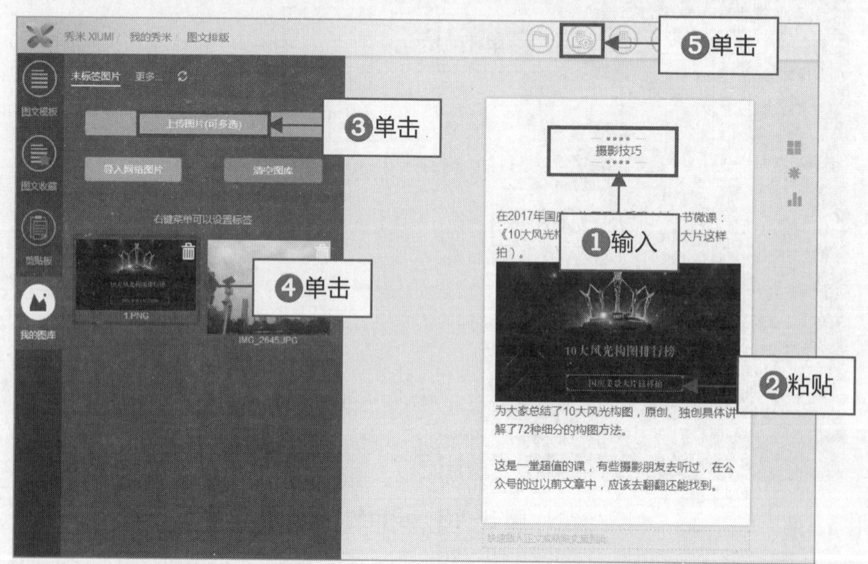


图 5-18　正文的编辑

步骤 06 执行上述操作后，即可看到排版的效果，如图 5-19 所示。接着单击“授权公众号”按钮，即可同步到微信公众平台。

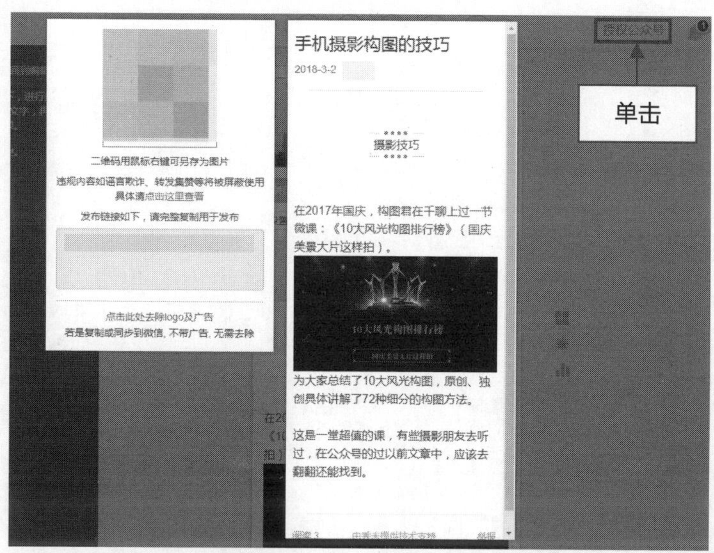
二维码用鼠标右键可另存为图片
违规内容如谣言欺诈、转发集赞等将被屏蔽使用
具体请点击这里查看
发布链接如下，请完整复制用于发布
点击此处去除logo及广告
若是复制或同步到微信，不带广告，无需去除
手机摄影构图的技巧
2018-3-2
摄影技巧
在2017年国庆，构图君在千聊上过一节微课：《10大风光构图排行榜》（国庆美景大片这样拍）。
10大风光构图排行榜
为大家总结了10大风光构图，原创、独创具体讲解了72种细分的构图方法。
这是一堂超值的课，有些摄影朋友去听过，在公众号的过以前文章中，应该去翻翻还能找到。
授权公众号
单击

图 5-19　预览效果

# 第6章 电商基础：了解电商软文的类型

电商软文当然也有传统软文的特点，都是为了迎合市场，从而提升产品的转化率。但是电商软文还有它独特的互联网特性，所以其写作方法和传播渠道跟其他软文有很大的区别，电商软文更注重与消费者的互动，以及企业价值观的分享。

## 要点展示

- 用文字刺激消费者购买
- 内容新颖能抓住受众眼球
- 文案的语言要简洁精练
- 展示产品类电商文案
- 塑造品牌类电商文案
- 引发宣传类电商文案
- 情感代入类电商文案
- 用工具提取关键词
- 关键词到底怎么找
- 关键词和商品标题怎么融合
- 怎么在关键词中体现卖点
- 怎么看关键词是好还是坏

# 6.1 电商软文应该具备哪些特点

在互联网的推进下，电子商务发展迅速，电商软文也与时俱进，谱写了很多软文营销的传奇。时至今日，电子商务的蓬勃发展已经离不开电商软文的助力。那么究竟怎样才能写出优秀的电商软文，让消费者对产品或者企业产生好感呢?

## 6.1.1 用文字刺激消费者购买

电商软文需要体现出主旨和创意，同时要能推广产品。看过许多的电商软文，笔者发现简单易懂的电商文案，才是最有效的传播，那怎样才能让文案简单易懂呢？具体要做到如图 6-1 所示的 4 点。

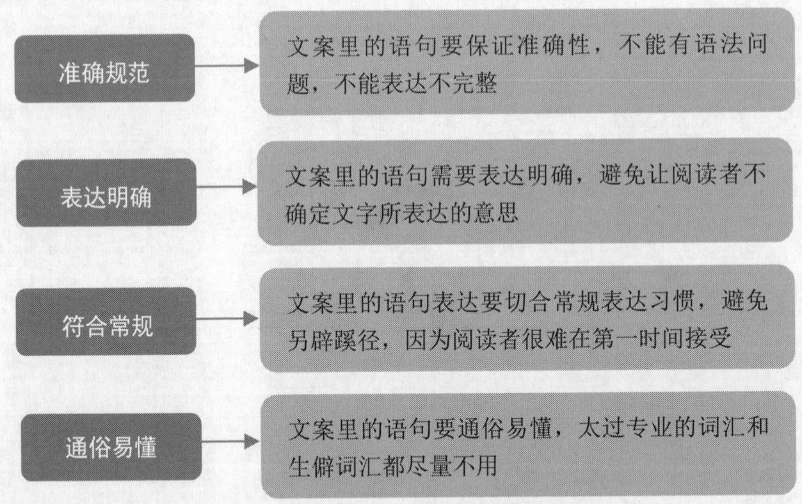


**图 6-1 简单易懂的电商文案要点**

现在不少电商软文里介绍产品的词，概念都很模糊，例如，“高科技、大众级、优质”这类词，无法让人有代入感。所以，为了让文案更打动阅读者，尽量把一些模糊的概念写得具体点，用文案刺激阅读者的感官，让阅读者有亲身体验产品的感觉，进而促使其购买产品。如图 6-2 所示为盼盼的梅尼耶干蛋糕的介绍。

这两篇文案里的用词都很值得品味，牛奶用“浓醇”来形容，鸡蛋用“温润”来形容，饼胚用“干脆”来形容，奶酪用“细腻香浓”来形容，还有“甜蜜舌尖”“停不下嘴”这些句子，充分调动了人的味觉，使消费者看到文字仿佛切身感受到了这一食物的美好，刺激了消费者的购买欲。

图 6-2　梅尼耶干蛋糕的介绍文案

## 6.1.2　内容新颖能抓住受众眼球

往往有新意的事物都会让人感兴趣，软文也是如此，新颖的软文会让阅读者有强烈的分享欲望，为商家带来更多商机。而这样的软文需要作者有更灵活的思维方式，并且关注热门话题，为软文加入更多新颖元素。当然，有新意不代表完全照搬网络用语或热门话题，毕竟这些传播得很快，消费者能看到的次数也很多，并不会每个文案都记得。只有将热点与产品内容完美结合，才能创作出让消费者记忆深刻的新颖文案。雪碧在公众号推送的文章内容就很有创意，如图 6-3 所示。

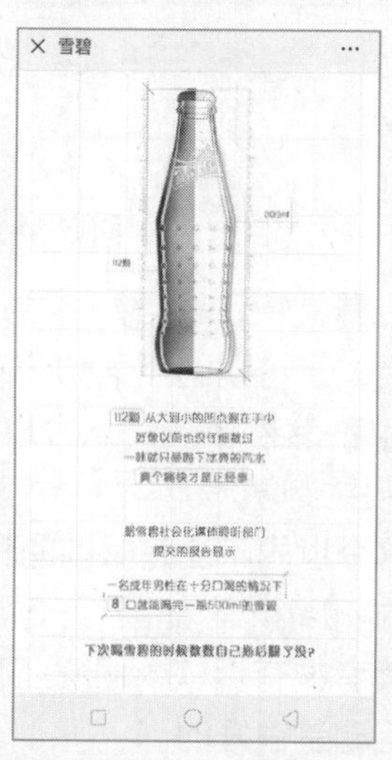


图 6-3　雪碧的文案

这篇软文的目的在于为大家科普雪碧的各种规格，进而推广产品。出发点是很大胆独特的，毕竟这类科普文案不容易打动消费者。而撰写者用幽默又贴近生活的语言，让冷冰冰的规格数字变得格外生动，消费者不仅很容易接受，还会加深对产品的了解，这就是新颖式软文的魅力所在。

这类软文也并不是单靠学技巧就能熟练掌握的，还需要多看多领悟，其实雪碧的公众号里还有不少内容新颖的文章，笔者简单分析两篇，以供大家学习。

土味情话在前段时间很火，于是一些反“土味情话”的句子也随之涌现。雪碧其中一篇文章的题目就是借了这个热点，如图 6-4 所示，最后还不忘产品的推广。更值得一提的是，这篇软文结尾还很自然地引导了消费者留言，写了“留言区对雪碧说一句土味情话，只要你土得洋气，雪碧就怼得优雅，怼得霸气！”

**图 6-4 雪碧的创意式文案**

分析的第二篇文章，题目是“立个 Flag：这里有箱雪碧，不知当送不当送”。首先从标题来看，是将网络用语和产品活动结合，吸引消费者的注意力。文章里还有“我保证我再也不熬夜了”“从今以后，戒刷微博朋友圈”这些大部分人都说过的话，让消费者产生共鸣。

结尾是“这个世界不止有眼前的转发锦鲤，还有立 Flag 和立 Flag，你又立过哪些听起来很爽的 Flag”，如图 6-5 所示。不得不说，有了前文的那些话作引导，这样的结尾会让读者很有诉欲，何况还有留言随机送一箱雪碧的活动作推进。所以，雪碧和消费者的互动是很好的。

图 6-5　雪碧做活动的文案

## 6.1.3　文案的语言要简洁精练

简洁精练的语言容易吸引住消费者，所以电商软文要尽量用简单的语言表现出产品精髓，任何无关紧要的信息都不要用在文案里，这样才能让消费者快速记住文案内容。

而且越是简单的内容，才越能在五花八门的广告中凸显出来，因为现在电商平台太多，消费者没有心力很细致地去看一篇内容冗长的文案，因此内容简单的文案反而容易脱颖而出。在这里笔者总结了 3 个让文案更简明扼要的方法：第一，文案主次要分明；第二，文案重点内容要突出；第三，文案要流畅有逻辑。

# 6.2　电商文案的 4 种写作类型

不同的电商软文，能发挥的作用也不同，我们需要熟练掌握不同类型的电商软文，才能灵活地运用到自己的电商文案中去。本节主要介绍电商软文的 4 种类型。

## 6.2.1　展示产品类电商文案

展示产品类的电商文案是很多电商都会用的一种电商软文类型，这类电商软文的主要作用就是，通过展示自家产品来提高产品的销量。更细化一点，这类电商文案还

可以分为详情页广告和横幅广告。下面先来看详情页广告。

### 1. 详情页广告

详情页广告的主要作用就是促进产品销售，所以在撰写这种广告软文时，最好先将产品的核心卖点精炼出来，真实简单地描述出产品价值，还要让顾客知道，这个产品和其他同类型的产品相比好在哪里，给顾客一种买到就是赚到的感觉。这样详情页广告才能将作用发挥到最大，促进产品销售。如图 6-6 所示就是一篇标准的电商详情页广告。

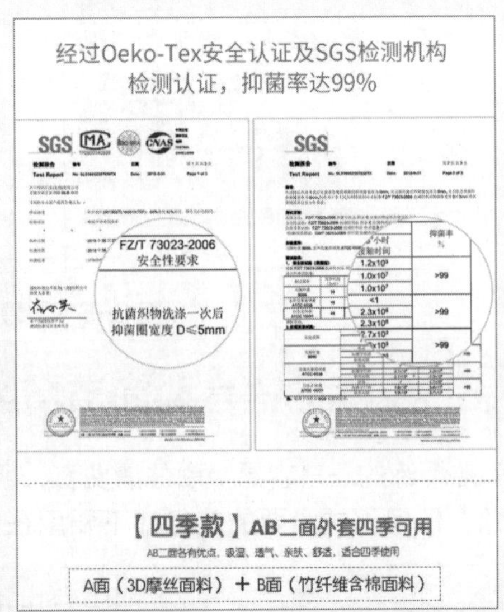


图 6-6 电商品牌的详情页广告

这篇文案就很详细地展示了产品的优势，让消费者觉得这个产品是物超所值的，同时还展示产品检测认证书，让消费者可以很放心地购买。看了文案之后，相信消费者一定会很快下单。所以，一篇优秀的详情页广告是可以有效促进产品成交的。

那么，怎样才能写出像图 6-6 那样成功的详情页广告呢？要牢记以下几点。

第一，电商详情页广告需要有这些内容：产品的属性以及功能、产品的实拍图片、产品的物流信息、产品有没有折扣和优惠方案、产品曾获哪些荣誉、产品的售后服务有哪些。

第二，详情页广告所包含的内容很多，但一定要有一个侧重点，就是产品的特点，只有着重突出了产品的特点，才能让顾客明确知道这个产品的优势或好处。

第三，详情页广告的前两个页面是吸引顾客的关键，要好好利用。其次，可以拟一个足够抓住顾客眼球的文案标题，通过标题让顾客主动去搜索此篇文案。无论内容还是标题，写的时候都要考虑顾客的感受，不要过于夸大产品，引起顾客反感。

第四，电商软文详情页的文字要一目了然，而且要有总结性的产品信息描写，切忌长篇大论；其次，文案的视觉效果也不可忽视，用既符合内容又美观的图片对文字加以补充，会让文案更生动。

**2. 横幅广告**

横幅广告是 Web 上非常多见的一种软文形式，也是最有效的一种软文形式。一般是以图片的形式横跨网页的顶端或者底端，上面有产品或品牌的标志，用户点击链接就可以跳转到相关网页，一般是进入到上面介绍过的详情页文案里。如图 6-7 所示为某电商的横幅广告。

图6-7　横幅广告

专家提醒

横幅广告大多都只放一个短小精悍的标题、产品名或企业标志，吸引用户点击进去查看更多的产品内容。因此，写这类软文时也要注意文案的简洁性。

## 6.2.2　塑造品牌类电商文案

塑造品牌类电商文案，顾名思义就是通过打造品牌形象，从而加深消费者对企业印象的电商软文。既然要打造品牌，就必定离不开讲故事。好的品牌故事可以树立一个好的企业形象，传递企业文化，让消费者记忆犹新。所以，这类电商软文可以讲述品牌创立的故事，也可以讲述产品的由来。

如图 6-8 所示是韩国的一个护肤品牌的故事。这个品牌的创始人是医学院硕士毕业的医生，同时也是一位父亲，因为女儿是过敏肤质，所以创立了这个适用于过敏肤质的护肤品牌。这样温情的品牌故事，能为该品牌吸引不少消费者。

图 6-8　Papa Recipe 的品牌故事

## 6.2.3　引发宣传类电商文案

宣传类型的电商文案主要是对服务或产品进行推广，再借助一些推广平台吸引消费者关注转发，达到“一传十，十传百”的效果。像微博、论坛、网站、直播平台、微信等，都是电商可以利用的宣传平台。

如图 6-9 所示为绿箭七夕节时在微博发的宣传类软文，它利用明星效应带动消费者参与活动，在文案内容下面还放了方便大家转发的发博标示，是一篇很值得电商借鉴的宣传型软文。

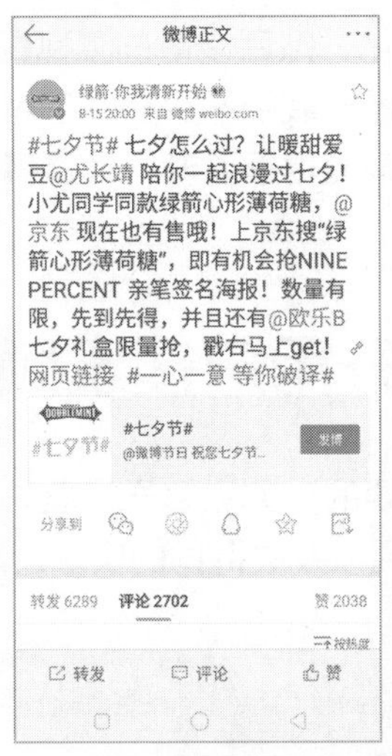


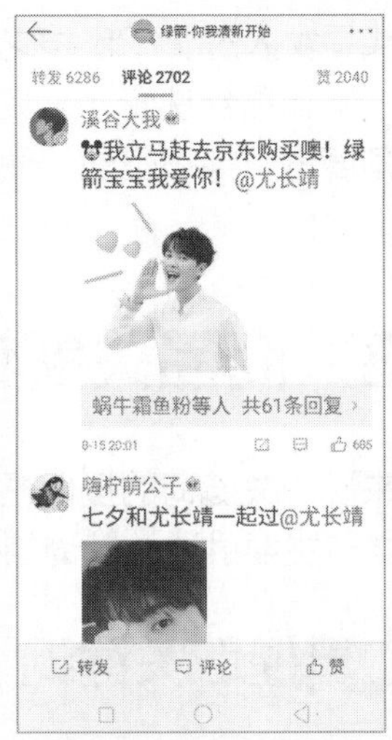


图 6-9　绿箭的七夕节宣传软文

## 6.2.4　情感代入类电商文案

这类电商文案是结合了产品广告和文章内容的一种软文，其精妙之处就在于“润物细无声”，能让阅读者在毫无察觉的情况下读完产品广告，也正是因为这个特性，情感代入类电商软文一直深受电商人员的青睐。

如图 6-10 所示是公众号“十点读书”发布的一篇软文。

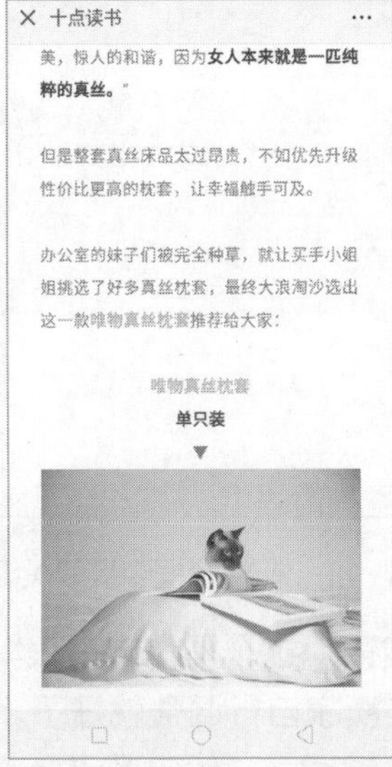


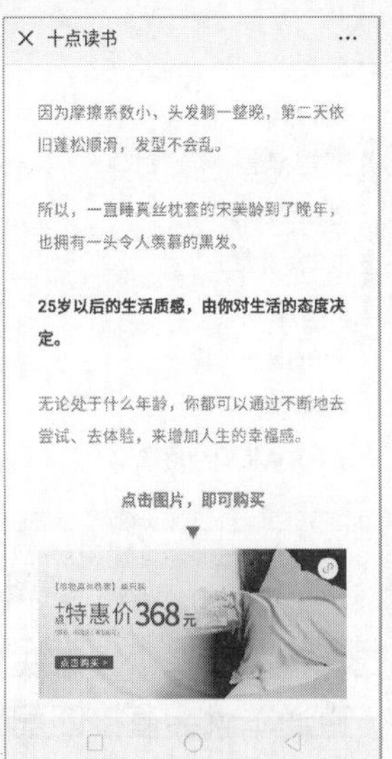


图 6-10　情感代入类电商软文

这篇软文开头是女人过了 25 岁之后的变化，然后慢慢过渡到真丝对女人的重要性，再引出产品“唯物真丝枕套”，其中的内容能戳中不少女性读者的心，尤其是作者站在消费者的角度进行描写呈现，使产品推荐显得很真诚，消费者不会觉得是在做广告。

# 6.3 商品关键词提升用户搜索频率

对电商卖家来说，关键词的提取是无比重要的，究竟怎样提取关键词才能提高商品的搜索率呢？本节主要讲述关键词的提取工具以及关键词的实际运用方法。

## 6.3.1 用工具提取关键词

相信很多读者都不知道，其实提取关键词有不少工具可以借助，学会利用这些工具，就能在短时间内找到合适的关键词。

第一，在首页搜索框中提取关键词。这是最便捷的一种方式，只要将产品在首页搜索框里输入一遍，就会出现很多关键词，选一个适合自己产品的关键词即可。以淘宝为例，当我们输入童装之后，就会出现童装女、童装男、童装外套，如图 6-11 所示，在这些关键词里选一个进行调整编辑即可。

图 6-11 在搜索框中提取关键词

第二，在直通车中提取关键词。这个操作起来很简单，进入直通车之后，选一个关键词，直通车就会直接匹配，卖家自行调整就好了。

第三，在生意参谋中提取关键词。一般电商平台都会有关键词排名的，以天猫为例，只要进入卖家中心里的生意参谋，在页面中部有商家所卖产品行业的热搜关键

词，如图 6-12 所示。

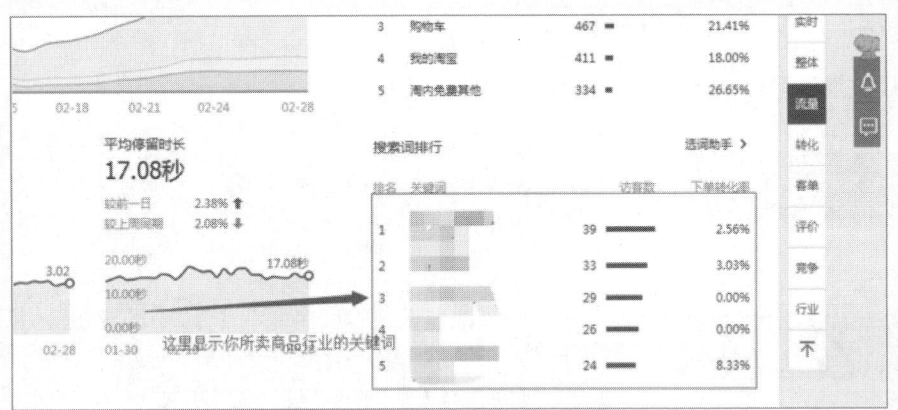


图 6-12　在生意参谋中提取关键词

第四，在排行榜中提取关键词。在排行榜里，商家能知道消费者最近比较关注的事物，还可以看到最近销量好的产品，并且能知道近段时间搜索量高的关键词。如图 6-13 所示为排行榜里产品销量高和关键词搜索量高的数据展示。

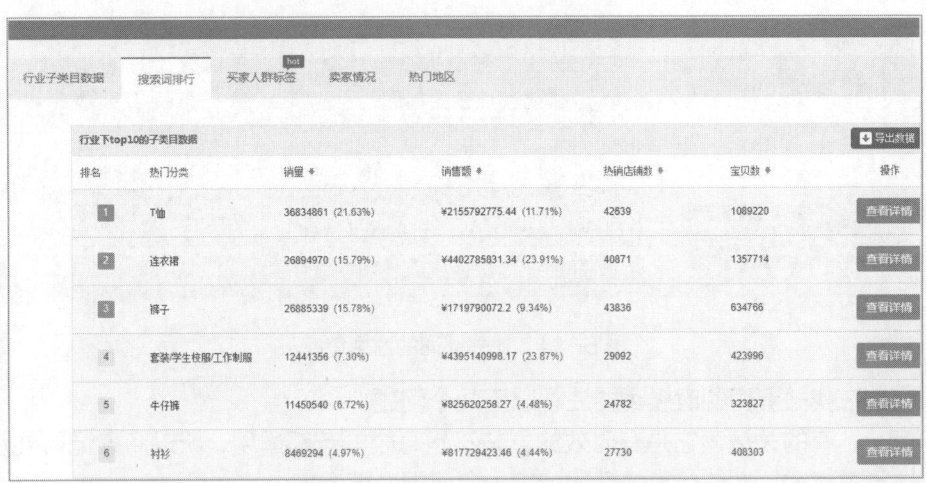

行业子类目数据　搜索词排行　买家人群标签 hot　卖家情况　热门地区

行业下top10的子类目数据　导出数据

| 排名 | 热门分类 | 销量 | 销售额 | 热销店铺数 | 宝贝数 | 操作 |
|---|---|---|---|---|---|---|
| 1 | T恤 | 36834861 (21.63%) | ¥2155792775.44 (11.71%) | 42639 | 1089220 | 查看详情 |
| 2 | 连衣裙 | 26894970 (15.79%) | ¥4402785831.34 (23.91%) | 40871 | 1357714 | 查看详情 |
| 3 | 裤子 | 26885339 (15.78%) | ¥1719790072.2 (9.34%) | 43836 | 634766 | 查看详情 |
| 4 | 套装/学生校服/工作制服 | 12441356 (7.30%) | ¥4395140998.17 (23.87%) | 29092 | 423996 | 查看详情 |
| 5 | 牛仔裤 | 11450540 (6.72%) | ¥825620258.27 (4.48%) | 24782 | 323827 | 查看详情 |
| 6 | 衬衫 | 8469294 (4.97%) | ¥817729423.46 (4.44%) | 27730 | 408303 | 查看详情 |

图 6-13　在排行榜中提取关键词

**专家提醒**

不能完全单靠热搜就确定下来自己产品的关键词，还要结合产品的特性和店铺的需求来提取关键词。其实，选择有一定搜索量且对手卖家也不多的关键词，是一种增加产品曝光度的好办法。

## 6.3.2 关键词到底怎么找

找关键词可以从 5 个角度挖掘，如图 6-14 所示。

|  |  |
| --- | --- |
| 商家品牌 | 有知名度的产品，或者有知名品牌授权的产品，可以将品牌作为关键词，这样顾客想买相关品牌的产品时，就可以搜索关键词进入店铺 |
| 产品季节 | 如果是有季节性的产品，要记得在关键词里表明这个产品的使用季节，也就是说，如果商家卖的是冬季睡衣，关键词就可以用冬季睡衣 |
| 产品名称 | 比如说商家出售的是台灯，关键词也有台灯，就是用产品名称作为提取的关键词。这种方法的好处是，消费者可以迅速知道产品的属性 |
| 产品分量 | 商家的产品如果有大份、小份等区别，就要记得将产品的分量清晰地标注出来，可以避免消费者出现购买产品过少或者过多的问题 |
| 产品特征 | 关键词要让消费者清楚产品特征，比如商家出售女士外套，是呢子外套还是西装外套，纯色还是印花，这些最好都在关键词里有体现 |

**图 6-14　找关键词的挖掘角度**

商家在找关键词的时候需要注意以下几个问题。

第一，有的关键词它是有时效的，并不是每个季节都适用，所以商家记得要及时更新这类关键词，才能依靠关键词持续为自己提升搜索率。

第二，借鉴来的关键词，商家一定要调整为适合自己店铺的，千万不能复制粘贴其他商家的关键词，这样会让消费者以为是同一个商家，让关键词失去作用。

第三，无论是不是搜索量高的关键词，商家都必须保证关键词有 30 个字，只有字数够了，商家的关键词才会有最大的曝光率。

第四，如果商家卖的是男女休闲装，就要在关键词中体现出来：男士休闲装、女士休闲外套等。也就是说，商家的关键词必须是与产品特征相符的，才会让消费者迅速知道商家有哪些出售的产品。

第五，不要把店铺名称放进关键词里，尤其是新成立店铺不久的电商更要注意这一点。名气不够的商家在关键词里放店铺名称并不能让用户更多地去搜索，并且关键词和产品不一样，会让用户搜索不到商家的产品，反而得不偿失。

## 6.3.3 关键词和商品标题怎么融合

在商家确定好自己的关键词之后，就需要将关键词融合进产品标题，而产品标题必须是一句完整的话，因此将关键词融合进去的时候，是需要有排列顺序的，这样才能保证产品标题的连贯通顺。一般情况下，关键词融合进产品标题要遵循一定的排列顺序，如图 6-15 所示。

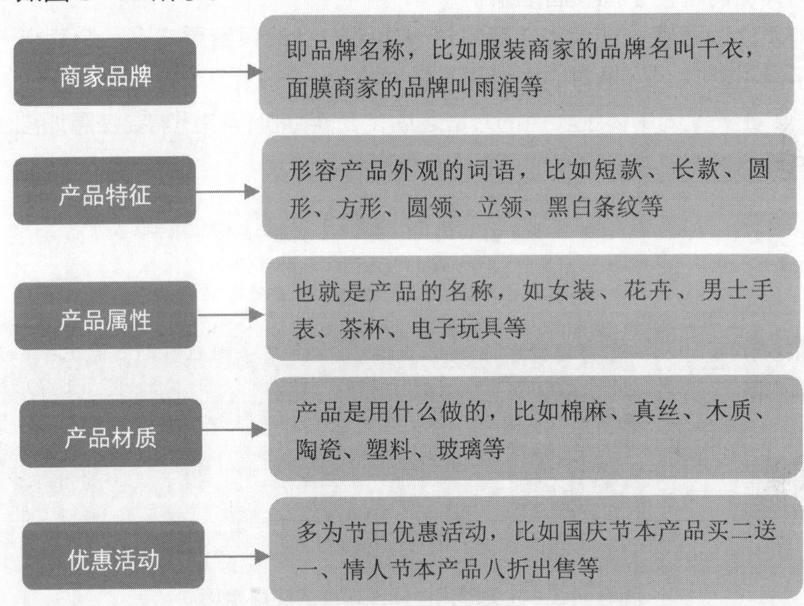


**图 6-15　将关键词融进产品标题的排列顺序**

按照上图的顺序排列好关键词之后，以第一个千衣的服装品牌为例，我们找到的商品标题是"千衣短款女装棉麻，国庆节买二送一。"

**专家提醒**

其实将关键词融合进商品标题，也就是将关键词合成连贯的一句话，在组合关键词的时候需要注意语句的完整通顺，以及间隔符号的使用，产品标题的间隔符号只能用"/"或者空格，不能随意使用其他间隔符号。另外，如果商家的产品关键词并不多，也不要堆砌与产品无关的关键词，这样才能让消费者理解产品标题。

## 6.3.4　怎么在关键词中体现卖点

现在同类型的产品很多，竞争也很激烈，那么怎样做才能让自己产品的卖点在众多同类产品中脱颖而出，吸引更多购买者呢？下面就来看看在关键词中体现卖点的几个方法。

第一，商家必须先对自己的产品有详细深入的了解，才能找出自己的产品与其他产品有什么区别，这些有区别的地方可以提炼为商家的卖点。

第二，用尽量精简的词语总结出已经分析好的卖点，总结卖点的词语不要超过 5 个字，冗长的关键词不便于消费者理解。

第三，为了让消费者记住卖点，商家最好每个产品都只着重突出一个卖点，这样虽然卖点展示得不够多，但是对消费者更有针对性。

大家知道了在关键词中体现卖点的方法之后，在实际操作中还需要注意如图 6-16 所示的 3 个问题。

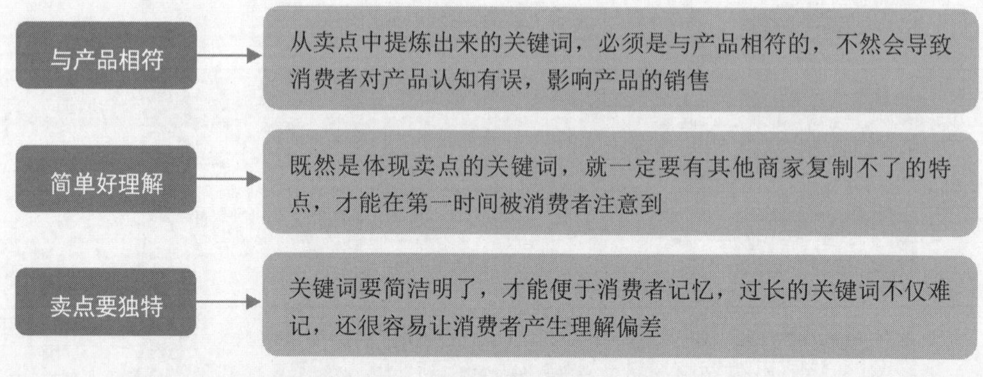


**图 6-16　在关键词中体现卖点的注意事项**

## 6.3.5　怎么看关键词是好还是坏

关键词定好之后，不少电商都会迷茫，不知道自己的关键词到底好不好，能不能为店铺引流。其实判断关键词好坏是有方法的，下面就给大家介绍判断关键词好坏的五个方法。

第一，商家先让自己熟悉的人看一下关键词，看看能不能从关键词中得到产品的信息，如果不能，就说明这个关键词不可取；如果能，再进行下一步甄别。

第二，将关键词在搜索框内输入一遍，看看排名是不是靠前，其实这也就是在看关键词是不是符合消费者的搜索习惯。

第三，能发挥作用的关键词其实不会是那些热门词，而是有一定流量、热搜排

名又不靠前的词，所以商家的关键词不要全部写热门词，避免陷入竞争过于激烈、产品排名靠后的尴尬境地。

第四，关键词一定要体现出店铺的优惠活动，因为优惠是吸引消费者的重要因素，所以如果商家有优惠活动，就要看有没有在关键词中体现出来。

第五，不同的商家对于关键词的设置是不一样的，如果是刚成立不久的店铺，可以选择词汇多搜索量又不是很高的关键词，而已经有了一定客户基础的商家则可以选择比较热门的关键词。

专家提醒

借鉴其他商家的关键词时，要找类型相同、现状也大致相同的店铺，可以让好友把自己当成消费者进店铺看一看并提出意见，这样商家就会知道在消费者看来，店铺还有哪些需要改进的地方。

# 第7章 主页文案：抢夺亿万客户流量的关键

好的电商文案总是能够深入人心，能让消费者在不知不觉间对店铺和产品产生好感，因此在创作电商文案时，需要用心与消费者交流，让消费者享有愉快的购物体验。

**要点展示**

- 店铺主页所包含的内容
- 店铺头图文案的写作方法
- 用物品命名店铺名称的好处
- 用品牌命名店铺名称有什么优势
- 用动物命名店铺名称消除买家的陌生感
- 快速卖出产品的折扣取名法
- 在主页文案中体现店铺的风格
- 在主页文案中体现店铺的活动
- 在店铺主页中打造爆款商品
- 让购买者通过主页找到店铺联系方式
- 用主页文案刺激顾客的购买欲

# 7.1　电商主页文案的写作要点

电商的店铺主页文案是消费者进店铺浏览时最先注意到的，那么该如何设计店铺的主页文案，才能让消费者知道店铺出售的产品以及产品近期的促销活动呢？这就涉及本节阐述的内容：店铺主页所包含的内容和店铺头图的写作方法。

## 7.1.1　店铺主页所包含的内容

作为商家，需要了解消费者的想法，这样才能写出符合消费者预期的主页文案。下面介绍店铺主页文案所包含的内容，如图 7-1 所示。

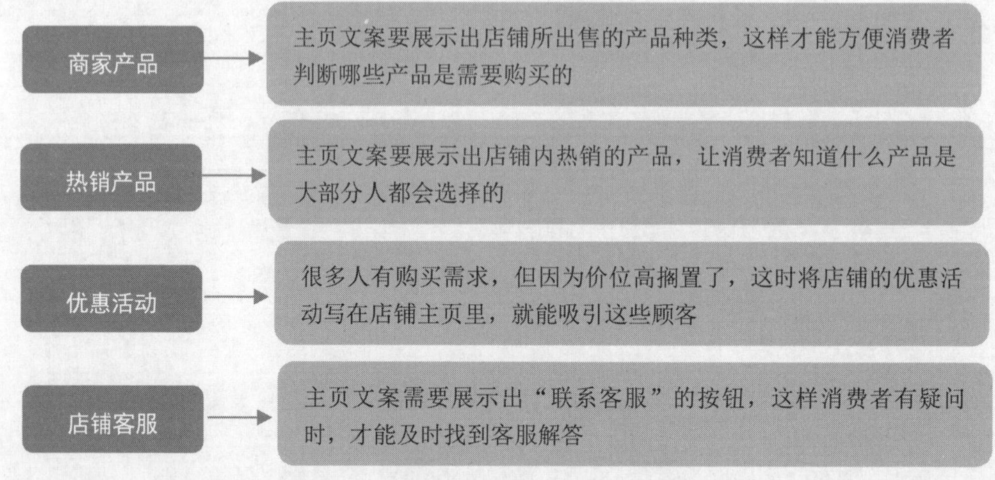


**图 7-1　店铺主页文案所包含的内容**

在撰写店铺主页文案时采用以下 3 个小技巧，能让主页文案充分发挥其作用。

第一，商家想让消费者知道的重点内容，要放在店铺主页最显眼的位置，这样消费者才能迅速接收到重点信息。

第二，因为店铺主页展示的内容很多，所以在撰写时语言一定要简单明了，以免信息过于繁杂，使消费者无法理解。

第三，一般商家店铺主页的模块都很多，不同模块展示的内容也不同，因此商家最好将每个模块都区分开，这样方便消费者选择自己有需求的模块浏览，也会让店铺看上去更整洁，从而给消费者留下一个良好的印象。

## 7.1.2 店铺头图文案的写作方法

店铺的主页需要我们用心去制作，而店铺主页的头图更是可以奠定整个店铺主页的基调，是店铺主页的中心所在。如图 7-2 所示就是一家店铺的头图文案，在此篇头图文案中，商家展示出了店铺的促销活动以及产品的特点，消费者通过头图文案可以知道产品的功效和店铺的近期动态。

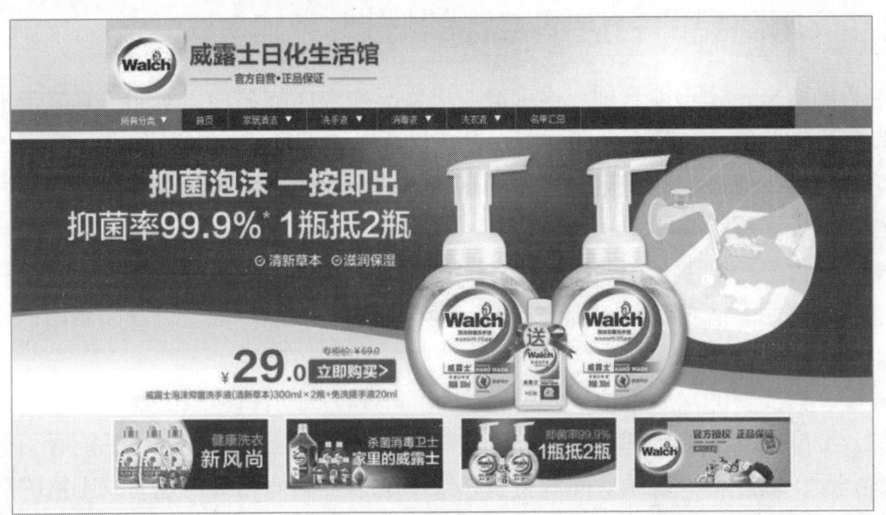


图 7-2 店铺头图文案

一般情况下，头图主要包含以下 3 项内容。

第一，在头图中展示出店铺内销量最好的产品，可以引导消费者购买该产品，从而提升产品销量。

第二，在头图中展示出产品的功效，以及使用方法等，这样能加深消费者对产品的了解，同时增加消费者对产品的好感度。

第三，在头图中可以突出店铺近期内的优惠活动，这样能起到刺激消费者购买产品的作用。

专家提醒

一般商家的头图文案中都会有热销的产品和产品功效这两项内容，而在头图文案的写作过程中需要注意，头图文案的内容不能太复杂，应该简短好记，并且重点要清晰，尽量只突出一个卖点，这样才能让消费者明确知道店铺近期的动态。

# 7.2 店铺名称吸引更多客户流量

我们在网上购物时会发现，有的店铺名看过之后很快就忘了，而有的店铺名只看一眼就能记住。为什么会这样呢？怎样才能取一个让人一眼记住的店铺名呢？本节主要探讨这个问题。

## 7.2.1 用商品命名店铺名称的好处

细心的读者肯定会注意到，许多商家用物品作为店铺名称，例如“某某手机店”“某某玩具店”等，为什么要用物品命名店铺呢？主要原因有以下 5 点。

第一，用商品命名店铺可以方便消费者迅速知道店铺出售什么产品，从而为消费者节约了不少了解店铺的时间。

第二，大家都知道，消费者是否购买产品，取决于当时有没有需求，而以商品作为店铺名称之后，消费者就能知道这家店铺出售哪些产品，继而可以判断自己是不是需要浏览这家店铺。

第三，其实有的网店价格很合理，产品也不错，却没有多少顾客，问题就在于店铺名称。要是用商品给店铺取名，让消费者知道店铺所出售的商品，就能吸引有需求的顾客光顾，增加不少客源。而消费者如果不能通过店铺名称知道商家出售的商品类型，就很可能不去浏览这家店铺。

第四，有不少销量好的网店都是靠搜索量做起来的，所以用商品名给店铺取名，可以让有需求的顾客主动进店铺浏览。举个例子，如果我们要买一副眼镜，就肯定会搜索“眼镜”这两个字，此时商家店铺名称中若含有“眼镜”这个词，就会提高店铺的浏览量以及商品销量。

第五，其实商品销量还是由消费者能否记住店铺来决定的，商家用商品给店铺取名，也就是加强了消费者对店铺商品的记忆，如果下次有需求，顾客就会很快想到这家店铺。

在用商品命名店铺时需要注意几个问题，具体如图 7-3 所示。

用商品给店铺取名的示例如图 7-4 所示。这家店铺主要出售的就是箱包，而商家给店铺取名也是以箱包为核心，这样消费者哪怕只看到店铺的名称，也能根据自身需求决定是否要浏览店铺。

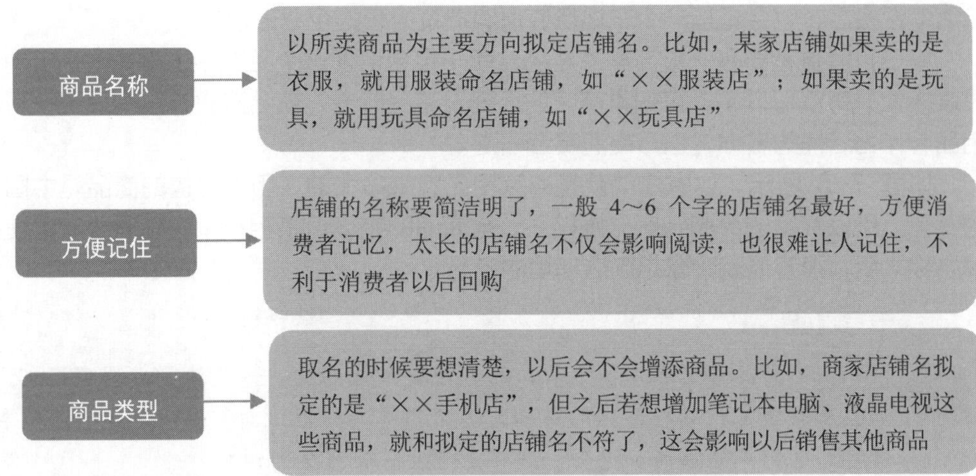


**图 7-3　用商品命名店铺需要注意的问题**

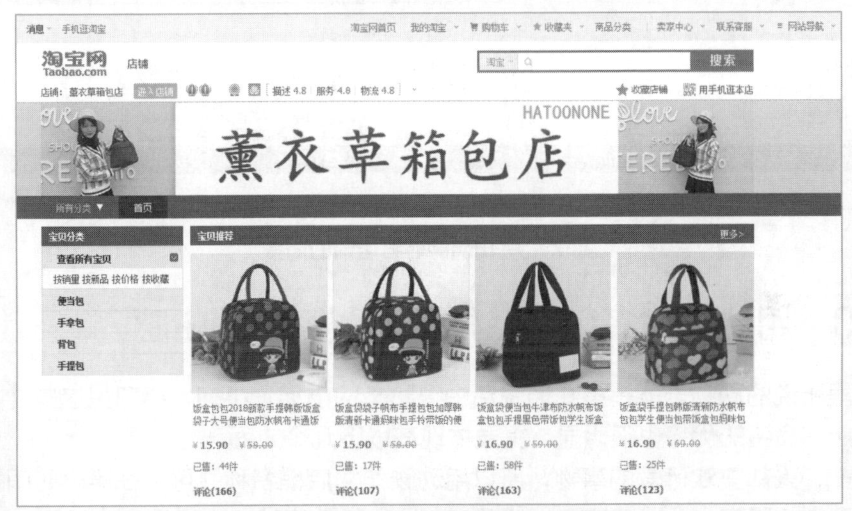


**图 7-4　用商品给店铺取名**

## 7.2.2　用品牌命名店铺名称有什么优势

有些商家为了让消费者记住自己的品牌，会用品牌来给店铺命名，下面主要介绍用品牌命名店铺的 3 个优势。

第一，一般情况下，一个品牌名称出现 5 次以上，就会被消费者记住。所以商家用品牌命名店铺，就是在推广品牌，继而加深消费者对产品和品牌的记忆。

第二，在没有品牌名称的店铺购买产品，有些顾客会觉得不放心，而商家用品牌给店铺取名后，就会塑造一个正规且值得消费者信赖的企业形象。

第三，消费者要是认可商家的产品，就一定会记住这个品牌，想再找这家店铺的时候搜索品牌就可以了，可如果商家的店铺没有品牌名，就会流失掉这个顾客，所以用品牌作为店铺的名称，也方便消费者回购。

如图 7-5 所示，这家店铺就是商家用品牌来命名的，因为出售的商品是中国风的女包，所以商家的品牌名叫“媚妃”，与商品的整体风格相符，这样消费者记住品牌名称之后，很容易就会联想到店铺里的商品。

专家提醒

拟定的品牌名称不能太长，而且还要浅显易懂，方便消费者理解记忆。如果商家想推广品牌，但品牌知名度又不够高，建议商家在用品牌为店铺取名时，也将产品属性加进去，这样更能吸引有需求的顾客。

图 7-5　用品牌命名店铺的商家

## 7.2.3　用动物命名店铺名称消除买家的陌生感

这里所说的动物，就是指我们生活中很熟悉的小猫、小狗、小白兔这些动物。用动物为店铺命名的优势也很明显，主要体现在以下几个方面。

第一，人都喜欢可爱的事物，所以用动物作为店铺名称，可以在第一时间拉近商家和消费者的距离，让消费者产生舒适感，这是其他店铺名称不具备的优势。

第二，与那些没有感情色彩的店铺名比起来，动物的店名让人有无限的想象空间，能让消费者牢牢记住这家店铺。

第三，当看到动物的店名时，消费者一定会在脑海里勾勒动物的形象，是在歪着头看天空，还是在自顾自地玩耍？想到这些，消费者一定会对这家店铺充满亲近感，小孩子更容易接受这样的店铺。

如图 7-6 所示是一家卖零食坚果的品牌店，商家就是用松鼠这个动物来给店铺取名的，叫“三只松鼠”。这个名字很容易让消费者将动物与商家出售的坚果联系起来，从而记住店铺。

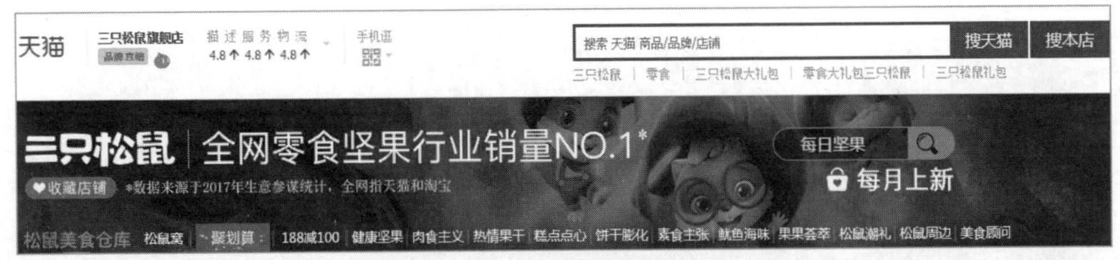


图 7-6 用动物命名店铺的商家

当然，也不是说只要用动物命名了店铺，就能将上面的优势都发挥出来，在用动物给店铺取名时，要学会规避以下 3 个问题。

(1) 所选的动物不能与店铺风格不一致。比如说商家产品的受众是女性，就要选择兔子、狐狸这类偏柔和的动物；如果商家产品的受众是男性，就要选择老虎、猎豹之类偏野性的动物，这样消费者想起这个动物时，才能联想到商家的店铺。

(2) 所选动物不能直接作为店铺名称，而是要稍加修饰后与产品相结合。比如说商家如果卖的是女包，要用狐狸这个动物来给自己的店铺取名，就不能直接叫“狐狸”，而应该在动物名前加修饰的字或词，然后结合产品，可以叫“白狐狸女包”。

(3) 所选动物不能是大众很陌生的，只有熟悉的动物才能与消费者产生共鸣。如果消费者连动物都难以记住的话，就更不会记得商家的店铺了。

## 7.2.4 快速卖出产品的折扣取名法

价格折扣往往是消费者选择一家店铺购买产品的主要因素之一，因此商家的产品如果有价格优势，不妨用折扣来给自己的店铺取名，吸引更多的顾客关注。一般用折扣给店铺取名的方法有以下 3 个。

第一，消费者购买产品的时候都是比较喜欢搜索折扣信息的，因此商家将产品折扣写进店铺名称后，就会增加店铺被消费者搜索到的概率。

第二，或许其他商家的产品也是有折扣的，但没有将折扣写进店铺名称里，所以消费者不会从店铺名知道这些商家的产品在打折，而这个时候我们用折扣来命名店铺，增加了自身竞争力，就能引来不少顾客浏览店铺。

第三，其实很多消费者都有需求，但总会因为价位高等各种因素没有选择购买，如果商家用折扣命名了店铺，就会让消费者本能地关注，继而产生强烈的购买欲望。

商家在用折扣命名店铺时需要注意 3 个问题，具体如图 7-7 所示。

如图 7-8 所示就是一家品牌折扣店铺，这家店不仅是直接用折扣来给店铺取名，就连店铺的头像也是“有折有扣”4 个字，消费者看到这样的店铺之后，一定会被折扣吸引，即使没有购买需求，也会想要进店铺浏览。

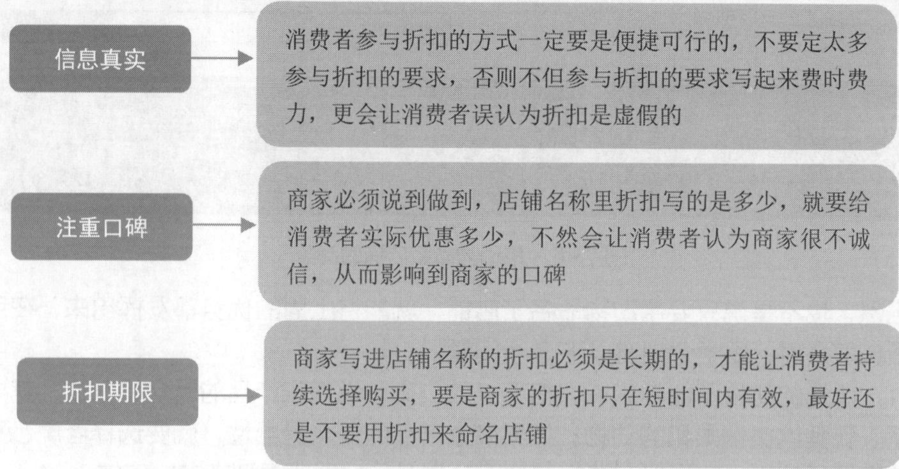


图 7-7　用折扣命名店铺需要注意的 3 个问题

图 7-8　用折扣来给店铺取名

# 7.3　电商主页文案的写作技巧

打造让消费者流连忘返的店铺主页文案是需要技巧的，怎样才能熟练掌握这些技巧，并且灵活地运用到自己的店铺主页中，就是本节要阐述的内容。

## 7.3.1　在主页文案中体现店铺的风格

现在很多店铺都有自己的风格，或是简约现代风，或是温婉复古风，或是未来科

技风等，那么这些店铺风格究竟能给店铺带来什么好处呢？下面笔者将一一为大家解析。

第一，可以为消费者营造一个很有情境的氛围，比如说当一个古香古色的店铺形象呈现在消费者眼前时，就会让消费者置身于充满古韵的氛围里。

第二，现在电商平台上的店铺不在少数，而营造出自己店铺的风格，则能够让商家在众多店铺中凸显出来，一家风格鲜明的店铺是很容易被消费者记住的。

第三，店铺风格所营造出来的感觉，可以加深消费者对店铺的印象，甚至在以后有购买需求时，消费者也会想起这家店铺。

有些店铺的风格主次分明，产品也和店铺风格相融合，从视觉上让消费者觉得舒服至极；而有些店铺风格不但与产品不符，而且很违和，让人觉得不伦不类，稍微有品位的人都不可能认可这家店铺。所以商家想要打造出消费者认可的店铺风格，需要做到以下几点。

(1) 商家要对店铺有精准的定位，从而找准适合自己店铺的风格。

(2) 商家要对产品做一定的包装，让产品与店铺的风格一致。

(3) 商家放在店铺主页的文案也要符合店铺的风格。

(4) 商家需要有一句广告语，且这个广告语要能烘托出店铺的风格。

(5) 商家在平时的营销中，也要保持店铺风格的稳定。

如图 7-9 所示为某电商的主页文案，这家店铺的风格很容易判断出来，是简约现代风，店铺主页整体以红色为主，没有过于复杂的图文，让主页文案看上去整洁又养眼。银饰商品的图案也与店铺的风格一致，设计很简单，这样消费者就能记住店铺风格并且不会反感。

图 7-9 风格鲜明的店铺主页文案

## 7.3.2 在主页文案中体现店铺的活动

其实，笔者一直都在强调将店铺的优惠活动展示出来的重要性，不过在展示店铺活动之前，还应该做到以下 3 点，才能保证店铺活动能顺利地进行。

第一，店铺的活动进行之前，商家要培训所有的客服人员，只有客服人员充分了解了店铺活动的方案，才能更好地为消费者解惑。

第二，大部分商家都会设定参与活动的要求，因此需要将这些要求写清楚，如果没有写清楚，等消费者购买完产品后才知道参与活动的要求，就会给消费者留下很不好的印象。

第三，如果活动是限定时间的，那么商家必须记住活动的起止日期，等活动过了有效期之后才能撤掉，以免消费者误解。

如图 7-10 所示为天猫某服装品牌商家的满减活动，这个活动的参与方式很简单，只要先领优惠券，在消费达到商家规定的金额时即可享受优惠，一般这种简单的优惠活动，消费者是愿意参与的。

**图 7-10 体现活动的店铺主页文案**

有些商家的产品有优惠活动，但是不知道怎么将活动展示出来。下面介绍 3 个在主页文案中将店铺近期活动展示出来的方法，如图 7-11 所示。

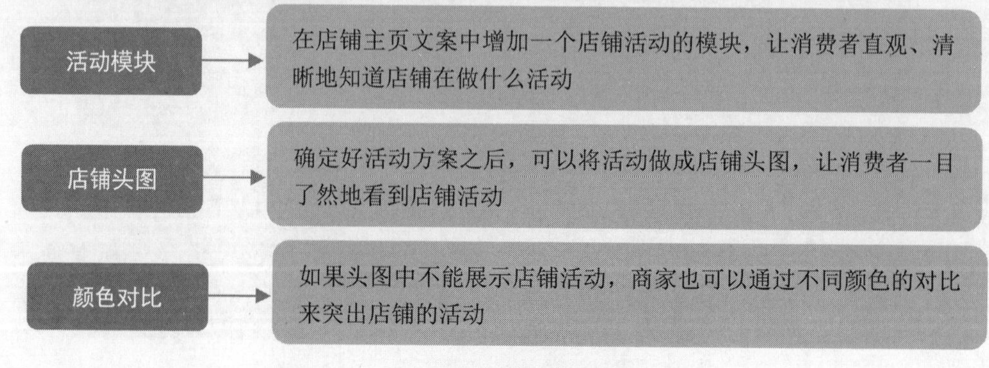


**图 7-11 在主页体现店铺活动的方法**

## 7.3.3 在店铺主页中打造爆款商品

打造热销爆款商品，也就是在打造店铺的人气，如果一家店铺连热销的商品都没有，消费者又怎么会放心购买呢？可见，打造热销商品对于店铺的重要性不言而喻。但很多成立不久的店铺商家，都不知道怎样打造店铺的热销商品，其实只要做到以下 4 点，新手商家也能很容易地打造出自己店铺的热销商品。

第一，商家需要广泛地搜索消费者喜爱的商品，然后总结出这些商品的优势。

第二，商家需要站在消费者的角度浏览店铺，再思考一下哪些商品在日常生活中能被多次、广泛地使用，比较有实用价值。

第三，商家需要细心地观察一段时间，看看自己选定的热销商品能不能被消费者回购。这一点是核心，因为会被消费者回购的商品，才能真正被打造成爆款商品。

第四，商家需要清晰地认识到，热销商品是用来走量的，因此定价不能太高，薄利多销才是关键，而且要保证商品的质量，如果质量不好商品是没办法热销的。

做好了以上这些准备工作，商家就可以将热销商品在自己的店铺主页展示出来了。如图 7-12 所示为天猫的服装商家在店铺主页展示的热销商品。

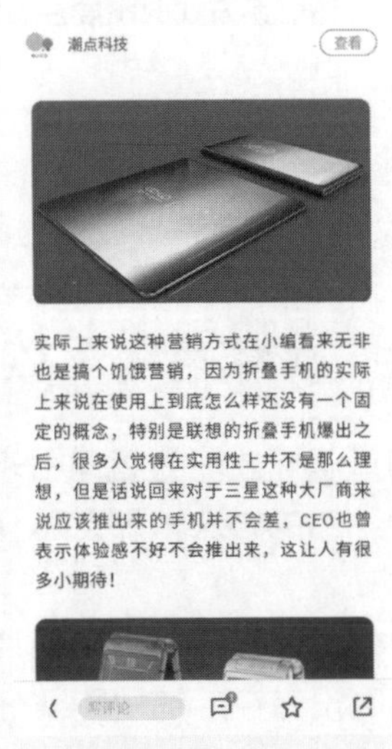


**图 7-12　体现爆款商品的店铺主页文案**

**专家提醒**

商家在打造热销商品时，不能抱有是金子总会发光的心态，而是要利用电商平台多做推广，让商品有更多的曝光机会，也可以将热销商品放在店铺主页比较显眼的位置，只有这样才能增加商品的成交率。

## 7.3.4 让购买者通过主页找到店铺联系方式

遇到客服回答不了的问题，消费者就需要联系商家本人了，如果这个时候商家没有留下自己的联系方式，就会流失顾客。商家将自己的联系方式留在店铺主页时需要注意 3 个问题，具体如图 7-13 所示。

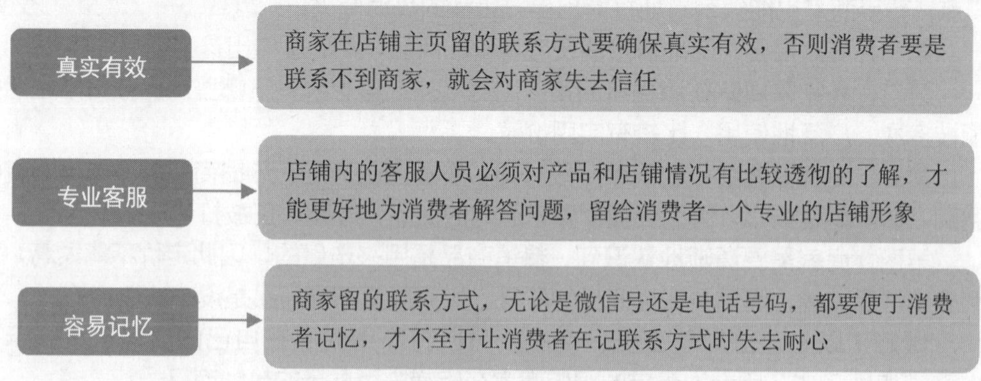


**图 7-13　留联系方式时需要注意的问题**

专家提醒

在电商平台飞速发展的时代，在店铺留联系方式是为了让消费者可以更方便地找到商家本人，及时了解产品情况，这样做有利于产品的成交。

## 7.3.5 用主页文案刺激顾客的购买欲

很多刚成立不久的店铺不知道怎样才能为店铺引来更多的顾客，其实用店铺主页文案刺激消费者的购买欲就是个不错的办法，那么怎样用主页文案刺激消费的购买欲呢？笔者总结了以下几个方法。

第一，在主页文案里放上有视觉冲击力的产品图片，并且图片上的内容要有店铺的优惠活动，这样即使消费者当时没有在店铺里购买任何产品，以后有需求了也会想到这家店铺。

第二，在店铺主页文案里展示出特别有优势的产品，而且还要将优势放在主页文案上比较显眼的位置，让消费者能够一眼看到，以此刺激消费者的购买需求。

第三，在店铺的主页文案里展示出店铺的优惠活动，这是吸引消费者购买产品很关键的一点。

如图 7-14 所示为展示优惠活动的店铺主页文案。

**图 7-14　展示优惠活动的店铺主页**

专家提醒

在店铺主页上展示出具有优势的产品之前，必须先做市场调查，这样才能知道自己产品的核心卖点所在。其次，做市场调研也是为了了解消费者的购买喜好。

# 第 8 章 商品卖点：用软文卖出更多的电商产品

标题可以说是商品的灵魂所在，想要商品更好地推广出去，写好软文的标题和卖点可以起到决定性作用。主题鲜明、直指要点的商品标题和卖点，可以激发消费者的浏览兴趣，给消费者留下深刻的印象。

## 要点展示

- 在标题中加入热门词汇
- 在标题中自然融入吸睛元素
- 自拟优惠的营销标题
- 用夸张标题让顾客有购买冲动
- 用标题解答购买者的问题
- 用对比标题突出自身优势
- 用情怀标题拉近和购买者的距离
- 用疑问句标题勾起买家好奇心
- 用卖点增加买家对商品的理解
- 亲身体验后才能写卖点
- 在卖点中突出促销政策
- 在卖点中突出店铺风格

# 8.1 商品标题可以引来亿万点击量

现在有不少人是因为看了标题才去浏览商品的，所以有一个好的商品标题，可以增加商品的点击量，提升商品的成交概率。而在写标题之前，更需要了解标题的类型，才能从中选择适合自己商品的标题。因此，本节就向大家介绍几种常见的标题类型，同时教大家规避这些标题的写作误区。

## 8.1.1 在标题中加入热门词汇

热门词汇就是指近段时间网络上比较流行的词，比如今年很火的“佛系”“C 位出道”等，商家可以将这些词语融入到自己的商品标题中，用来抓住消费者的眼球。那么，怎样才能将这些网络流行语融入到自己的商品标题中呢？笔者总结了以下两个方法。

第一，直接将热门词汇加入商品标题中，可以在短时间内提高商品的点击量，不过热门词汇加入一个就够了，太多则会让标题与商品切合不够紧密，影响消费者理解商品属性。

第二，以“佛系”这个词为例，如果商家卖的是台灯，商品标题就可以写“LED 柔光护眼台灯，佛系可折叠”，也就是将热门词汇自然地融入到商品标题中即可。

当然，商家在采用这种标题时，还需要避开 3 个误区，具体如图 8-1 所示。

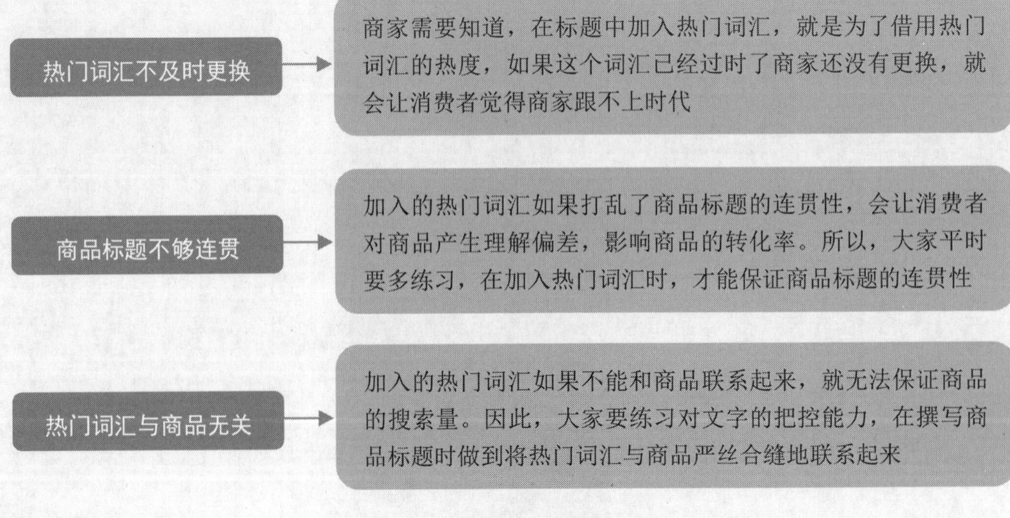


图 8-1 融入热门词汇的误区

如图 8-2 所示就是一个将商品与热门词汇结合得非常好的商品标题。“我怎么这么好看”是大张伟在今年发行的一首歌，传唱度很高，商家就是借用这个热点推出了店铺的商品，同时在商品标题里也将“我怎么这么好看”这句话展示在了最显眼的地方。除了网络热点外，还借用了大张伟的明星效应，可以说是一举两得。

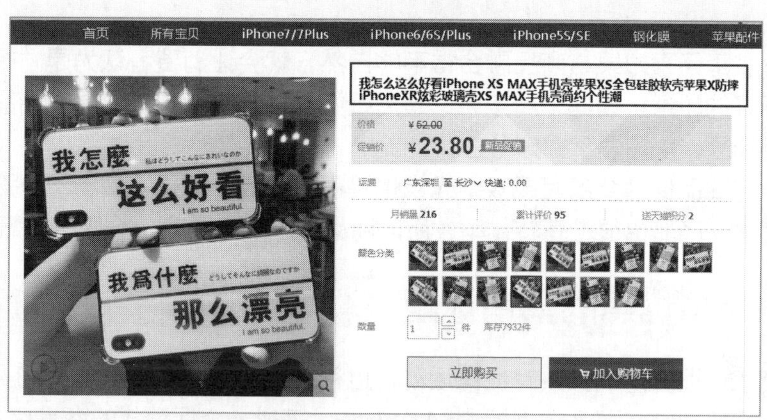


图 8-2　加入热门词汇的商品标题

## 8.1.2　在标题中自然融入吸睛元素

好奇心是每个人都有的，而我们在商品标题中加入吸睛元素，也就是充分激发消费者的好奇心，从而吸引消费者点击浏览商品。那么，加入吸睛元素的商品标题怎么写呢？具体有 3 个写作方法，如图 8-3 所示。

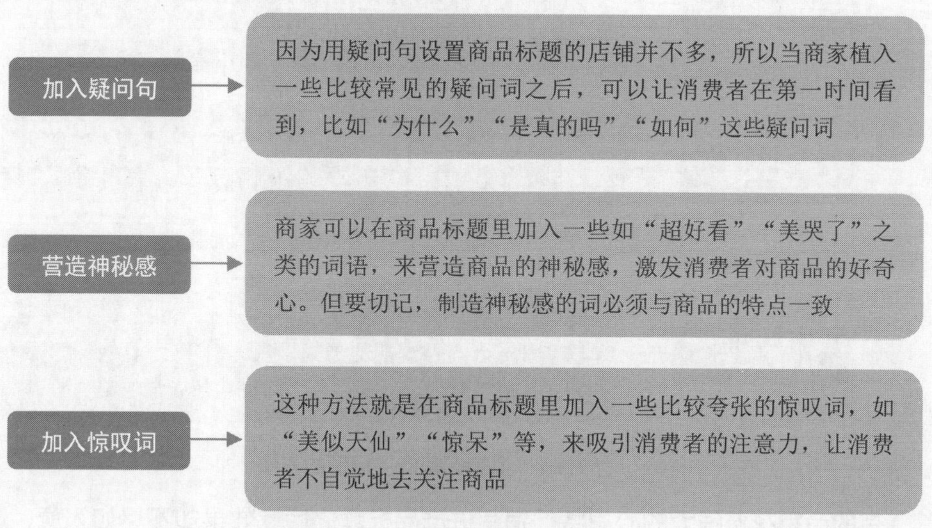


图 8-3　让商品标题吸睛的方法

在标题中融入吸睛元素时，商家也需要注意以下 3 个问题。

第一，直接将吸睛元素用在店铺主推的商品标题里是不可取的，毕竟谁都不能保证，直接加入吸睛元素的商品标题有很好的营销效果。所以，商家最好先找一些其他的商品进行尝试，经过分析筛选之后，再将筛选出来的吸睛元素，融入店铺主推商品的标题中去。

第二，吸睛元素如果与商品融合得不够自然，就会让消费者认为是“标题党”，对店铺有不好的印象。因此，商家无论是用疑问句、感叹句，还是营造商品的神秘感来拟定商品标题，都需要掌握好分寸。

第三，将商品标题全部写成吸睛元素也是不可取的，这样消费者没办法了解到商家的产品信息，产品也很难有转化率，所以商品标题里只要有一个吸睛元素就够了。

### 8.1.3 自拟优惠的营销标题

有些商家近段时间确实没有促销活动，这种情况下怎样吸引消费者购买产品呢？这个时候就需要用到如图 8-4 所示的 4 个方法，来拟一个促销式的商品标题。

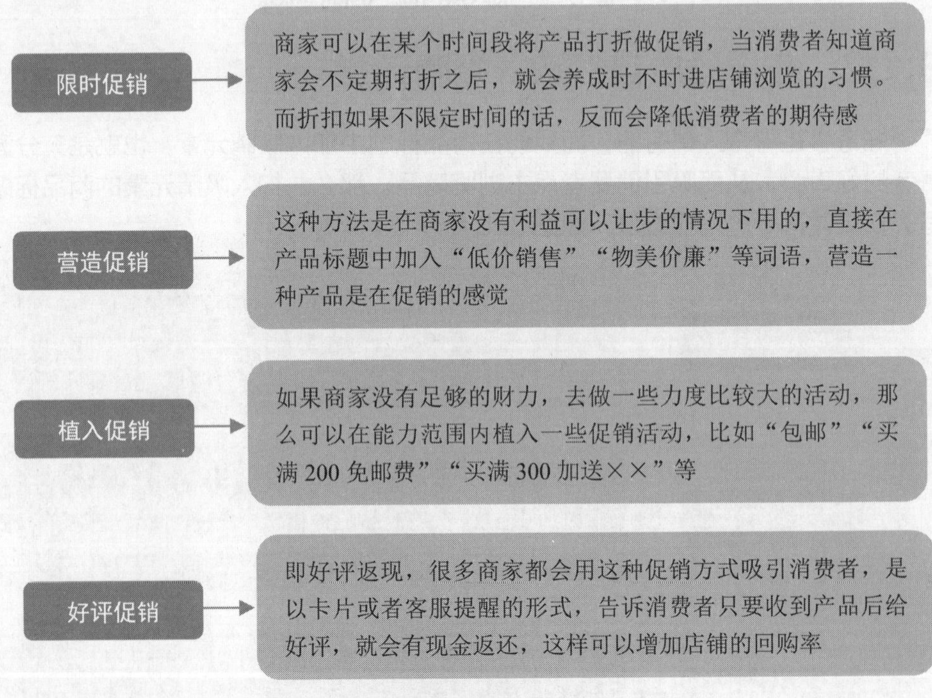


**图 8-4 拟定促销商品标题的方法**

有的商家花费很大的心思将促销写进产品标题之后，效果却不尽如人意，这是因为在做产品促销时，没有注意以下 3 个常见的问题。

第一，商家的售后不到位，没有及时提醒消费者参与活动，消费者得不到切实的优惠，自然很难对店铺有什么印象。

第二，类似“限时促销”这种有时间限制的活动，商家不能一直做，但只做一次显然也不行，这样没办法让消费者持续关注店铺。

第三，促销活动没有落实到位，比如商家明明写了有好评返现的活动，但是消费者给了好评之后却没有收到返现，就会对商家的诚信度大打折扣。

## 8.1.4 用夸张标题让顾客有购买冲动

如“挥泪清仓”“跳楼甩卖价”这些词，不管多夸张都能够刺激消费者的购买欲，而这种类型的标题之所以能够引起消费者的注意，是因为抓住了消费者想要获取实际利益的心理。下面就介绍这类标题的3个写作方法，如图8-5所示。

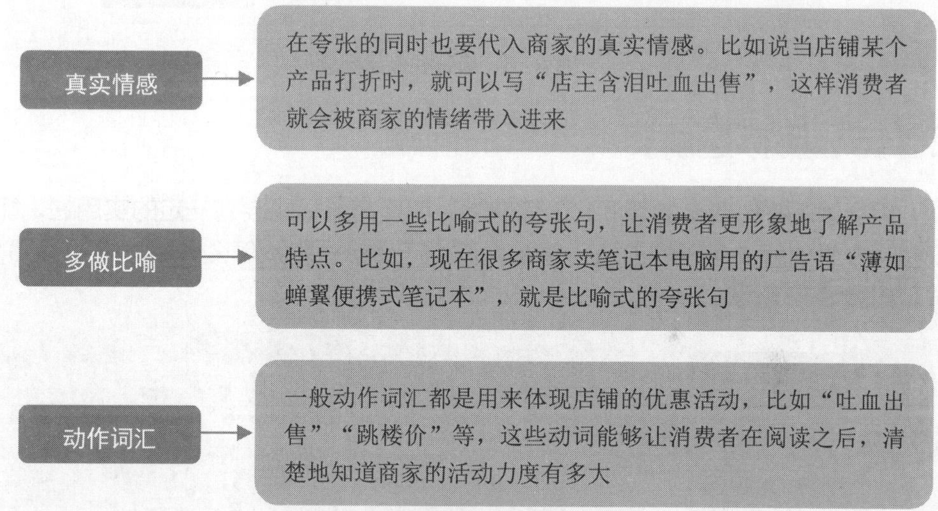


**图8-5 夸张式标题的写作方法**

在撰写夸张的产品标题时，要想让标题抓住消费者的心，更容易被大众接受，必须避免以下3个问题。

第一，感情不够真挚，无法打动消费者。比如，商家的产品优惠力度明显不够，但也在产品标题里写“跳楼价”，只会让消费者觉得是虚假宣传。

第二，过于夸大产品效果不遵循事实。比如，商家卖的产品是空气净化器，却在产品标题里写“能治好呼吸道疾病”。夸张是在遵循事实的基础上进行的，不等于写产品达不到的效果。

第三，比喻式的夸张不够形象，消费者没有代入感。比如，商家卖的是笔记本电脑，要突出产品超薄的特点，在标题里写“像水一样薄”，这样的比喻就不够形象，消费者看了也不会有什么感觉。

如图 8-6 所示，这个产品标题就是用了很夸张的词汇，如“跳楼价抢购”“空前低价”，来凸显产品价格低的特点，充分刺激了消费者的购买欲。

图 8-6　夸张式商品标题

## 8.1.5　用标题解答购买者的问题

用标题解答消费者的疑问，简而言之，就是产品标题要有一定的实用性，能让消费者从中学到解决问题的办法。那么，这类产品标题应该怎么写呢？主要有 3 个方法，如图 8-7 所示。

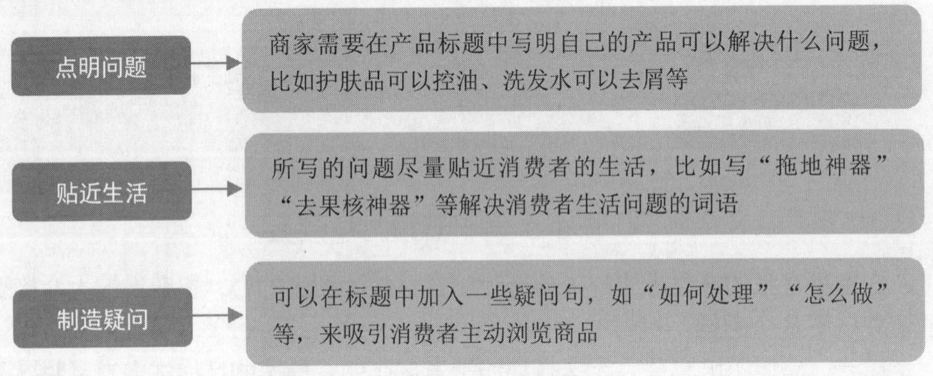


图 8-7　实用性标题的写作方法

在写这类标题的时候，应该注意以下两个问题。

第一，在制造疑问时需要切记，问题不能脱离商品，比如说商家卖的是加湿器，就应该将问题写成“秋季气候太干燥怎么办？”

第二，商品标题中的问题要与生活有关联性，不然消费者会觉得商家的商品不实用，进而放弃在这家店铺购买。

## 8.1.6 用对比标题突出自身优势

对比式产品标题就是通过与同类型产品做对比，来突出自己产品的优势，让消费者对自己的产品有更深的认知。一般来说，这类标题进行对比的方法有以下两种。

第一，有具体的对比商家或对比产品，用自身优势与其进行对比，来突出自己产品的优点，如“比苹果还好用的国产手机”等。

第二，没有特定的对比商家，而是与大多数同类产品进行对比。一般采用此标题的商家，都有其独一无二的产品优势。

在撰写对比标题时，要想让标题更具吸引力，需要避免 3 个问题，如图 8-8 所示。

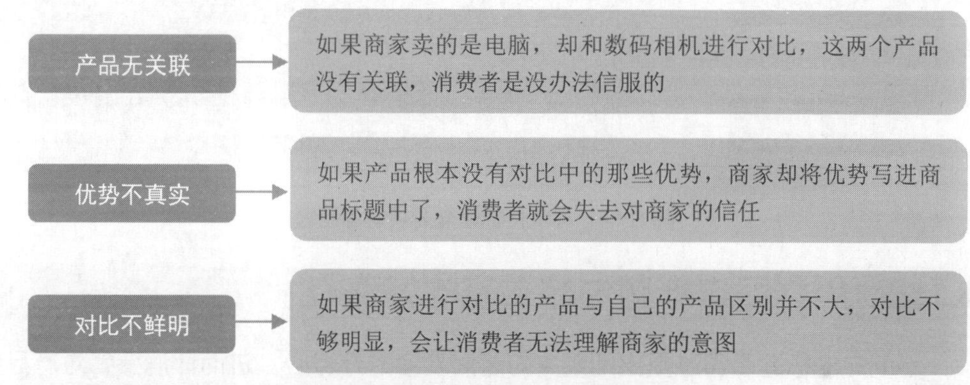


**图 8-8 写对比标题需要注意的问题**

专家提醒

商家在运用对比标题之后一定要注意，在详情页文案中不能只写自己产品的优点，也要指出对方产品的优点，再从对方优点的基础上，点出自己产品的可取之处。

## 8.1.7 用情怀标题拉近和购买者的距离

现在大家越来越喜欢讨论情怀，或是爱国情怀，或是时代情怀，因此商家也可以用有情怀的商品标题来拉近和消费者的距离。撰写情怀式的商品标题有以下 3 个方法。

第一，有些人可能喜欢动漫角色扮演或者汉服这种不算主流的爱好，那商家就可以有针对性地推荐相关产品，并且表现出自己也有这样的爱好，这样可以让消费者跟你有更多的共同话题。

第二，从 00、90、80 到 70 年代，不同的年代有不同的特征，只要商家抓住每个时代的特征，让商品标题有年代感，就能引发消费者的共鸣。

第三，如果商家的店铺没有体现某个年代特征，也没有针对消费者的某个爱好，那么商家就可以找到一个消费者的习惯，然后展示出符合消费者习惯的商品。

情怀式标题的重点就在“情怀”二字，商家如果想让这份情怀更深入人心，从而带来产品销量，需要规避 3 个问题，如图 8-9 所示。

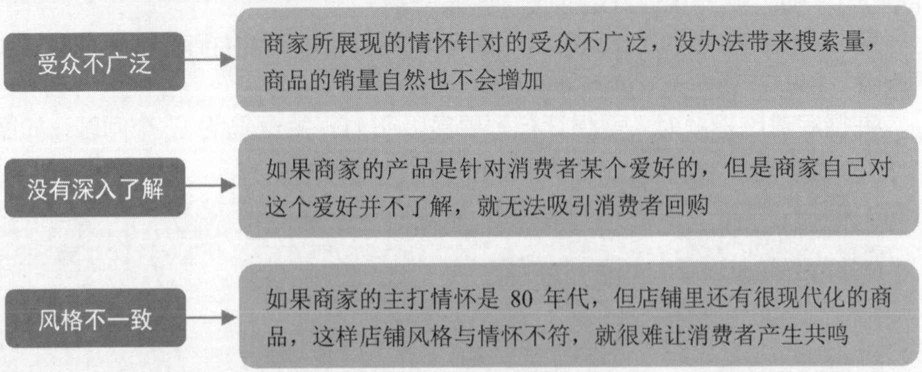


图 8-9　写情怀标题需要规避的问题

## 8.1.8　用疑问句标题勾起买家的好奇心

疑问句的标题是通过提出问题来勾起消费者的好奇心，进而让消费者对产品感兴趣，并从中受到启发。如图 8-10 所示为某店铺的疑问句产品标题，在标题中商家先用“你确定你的脸没有螨虫？”这个问题来吸引顾客的关注，再写出自己产品的功效是除螨、控油。在撰写疑问句的标题时，必须要保证提出的问题与产品有关。

图 8-10　疑问句产品标题

# 8.2 商品卖点可以刺激用户消费

一般商品标题的下方都会有一行小字，是对商品的描述，而这一行小字就是商品的卖点。商家该如何利用好它，增加消费者对商品的理解呢？本节将介绍商品卖点的写作方法。

## 8.2.1 用卖点增加买家对商品的理解

商品卖点虽然只是一句很简单的话，但却是整个文案的支撑点，只有它立起来了，文案才能立起来，因为文案的内容都是围绕商品卖点来写的。而撰写商品卖点的主要目的，就是为了让消费者对商品有更全面的理解，那商家怎样做才能让消费者理解商品的效果呢？具体有5个方法，如图8-11所示。

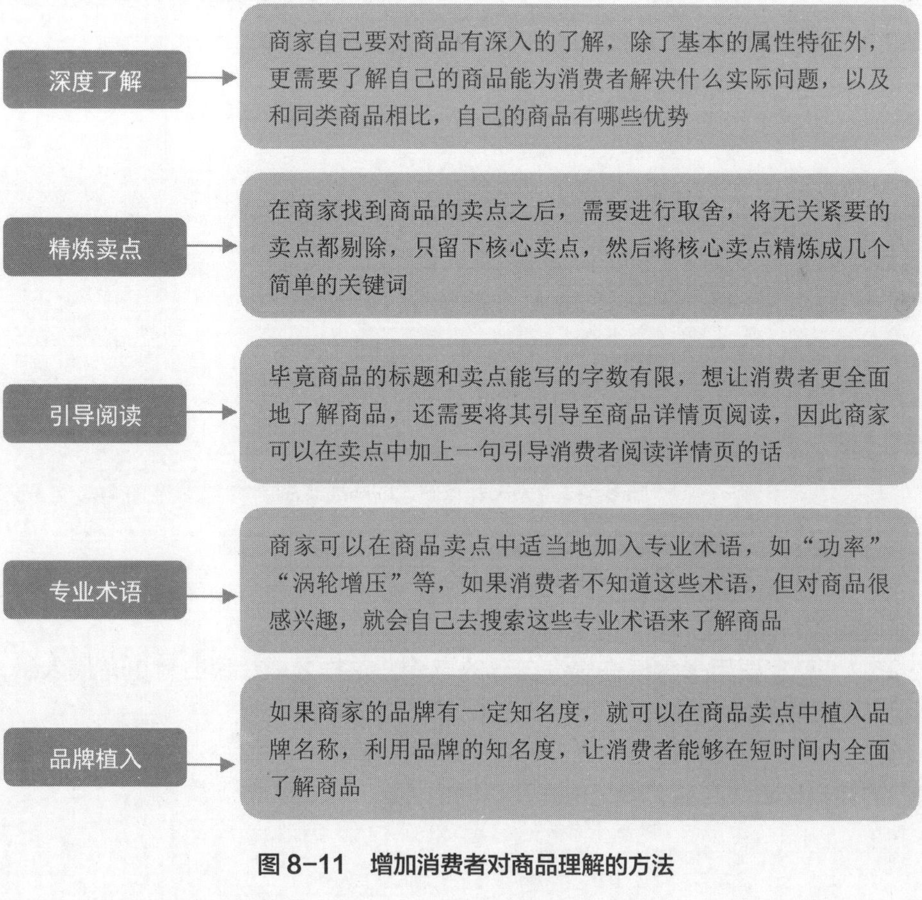

深度了解 → 商家自己要对商品有深入的了解，除了基本的属性特征外，更需要了解自己的商品能为消费者解决什么实际问题，以及和同类商品相比，自己的商品有哪些优势

精炼卖点 → 在商家找到商品的卖点之后，需要进行取舍，将无关紧要的卖点都剔除，只留下核心卖点，然后将核心卖点精炼成几个简单的关键词

引导阅读 → 毕竟商品的标题和卖点能写的字数有限，想让消费者更全面地了解商品，还需要将其引导至商品详情页阅读，因此商家可以在卖点中加上一句引导消费者阅读详情页的话

专业术语 → 商家可以在商品卖点中适当地加入专业术语，如“功率”“涡轮增压”等，如果消费者不知道这些术语，但对商品很感兴趣，就会自己去搜索这些专业术语来了解商品

品牌植入 → 如果商家的品牌有一定知名度，就可以在商品卖点中植入品牌名称，利用品牌的知名度，让消费者能够在短时间内全面了解商品

**图8-11 增加消费者对商品理解的方法**

**专家提醒**

首先，商家提炼出来的卖点一定要是独特的、其他商家没有的，不然商品很难被消费者选择。其次，如果商家在卖点中植入了品牌名，就要保证品牌有知名度，这样消费者才会有浏览商品的兴趣。

## 8.2.2 亲身体验后才能写卖点

细心的读者会发现，很多店铺的商品卖点都将体验写得特别好，如“清透凉爽”“柔软舒适”之类，让消费者看了之后很想亲身感受一下商品。如图 8-12 所示，商家就在产品卖点里写了感受词“健康舒适”“亲肤柔软”，以此来吸引消费者。

图 8-12 突出亲身感受的商品卖点

其实，将感受写进产品卖点并不难，只需要做到以下 3 点。

第一，商家需要亲身体验自己的商品后，再将感受写进商品卖点，让消费者可以清晰地知道，体验过商品后是怎样的感觉。

第二，商家要用形容词去修饰自己的感受，这样才能让消费者更有代入感，使商品卖点更具吸引力。

第三，商家需要将自己的商品和其他商家的商品作对比，这样才能让消费者了解自己的商品和其他商品有什么相同及不同之处。

专家提醒

卖点的感受词不要写得太夸张，不然会有夸大商品使用效果的嫌疑。另外，也不能虚假宣传，不要写商品根本就没有的效用。

## 8.2.3 在卖点中突出促销政策

当店铺做了促销活动后，自然要在产品卖点中体现出来，这样不仅可以让消费者及时了解店铺的活动，还能促使消费者尽快购买产品，那么突出促销政策的产品卖点又该怎么写呢？笔者总结了以下两个方法。

第一，为了突出促销政策，商家可以直接将活动写进商品卖点里，让消费者一目了然地看到店铺活动。

第二，可以将促销政策放在产品详情页的末尾，然后在产品卖点处写一些引导语诸如“查看商品详情有福利”，来引导消费者点击进入详情页查看。

如图 8-13 所示，商家就是在产品卖点处突出了店铺的促销活动，还引导消费者找客服咨询促销活动的详情，这样大大增加了产品的成交概率。

图 8-13 突出优惠政策的产品卖点

专家提醒

将店铺的促销政策写进产品卖点时，首先要注意促销活动的时效，如果有时间限制，那么商家要在活动过了之后及时更换产品的卖点。其次，既然已经写了促销活动，那这个活动就必须是可行的。

## 8.2.4　在卖点中突出店铺风格

有些商家店铺的风格很明显，但是却不知道怎么在产品卖点里体现出来，其实只要做到以下两点，就可以在卖点中体现出自己店铺的风格。

第一，商家可以用押韵或排比的写作方式，写一个朗朗上口的卖点，同时将店铺的风格融入进去，这样消费者就能对店铺的风格有更深入的了解。

第二，在产品的卖点中植入指定的宣传语。比如文艺风格店铺的宣传语是“我们之间，恰到好处”，那么只要将这句宣传语写进产品卖点，就可以直接将店铺风格树立起来。

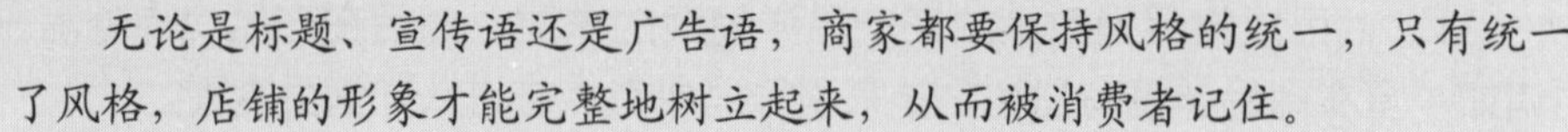

专家提醒

无论是标题、宣传语还是广告语，商家都要保持风格的统一，只有统一了风格，店铺的形象才能完整地树立起来，从而被消费者记住。

# 第 9 章 产品详情页：销量过万从详情页文案开始

详情页是产品能否成功交易的决定性因素，它可以最大程度地展示出产品的卖点，让消费者在了解产品的同时，增加在店铺的停留时间。只要消费者还在浏览店铺，就有成交的可能。

**要点展示**

- 产品详情页有哪些内容
- 写详情页文案的注意事项
- 促销式详情页文案：让消费者主动购买产品
- 体验式详情页文案：让消费者感同身受
- 对比式详情页文案：让产品脱颖而出
- 警告式详情页文案：让消费者主动关注
- 文艺式详情页文案：让消费者身临其境
- 悬念式详情页文案：让消费者欲罢不能
- 情感式详情页文案：让消费者产生共鸣

# 9.1 了解产品详情页软文的要点

想让产品详情页的内容精准地抓住消费者的心理需求，首先需要了解产品详情页应该包含哪些内容，其次应该避开一些详情页文案的写作误区。

## 9.1.1 产品详情页有哪些内容

一个完整的详情页文案，需要包含的内容很多，具体有以下 6 个方面。

第一，在产品详情页需要介绍产品的规格、大小、外观、材质等信息，让消费者能够通过产品详情页，知道自己该选择什么规格和外观的产品。

第二，一定要将店铺的促销活动写进产品详情页，这样能够起到促进产品销售的作用。如果促销活动有时限，商家必须及时更换详情页的这一内容。

第三，商家要在产品详情页写出产品的卖点，让消费者知道产品有什么样的功效，以及与同类型的产品相比，自己的产品有什么优势，给消费者一个购买的理由。

第四，如今电商飞速发展，竞争愈发激烈，物流也同样是商家的竞争力，好的物流能够促进产品销售，所以商家应该将物流信息写进产品详情页。

第五，商家应该在产品详情页展示一些成功的案例，也就是我们常说的“买家秀”，这些买家的真实反馈能让消费者加深对产品的好感。

第六，在产品详情页也可以展示一些情怀式的东西，让消费者迅速产生共鸣，从而促进成交。

## 9.1.2 写详情页文案的注意事项

对于大部分产品详情页的文案，消费者都不会仔细去阅读，在这种情况下，怎样才能让自己的详情页文案被消费者阅读，进而提高产品转化率呢？其实，我们只需要注意以下 5 个问题即可。

第一，必须保证产品信息的真实性。如果商家的产品是女包，只能装手机这些小巧的东西，就不要写成这个包可以装书本之类比较大的东西。

第二，写详情页文案时，使用的语言必须简明扼要。因为文案的篇幅过长不仅会让消费者没有耐心阅读，还会增加撰写者的工作量。

第三，详情页文案的内容要遵循一定的逻辑顺序来写。可以通过拟小标题的方式将详情页分为不同的模块，或者按照产品的制造顺序来撰写，但一定不能毫无逻辑地乱写，这样只会让读者看不懂文案在表达什么。

第四，有些商家的产品需要通过对比才能将优势展示出来，那么这种情况在进行

对比的时候，就尽量不要点明对方的产品或品牌，以免给自己造成不必要的麻烦。

第五，产品的细节一定要在详情页文案里写出来，比如里衬的材质、背包带的耐磨损程度等，只有将这些细节写出来了，才能增加消费者的满意度。

# 9.2 不同详情页文案的写作秘籍

新手卖家可能不知道怎样将产品的促销活动、外观、功效等信息，写进产品的详情页，更不知道在写详情页时，该避免哪些问题。本节就介绍 7 种不同类型详情页文案的写作方法。

## 9.2.1 促销式详情页文案：让消费者主动购买产品

撰写促销式详情页文案的目的，是要将店铺的促销活动在产品详情页展示出来，用这种方式来提醒消费者购买产品。一般促销式详情页文案有以下两种撰写方法。

第一，详情页文案通篇都以活动为主题来展示产品，让消费者记住这次促销活动的方案和力度，同时能在详情页营造一种紧迫感，促进消费者购买产品。

第二，在详情页的开头和结尾展示出店铺的促销活动，同样也能达到提醒消费者参与活动的目的。

在写促销式详情页文案时，还需要注意 3 个问题，如图 9-1 所示。

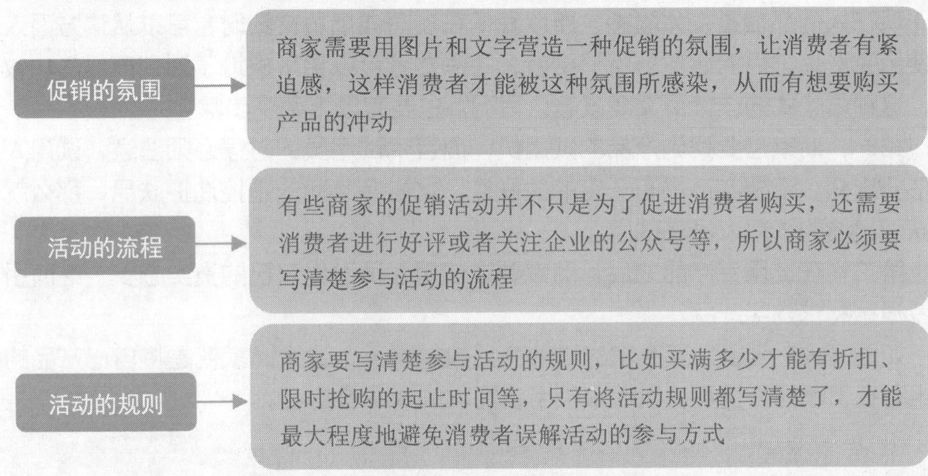


图 9-1 写促销式详情页文案要注意的问题

如图 9-2 所示为某商家的促销式产品详情页文案，这篇文案将店铺的活动用醒目的红色凸显了出来，让消费者可以在第一时间注意到，并且商家将活动的起止时间和参与方式以及活动力度都写得很清楚，是一篇非常规范的促销式详情页文案。

图 9-2　促销式产品详情页文案

## 9.2.2　体验式详情页文案：让消费者感同身受

现在人们都很重视体验感，所以我们在撰写详情页文案时，可以从这方面入手，将使用完产品之后的感觉告诉消费者，让消费者可以更形象地了解到产品的功效。那么，这种体验式的详情页文案该怎么写呢？主要有以下两个步骤。

第一，商家需要找到产品的试用员，而且找试用员的时候必须注意，试用人员的外形要出众，还要与产品有一定的关联性。比如商家卖的是控油护肤品，那么就要找皮肤爱出油的试用人员来试用。

第二，在试用完产品之后，商家要让试用人员说出自己的真实感受，继而引导消费者根据需求购买产品。

如图 9-3 所示为某商家的过敏产品效果展示，这个商家就是将自己产品的体验效果写在了产品详情页，以此来吸引有需求的消费者购买。

专家提醒

在撰写体验式详情页文案时，要将试用人员的体验感受写得真诚一点，才能感染到消费者。同时还应该记住，不能夸大产品效果，语言尽量简洁，只有这样消费者才能在短时间内了解产品。

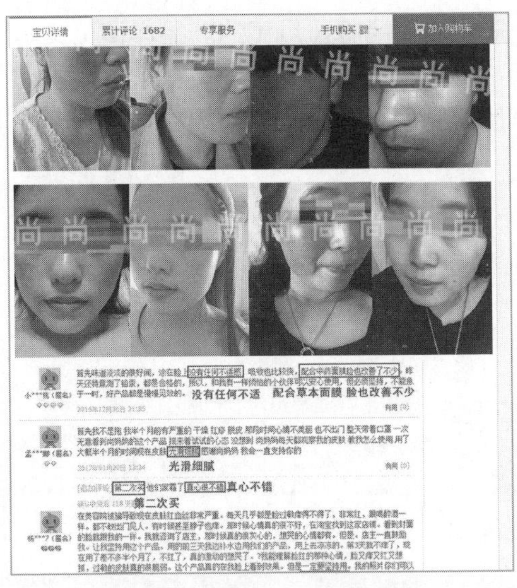


图 9-3　体验式详情页文案

## 9.2.3　对比式详情页文案：让产品脱颖而出

很多商家都会用对比的方式突出自己产品的优势，那么在撰写对比式详情页文案时，怎样才能将自己产品的优势更好地展示出来呢？我们需要做到以下 4 点。

第一，每款产品都有它独特的优势，而商家只要找到自己产品的独特优势，就能让产品变得与众不同。比如，有个商家卖的是纸巾，其他商家的纸巾都是原木制造的，而他的纸巾是竹纤维制造的，那么竹纤维制造就是他产品的独特优势。

第二，对比式详情页文案的主要作用，就是突出商家自己产品的优势，同时吸引消费者购买产品，所以在撰写这种类型的详情页文案时，应该让消费者知道，他们用完产品后，都可以达到理想的效果。

第三，商家要将自己的产品与其他产品之间的差别体现得明显一点，让消费者一目了然地知道，使用完本产品和其他产品后有什么区别。

第四，在撰写对比式的产品详情页时，一定要抓住重点，最好只写产品的特点和优势，那些大部分人都知道的，且与其他产品相同的点则可以不用写。

**专家提醒**

即使是撰写对比式的详情页文案，也尽量不要点明进行对比的商家或产品，更不能通过贬低其他商家的产品来突出自己产品的优势。商家最好先深度了解自己的产品，找出自己产品中不可复制的优点，然后再与其他同类型产品进行对比。

如图 9-4 所示为知名日化品牌蓝月亮的产品详情页文案，这篇文案就用了对比的方法来突出自己产品的优势。当然，蓝月亮这篇文案更大的特点在于用漫画的方式，将自己的产品与其他产品进行对比，形象又生动，更容易让消费者记住。

图 9-4　对比式详情页文案

## 9.2.4　警告式详情页文案：让消费者主动关注

用警告的方法来写详情页文案，是商家吸引消费者注意的惯用方式，那么警告式详情页文案怎么写呢？其实只要细心观察生活，然后找到生活中大众平时注意不到的点，针对这个点进行警告即可。根据这个思路，我们总结出写警告式详情页文案的方法，有以下 3 个步骤。

第一步，详细分析自己的产品，找到大众平时生活中不会注意的问题。

第二步，针对找到的问题，撰写出警告式的语言。

第三步，告诉消费者，怎么做才能避免这些问题。

在写警告式详情页文案时，需要注意 3 点，如图 9-5 所示。

如图 9-6 所示就是一篇典型的警告式详情页文案，菜板发霉会致癌就是大家平时不太会注意的一个点，尤其是“致癌”这两个极具冲击力的字，可以牢牢抓住消费者的眼球，因此这篇详情页文案能有很好的营销效果。

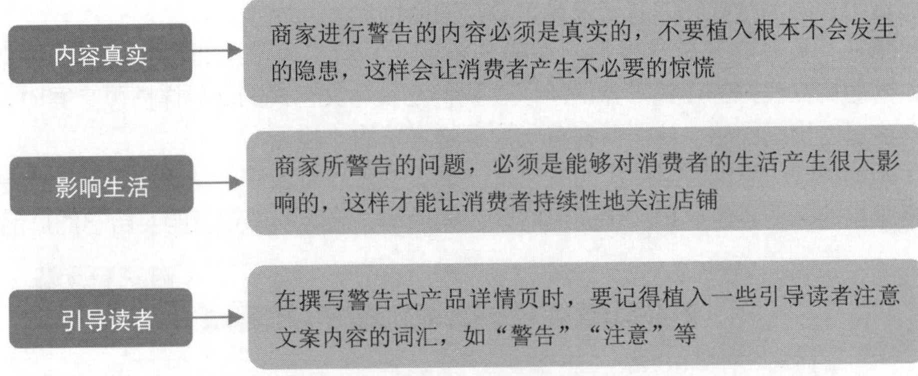


**图 9-5　写警告式文案要注意的问题**

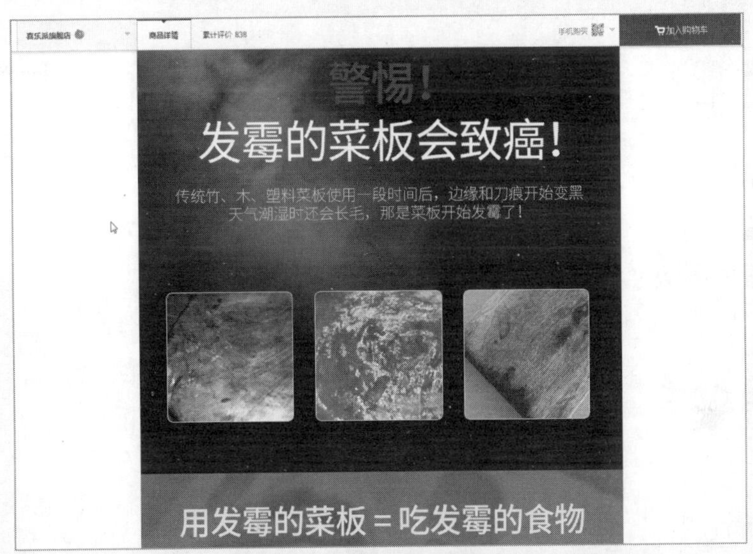


**图 9-6　警告式详情页文案**

## 9.2.5　文艺式详情页文案：让消费者身临其境

如今有不少商家都走起了文艺路线，以此吸引更多顾客关注店铺。那么怎样才能写出文艺式的详情页文案，增加店铺的文艺感呢？主要做到以下 3 点。

第一，找到一个可以贯穿整个店铺的基调，这个基调是由店铺出售的产品所决定的。比如，商家卖的是日系女装，那么基调就应该是可爱柔美的；如果商家卖的是欧美系女装，那么基调就应该是简约中性的风格。

第二，在确定好店铺的基调之后，商家要保持商品详情页文案与店铺基调的一致，不能前面是日系的可爱柔美风格，到了后面又变成欧美的简约中性风格，这样会让消费者弄不清楚商家的店铺究竟是怎样的风格。

第三，撰写文艺式详情页文案的主要目的，就是为了给消费者营造一种文艺氛围，同时树立良好的店铺形象。所以，我们在撰写文艺式的商品详情页文案时，要通过文字营造出画面感，让消费者有一种身临其境的体验。

如图 9-7 所示为某商家的文艺式详情页文案，文案里的这段文字表面上是在写香格里拉的美丽景色，其实是通过对景色的描写，来吸引消费者购买自己的产品。

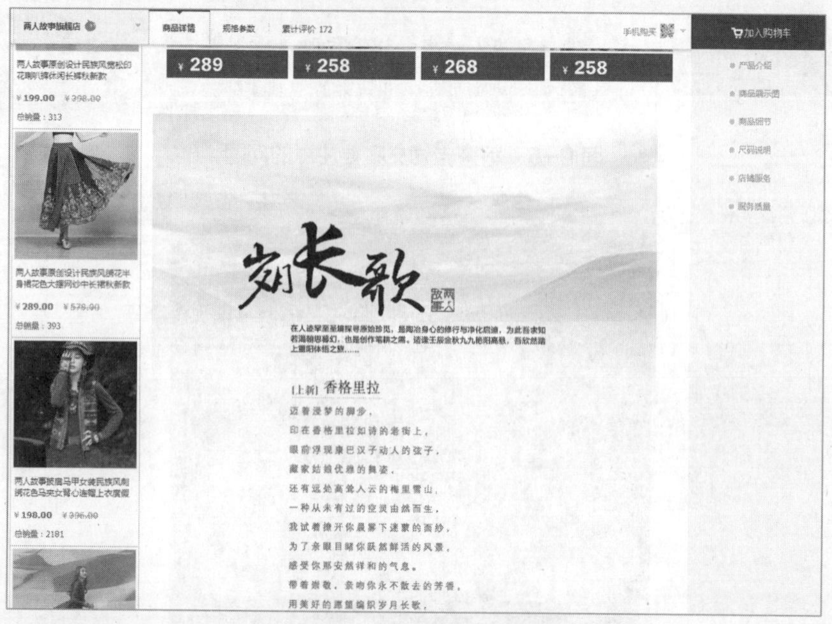


图 9-7　文艺式详情页文案

专家提醒

写文艺式详情页文案的重点，在于渲染出氛围。商家需要注意，所渲染的氛围必须与产品相符，如果商家出售的是日系女装，就不能在产品详情页中渲染出欧美简约风的氛围。

## 9.2.6　悬念式详情页文案：让消费者欲罢不能

设置悬念也是一种常用的写作手法，通过对文案中悬念的设置，来激发读者丰富的想象和阅读兴趣，从而达到目的。那么，该怎么设置悬念呢？主要有以下 4 种方法。

第一，当商家的店铺内有了促销活动时，可以从活动入手来设置悬念。比如，将店铺的折扣分为不同的等级，让消费者以抽奖的方式随机抽取，这样消费者就会被活

动吸引而主动购买产品了。

第二，大家都知道，一家店铺的新产品发布是备受关注的事，因此卖家可以在新品的详情页中故意不放产品大图，只对新产品的外观做简单的阐述，以保持新品的神秘感，让消费者在好奇心的驱使下购买产品。

第三，新产品一般也都会增加很多新的功能，商家可以用新功能来设置悬念。比如，只在详情页里对新功能做简单的阐述，引导消费者购买产品，通过购买来得知产品的新功能具体是什么。

第四，商家还可以通过产品的外观来设置悬念。比如，商家可以将同样的产品设置成不同的颜色、图案，然后在详情页中告诉消费者，产品的外观不能自己选择，是拍下随机发货的，这样会勾起消费者对产品的兴趣。

在撰写悬念式详情页文案时，需要注意以下 3 个问题。

(1) 既然商家选择了在产品上设置悬念，那就要确保产品有足够的吸引力，这样才能让产品销售达到预期的效果。

(2) 在设置悬念时，要保证悬念的真实性，即使这个悬念是商家杜撰出来的，也要让它具备真实感，这样才能让消费者对产品产生好奇。

(3) 如果商家是用产品来设置悬念的，就要保证产品与产品价格的对等。比如，商家出售的是 700 元的产品，也用产品设置了悬念，但最后消费者收到的产品却只是一支普通的笔，这样就会让消费者对商家失去信任。

## 9.2.7 情感式详情页文案：让消费者产生共鸣

情感式详情页文案的最大特色是它能打动人，引起消费者情感的共鸣，让消费者自然而然地购买产品。那么，怎么撰写情感式详情页文案呢？大家可以从 3 个角度着手，如图 9-8 所示。

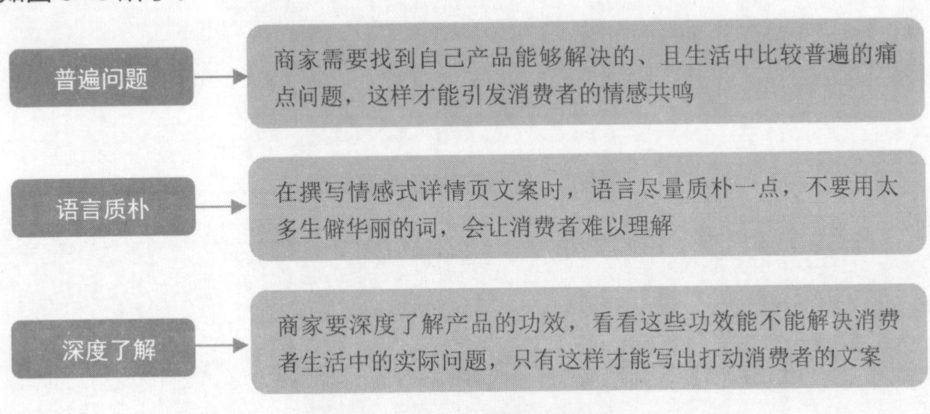


图 9-8 写情感式文案的方法

如图 9-9 所示，这个商家出售的产品是折叠按摩椅，于是商家将产品的购买者锁定为老年人的子女，中国自古有“百善孝为先”的说法，所以当看到“父母在岁月中逐渐老去”这样的话时，肯定会被戳中内心。一般情况下，以父母为主题的情感式产品详情页文案，都是极具感染力的。

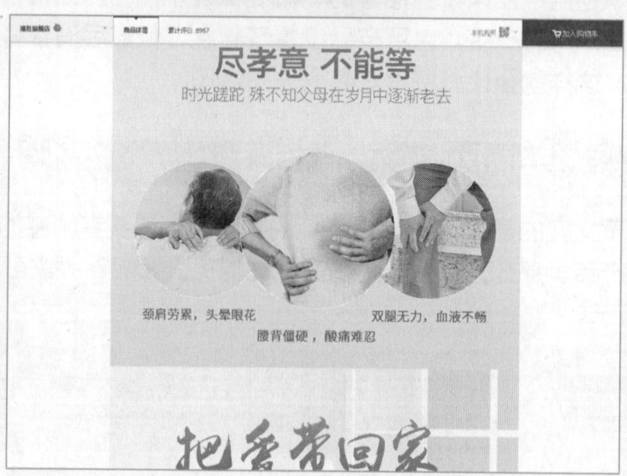


图 9-9　情感式详情页文案

# 第10章 营销推广：电商打造爆款的软文策略

软文推广是网络销售的利器，因此软文推广就成为一种非常有效的营销推广方式。

软文推广，也分为营销软文和广告软文，两种软文各有不同，也各有优点。

要点展示

- 软文的推广
- 软文的优化
- 软文的传播
- 对于宣传的作用
- 对于销售的作用
- 对于信任的作用
- 软文的整合与互动
- 做好推广计划
- 精心雕琢标题
- 正文结构合理
- 使用严谨的官方词汇
- 淡化植入痕迹
- 设计排版风格
- 学会自赞
- 一句话软文

# 10.1 软文推广的 3 个层面

作为人们沟通的桥梁，虚拟网络世界也抹不掉文字的功能。网络推广方式数不胜数，但依然离不开图片和文字。事实上，推广仅仅是软文营销过程中的第一个层面，下面笔者对软文推广的 3 个层面进行具体分析。

## 10.1.1 软文的推广

软文推广，顾名思义，重点自然在于“推”。而推广的内容，主要分为企业与个人两种，企业方面主要包括企业知名度、企业产品、企业网站、企业文化、企业活动等；个人方面主要包括企业家、新人、网络红人等。

如图 10-1 所示为推广层面的案例。

揭秘《爸爸去哪儿3》五位男星背后的神秘娇妻

《爸爸去哪儿3》首播引起收视狂潮，同前两季一样，五位男星背后的娇妻也引起网友的极大关注，下面便来扒扒五位男星背后的神秘娇妻。

刘烨和妻子安娜依斯

《爸爸去哪儿3》首播，五大萌娃瞬间吸粉无数，很多网友大呼荧屏外的五位爸爸真是天下最幸福的男人，康康的高冷霸道，诺一的呆萌暖心，轩轩的韩范，大峻的人来熟，夏天的爆表颜值让观众对他们爱爱爱不完。同前两季一样，五位男星背后的娇妻也引起网友的极大关注，下面便来扒扒五位男星背后的神秘娇妻。

图 10-1 关于娱乐新人的推广

除此以外，地方政府的优惠政策、非营利机构的公益活动也可以通过软文来进行推广，这就是广义的软文推广。软文推广的过程又可分为以下 4 步。

第一步，软文撰写前的准备工作。

第二步，确定软文的思路与策略。

第三步，对投放软文的把握。

第四步，对软文的评估与调整。

前文已经详细介绍过软文的撰写，因此这里重点分析软文的投放。软文投放能够直接决定软文的效果。软文是为客户而生，软文写作要精准地把握好客户群体。软文的受众是什么人，就应该在这些人常去的平台投放。

### 10.1.2 软文的优化

软文优化是软文营销的第二个层面，这个层面以通过软文优化吸引更多用户关注为目的。从某种意义上来说，软文优化可以看作是网站优化的一部分。

网站优化是指对网站的程序、域名注册查询、内容、板块、布局、目标关键字等多个方面进行优化调整，由此使得网站适配搜索引擎检索，从而满足搜索引擎的排名指标，使网站相关关键词获得好的排名。

网站优化的内容包括关键词、网站结构、网站页面优化、网站内容、内链和外链等各个方面。其中，软文优化的显著作用体现在更新网站内容上，通过多撰写原创软文的方式，有规律地更新网站内容，以便搜索引擎快速收录优化更新过的软文。如果推广者在网站发表的软文能够在第一时间被搜索引擎收录，这种快速的曝光，无疑是营销推广的一大助力。

### 10.1.3 软文的传播

目前常见的有助于传播的软文包括三个类型：文笔优美型、幽默搞笑型、有相同价值观型软文。因此，推广者可以从这三个方面入手，撰写传播概率较高的软文。

专家提醒

软文投放是一个持续的、长期的潜移默化的过程，短时间内的效果并不像广告一般明显，除非投放量非常大，如果软文长期得不到优化，企业的品牌美誉度和转化率就会受到影响。

## 10.2 软文推广的 4 大作用

软文不仅能够提高品牌知名度，还能提高品牌的美誉度。软文推广具有的 4 大作用，具体如下。

### 10.2.1 对于宣传的作用

宣传作用是软文推广最基本的作用之一，软文推广宣传的范围不仅包括对于商家、企业的宣传，还包括企业文化、活动事件的推广。而提及宣传，我们可以从对外和对内两方面进行介绍。

### 1. 对内：培养企业文化

软文通过对内推广宣传，能够帮助新员工快速了解公司文化，接受公司运营理念。软文宣传是企业文化建设的基石和助力，也是提高员工思想素质的推手。通过培训能够培养员工的团队精神、执行力以及忠诚度，从而达到“上下同欲者胜”的境界。如图 10-2 所示就是一篇企业内部的宣传软文。

**品牌玩的就是细节（企业内部篇）** [复制链接]

楼主　电梯直达

很多创业型公司对自己公司的品牌重视程度都严重不足，导致宣传和推广自己的产品和服务时障碍重重。为什么会这样?因为他们都觉得公司应该先把业务做好，先生存再说，品牌还是等企业发展到一定规模的时候再做比较好。但是现在是互联网时代，不再是货比三家的时代了，百度一下货比百家万家都可以。所以客户凭什么相信你，凭什么要购买你的产品和服务呢?这个时候就需要你的品牌为你说话了，在你建立品牌的时候，其实相当于跟客户建立信任度的过程，这可以让你在做业务的时候会更加顺利。

**图 10-2　企业内部宣传软文**

### 2. 对外：推广广告公关

企业对外宣传主要是以软文广告与公关软文为主，这两者的主要目的都在于直接或间接地促进销售。企业对外宣传软文的目的通常包括以下几个方面。

- 维护企业形象。
- 建设企业品牌。
- 优化传播质量。
- 放大传播效果。

除此以外，软文宣传还能提升产品知名度与口碑美誉度。美誉度对于企业和产品而言，意味着公众对产品的综合评价。

如图 10-3 所示是一篇对外宣传的企业品牌软文。

红罐王老吉品牌定位战略制定过程详解

品牌释名

凉茶是广东、广西地区的一种由中草药熬制，具有清热去湿等功效的“药茶”。在众多老字号凉茶中，又以王老吉最为著名。王老吉凉茶发明于清道光年间，至今已有175年，被公认为凉茶始祖，有“药茶王”之称。到了近代，王老吉凉茶更随着华人的足迹遍及世界各地。

20世纪50年代初由于政治原因，王老吉凉茶铺分成两支：一支完成公有化改造，发展为今天的王老吉药业股份有限公司，生产王老吉凉茶颗粒（国药准字）；另一支由王氏家族的后人带到香港。在中国大陆，

**图 10-3　企业对外宣传品牌软文**

总而言之，软文提供充足的话语权印证，营销策略才能起到最好的营销效果，完美地塑造品牌美誉度和产品知名度。

## 10.2.2 对于销售的作用

软文推广的最终目的是为了促进销售。如图 10-4 所示为某房地产企业的促销软文，这篇软文就是通过攻心之法，刺激消费者的购买欲望，促进销售。

地产软文：买房送车！碧桂园凤凰城精装新品开始认筹

从初始的一片荒芜到现在的高楼林立、商贾云集，全国十强房企——碧桂园，四年时间，在南京城东打造了一座自成一体的综合性生活化社区。

碧桂园凤凰城，位于南京汤山旁，地处南京龙脉紫金山东麓，紧靠汤山温泉旅游度假区，周边自然景观资源丰厚。优越的外部环境让碧桂园凤凰城时刻拥有远低于市区的PM2.5，在凤凰城社区内部，2万m²的苏州园林景观、8万m²的滨湖湿地公园，围绕整个小区布局。

**给孩子一个高起点的童年**

碧桂园凤凰城倾全力打造双学区教育，包括碧桂园IB国际学校、社区中英文学校，让业主的孩子享受到与国际顶级教育比肩的高品质教育。2015年，IB国际学校首届国际高考即有两名同学获得"牛津大学"的录取通知书，高三年级同学世界名校录取率100%。

图 10-4 促销软文

除了从产品和服务出发以外，软文还可以从消费者的需求出发，通过需求引导消费者将视线投注到企业的产品上，进而促进产品销售。根据不同行业的不同热点，软文写法也有所差异，但共同点在于，都需要一个有经验的软文营销顾问来监管或者把关。

## 10.2.3 对于信任的作用

在销售行业，众所皆知的是，信任是销售的基石。比如说微信朋友圈营销，当朋友圈的微商将产品吹得天花乱坠时，相对于陌生人而言，我们往往更倾向于购买我们信任的熟人的产品。

而软文营销的功能之一，就在于打造信任。当消费者开始相信你和你的产品以后，在他有这方面需求时第一反应就会想到你。推广者如何利用软文赢得客户的信任，是软文推广的重点。笔者把赢得客户信任的关键分为了以下 3 点。

第一，需要保证产品的实用性，产品要能够满足客户的需求，对客户有所帮助。

第二，需要保证产品的真实性，产品必须真实可靠，有质量保证。尤其是餐饮医疗行业软文，软文必须与实际效果相符合，不能夸大其词。

第三，需要保证广告的隐蔽性，广告植入要做到自然无痕迹，要自然引导读者进入软文营造的氛围，而不能生硬地插入广告。

### 10.2.4 软文的整合与互动

网络时代，是一个碎片化阅读的时代，遍布网页、邮件、博客、留言、问答、百科词条等地方的软文可以说无所不在。软文的整合，是通过将包装、事件、赞助、客户服务、广告、直接营销、销售促进、人员推销这些独立的营销工作，综合为整体，从而产生协同效应的过程。

如图 10-5 所示为某家酒店整合营销实例。

看首家3D画展龙虾馆，吃最干净的小龙虾

南京人对小龙虾的喜爱可谓是由来已久。早在三月份小龙虾就已经是南京人餐桌上一道夺目的红色风景线。无论是朋友聚会还是家庭聚餐，小龙虾的出现，一定能让气氛达到高潮。这股难以割舍的热情，也促使龙虾市场越发专业化，小龙虾的口味和花样也更加丰富，盐水、十三香、椒盐、蒜香、冰镇。有没有想过，吃龙虾的地方还可以拍3D照片呢？

**边拍照片 边吃龙虾**

作为南京首家3D画展龙虾馆，龙宫龙虾山西路军人俱乐部店可谓在设计上费尽了心思。进入店铺大门，映入眼帘的就是各式各样的3D龙虾场景，生动又可爱，不少妈妈带着孩子、年轻情侣们都在拍照片，一会"钓龙虾"，一会"抓龙虾"，一会和龙虾"对抗"......要知道，这样的3D立体画展，在外面可是要收门票的呢，在这边，让你拍个痛快。龙虾吃个痛快！

龙宫山西路店陈经理介绍，店内龙虾秉承卫岗总店的一贯优良品质，虾子每只有7-9钱重，一份龙虾有22只左右，仅售148元。这个店作为龙宫的时尚餐厅，以售卖龙宫的招牌龙虾、小鱼锅贴和云南石锅鱼为主，大厅、包间时尚敞亮，无论是朋友夜宵还是家庭聚会，抑或是亲子聚餐，都是非常棒的选择。

**图 10-5 整合营销软文**

软文互动实质上就是指在软文营销的过程中推波助澜。比如在论坛或者社区软文中，通过发帖回帖来与读者受众互动，从而引起读者的兴趣。互动的受众慢慢会引发讨论，从而形成话题。话题放大后成为事件，经过传播可能上升为新闻。

## 10.3 软文推广的 6 个技巧

要做好软文推广，首先需要进行妥当的内容策划与写作，还需要选择合适的媒体。但是，软文推广并非如此简单。下面笔者总结了网络上盛行的软文推广技巧，供推广者们借鉴学习。

### 10.3.1 做好推广计划

所谓推广计划，是指一篇软文从主题确定、开始撰写，到最终的推广平台、效果统计的整体组织、实施以及修正。可以说软文广告操作的基础就是推广计划。软文推

广的计划通常脱胎于企业的广告策略，大多数善于操作软文广告的企业都会讲求策略且擅长低成本运营。

例如，良治电器洗之朗在新产品上市前留出了三个月的广告时间，其中就以软文推广为主。在全年推广计划中，占比 70%的软文广告做了大量的市场教育和观念引导宣传，更好地推广了“洗之朗”这一新兴产品。

如图 10-6 所示就是洗之朗的部分软文节选。

洗之朗：专业人士称为智能化便后清洗器，也有人称其为洁身器、电脑便座，西安市场上的同类产品品牌有良治、圣洁宝、西陶、金陶等。洗之朗形同马桶座便盖，但具有座圈加热、座圈抗菌、便后清洗、女性清洗、暖风烘干、自动除臭、喷头自洁、压力开关、阻尼缓冲、音姬等多种功能（各品牌、型号的功能有所不同，请读者不要一概而论），是便后清洁方式以“洗”代“擦”的革命性产品。

非典初期，《华商报》在陕西媒体界率先开辟专版，普及预防知识，仅“科学洗手”就占据将近整版面积，并印刷“疾病预防知识手册”随报发行和深入社区、街头免费散发。一时间，“卫生习惯”成了热门话题。

良治电器快速反应，一边进行向部分医院、部分一线医护人员免费赠送，一边在终端市场特价销售，并请记者随同采访（笔者也在采访队伍之列），积累了大量来自医学界专家、家电协会市场委员、教师、消费者的访谈素材，并使记者在当时的“冷市场”中亲眼目睹了洗之朗的“热销”场面。

图 10-6 洗之朗的部分软文节选

根据推广计划，在上市前，一个月的炒作周期内，需要按照顺序发布不少于 800 字的软文，上市推广周期为一个月，销售目标 50 台。

凭着这详细的推广计划，洗之朗迅速占据了市场。而后在“非典”时期，根据实际情况，洗之朗迅速调整计划，撰写了一篇名为《一个被 99%的人忽视的卫生习惯》的软文，获得大量关注，销量未曾受到市场影响。

专家提醒

软文推广是广告目标软文化的具体表现。因此，软文推广也应遵循计划、组织、实施、修正的操作规律，才能达到建设形象与获取利润的目的。

## 10.3.2 精心雕琢标题

前文中就已经提到，标题对于整篇软文广告的重要性，所以，标题需要清晰明了、突出亮点，在第一时间吸引到读者的目光。

撰写标题时要注意以下 4 个方面。

### 1. 标题使用夸张词汇

经过调查发现，在网上点击率高的文章中，标题平平的远远少于带有轰动性标题

的文章。这就是人们对于悬疑、轰动类事件怀有好奇心，以及趋从于围观热闹的习惯所引起的“眼球经济”。

**2. 标题具有创新性**

标题的吸引力在于有独到之处，在铺天盖地的信息中广告标题要想吸引读者视线一定要有创意有新意。但也要注意尺度，过犹不及，都会让读者无法接受。

**3. 标题结合热门时事**

平日要多关注社会热点事件、网络流行词汇，了解人们的关注点。将软文的标题与人们所关注的事物相结合，才能起到吸引视线的作用，进而获得点击。

**4. 标题撰写生动传神**

如果把文章比喻成建筑物，标题就是文章的大门，因此，一个生动传神的标题对于软文的重要性是不言而喻的。所以说，软文要想吸引人，关键就在于要有一个出彩的标题，这样才能引起受众的阅读兴趣。

### 10.3.3 正文结构合理

一个好的标题能够吸引到读者的视线，而要更多地将信息传递给读者，软文的结构至关重要。若把文章比喻成建筑物，大门是标题，结构就是文章的梁，有梁柱的支撑，建筑物才不会倒塌。有结构，软文才能立起来。一个合理的结构对于软文起到的作用具体体现在以下两个方面。

第一，层次分明的结构，使得软文思路清晰，从开篇到内容到结尾，环环相扣，丝丝入缝。

第二，有结构的软文排版美观，可以赋予读者愉悦的阅读体验，从而使软文的转载率得到提高。

### 10.3.4 使用严谨的官方词汇

软文正文的撰写中，可以运用一些新闻惯用词汇，比如时间、地点上可以使用“近日”“昨天”“在我市”等词汇，来引导读者对于该时间地点的联想。除此以外，新闻词汇还包括以下两种形式。

**1. 新闻来源词汇**

比如“据调查”“据了解”“采访中笔者了解到”等词汇，给人一种信息真实有据可查的感觉。

### 2. 作者身份词汇

如“我”“记者”“笔者”等第一人称视角，给予读者身临其境之感。如图 10-7 所示为水乡周庄活动软文，大量运用“记者”“采访中”“对记者说”等身份词汇和语句。

活动软文：水乡周庄“中国旅游日”向游客免费开放

记者从昆山旅游发展有限公司了解到，“中国旅游日”当天将向游客免费开放游览。

5月19日是首个“中国旅游日”，为庆祝这一节日的诞生，周庄将在这天真情回馈社会，古镇景区免费对外开放一整天，并将推出一系列精彩活动和优惠措施。

公司董事长任永东告诉记者，自国家旅游局宣布“中国旅游日”以来，周庄一直积极谋划，在全国众多景区中率先提出在“中国旅游日”当天实行免票开放政策。除免除古镇旅游大门票外，周庄还准备了丰富多彩的民俗活动：古牌楼前挑花篮、打连厢、荡湖船、舞龙舞狮等民俗表演欢腾热闹；水巷里白天摇快船、晚上划灯精彩不断；古戏台上昆曲佳段婉转悠扬……白天的古镇游势必会掀起世博后的又一波旅

图 10-7　水乡周庄活动软文

看完前面水乡周庄的软文示例，有读者或许会问，新闻惯用词汇是比较多见且实用的，那有没有示例呢？当然有，如图 10-8 所示就是一篇在文中较多应用新闻词汇的科技软文。

三大运营商释放重要信号：5G网络流量费只会逐渐比4G便宜

5G时代大幕将启，智能终端设备厂商、运营商们都在紧锣密鼓的做着最后的布局。

Galaxy S10的发布会上，三星带来了首款5G智能手机。随后的2019年世界移动通信大会上，包括华为、中兴、小米在内的多个厂商带来了自家首款5G智能手机方案；运营商层面，中国移动宣布，今年9月底将在上海地区完成5000个5G基站的建设工作，中国联通和中国电信首批5G试点城市的5G基站建设工作也如火如荼进行中……

图 10-8　科技软文

## 10.3.5　淡化植入痕迹

电影电视中的植入广告已经被人们所熟悉，而随着植入手法从生硬直白到现在的自然无痕，人们的态度也从反感逐渐接受了电视电影中的植入广告。事实上，软文中的植入广告与电视电影中的植入广告殊途同归，下面就为大家介绍软文比较实用的植入广告的几种方式。

### 1. 善用举例说明

这种方式常见于平面媒体上的软文中，可以适当展开几十字，将要宣传的事物作为举例插入软文中。在撰写互联网类软文或者教程相关软文时，采用这种手法进行植入会显得极其自然流畅。

### 2. 巧借他人之口

比如文中引用某专家的研究、某网站的统计数据、某人的言论等，自然，所引用的内容与要宣传的内容是重叠的。这种方式常见于刊登于平面媒体上的软文中，引用的文字篇幅不会太长，一来规避侵权风险，二来避免引用太多，读者反而忽略了撰写者要传递的内容。

### 3. 标题拟人形式

这种形式下，通常会将植入的关键词拟人，如图 10-9 所示，澳优美优高的软文中就通过拟人方式以“小美”自称。这类情况下，虽然没有太多地融入产品信息，但是因为关键词植入，可以达到传达理念且被搜索引擎检索收录的效果。除了微信公众号软文以外，这种情况常用于网络门户类软文。

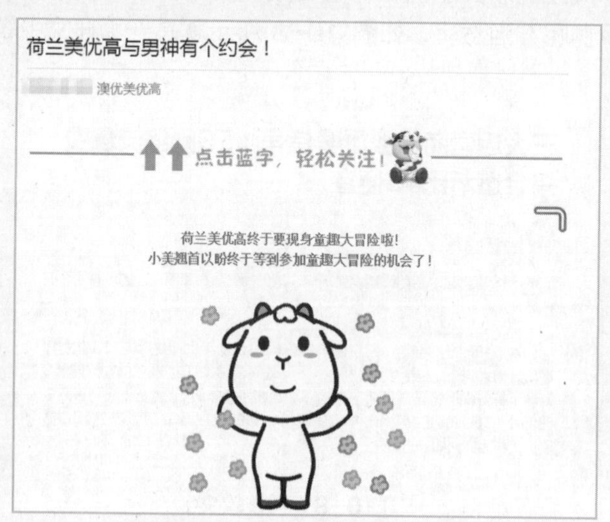


图 10-9　澳优美优高软文节选

### 4. 撰写揭秘故事

围绕需要植入的广告作为关键词或者结局来编撰故事，以此作为线索，层层展开，最后将广告展现出来，也不失为一个植入的好方法。其实读者很容易就能看穿这是一个软文植入的小把戏，因此这就特别考验撰写者的文字功底了。如果故事新颖、

创新，文笔生动、传神，往往能够吸引读者顾不上广告一口气看完故事。而随着故事读完，软文所传递的广告，也就成功地传递给了消费者。

**5. 标注版权信息**

在操作上，这种方法比其他方法都要简单且实用。我们要做的只是找出潜在客户群体，根据他们感兴趣的话题，撰写相关话题的原创文章。软文不能刻意去植入广告，而且还要尽量避免广告的嫌疑。而这一手法的关键，就在于文章末尾的署名中标注版权信息，留下自己的网站名称，潜在客户自然会随之而来。

**6. 文内插入链接**

大多数情况下，投稿网站会要求文章中不能带有广告性质的外链。但是，上有政策下有对策，我们完全可以利用其他的方法，在文章内部插入自己的网站链接。尤其是关于网店经营的微商，可以分享一些心得体会的文章供他人学习，并在心得中附上相关的链接，这样可以降低他们的防备。

## 10.3.6 设计排版风格

除了标题与正文以外，软文的设计编排也有不少玄机。笔者多年操作软文，总结了软文排版设计的经验。

- 字体：软文的字体必须与发布媒体惯用的新闻字体一致，从标题到正文，以及字体的底纹、立体、阴影等设计风格，都需要保持一致。
- 字号：与字体相应的，软文与新闻稿件也应该在字号上同样保持一致，才能达到给读者一种“像新闻”的感受。
- 分栏：在设计 800 字以上较长的软文稿件时，需要进行分栏处理。这时，我们需要考虑发布媒体的分栏方式，参考它的标准来把握栏宽长度。通常来说，大报每版分为每栏 6 厘米宽的五栏，小报则分为约 5.5 厘米宽的四栏。
- 边框：不同的报纸对于稿件的边框有着不同的固定风格。有的报纸是粗线条边框，有的是细线条的灰色边框，有时候彩色版的报纸边框也会有绿色和蓝色的区别。在软文设计排版时，必须注意这些细节，才能使软文真正融入报纸当中，不至于引起违和感。
- 行距、字距：通常情况下，新闻正文的格式中，行距以 1 毫米为佳，差不多三行字占据 1 厘米的距离，而字距通常是要小于 1 毫米的，1 厘米内可以排下 3.5 个字。通过行距与字距的疏密，配合字体字号，能够将新闻稿模仿得惟妙惟肖。

仅以图 10-10 为例，介绍软文排版的设计，供大家参考借鉴。

字体　江苏盐城大闸蟹抓抢“互联网+”发展机遇

导读：江苏盐城大纵湖清水大闸蟹抓抢“互联网+”发展机遇，让消费者能够低价网购到品牌大闸蟹，也拓宽了农民渠道，增加农民收入。

**食品产业网讯：**9月2日，盐城大纵湖大闸蟹行业协会与苏宁易购合作打造的农产品电商平台，通过“团购+预购”提前购买未上市的大闸蟹的“众筹”形式，完成了10万元的目标基数，使之约定时间提前了9天。

记者了解到，从7月24日起，大纵湖大闸蟹在苏宁易购电商平台上线，全国各地的消费者可通过苏宁易购众筹频道预订。9月6日后，消费者就可根据订单的约期，收到正宗大纵湖大闸蟹“货品”。字号

“抢抓‘互联网+’的发展机遇，发挥品牌叠加优势，实现农产品产销融合和市场无缝对接。”盐都区农委有关负责人说，这是盐都上下在新的时期，运用互联网思维，适应现代服务业发展，做实做强产业的创新举措，也是壮大农村经济，拓宽农民就业渠道，增加农民收入的有益尝试。

市民低价网购到品牌大闸蟹　分栏

“只花了99元，就收到了8只鲜活的大螃蟹，真是太划算了。”9月7日，南京市民顾女士成功收

**图 10-10　软文排版范例**

# 10.4　高手进行软文营销的法则

掌握软文营销中的法则会让企业获益匪浅，这些法则包括学会自赞和用一句话做软文，下面来具体介绍。

## 10.4.1　学会自赞

当然，在使用“自赞”法则的时候，需要遵循以下的原则。

- 从整体营销的角度，系统而全面地考虑问题，而不仅仅只关注“事件营销”本身。
- 从品牌战略与品牌管理的角度，长远地考虑企业的发展与后续，而不仅仅只追求短暂的轰动。
- 从顾客的角度考虑问题，需要追求的是让顾客满意，而非一时半刻的哗众取宠，更不能有诱骗顾客的嫌疑。
- 任何营销方式都有成本支出，考虑问题时需要站在财务的角度进行思考，而不是没经过计算认为所有的方法都是低成本和高效益。

除了遵循以上的原则外，还有以下两个小窍门，可以让你的自赞软文能够对消费者有足够吸引力。

### 1. 进行互动

互动可以拉近和消费者的距离，企业与目标人群通过互动的方式来实现销售的目的，在互动的过程中，很容易产生消费者对企业的赞美度。如果互动环节做得够好，可以迅速贴近消费者，从而了解消费者心理，增加消费者对企业品牌的好感度。一般互动软文可以从活动、有奖征稿、免费获得会员卡等方面着手，利用奖励之类的与受众进行互动，调动大家的参与热情。

如图 10-11 所示就是一篇与消费者进行互动的软文，这虽然是一篇说明性的软文，不过还是证明了和消费者互动的重要性，就连航企都不例外，还特地将此作为很重要的一点。

**航企如何提升在线和机上互动的用户体验？**

航空公司拥有许多将客户体验过程中的各个点连接起来的机会，这些点包括，当客户预订机票时、如何体验机场、在机上做些什么以及之后在目的地时。

据Tnooz网站报道，对于航空公司来说，乘客搭乘航班时通常要在飞机上坐上一到12个小时（可能更长），航空公司在这段时间里可以说处于极其有利的位置，因为无论航空公司说些什么，乘客都得听着。

即便是一名旅客在酒店住两周，航空公司显然与酒店也存在着极大的不同，这体现在，客户是以一种完全独特的方式"体验"产品的，并且客户在如何打发时间方面拥有的选择也很少。

**图 10-11 与消费者进行互动**

### 2. 制造具有争议的话题

企业可以从自身产品、企业行为等角度，策划事件或观点，以其争议性引发公众的关注与讨论。然后通过各方面操作与策划，将争议事件变成美化企业的事件。在软文中，这也是一种引导读者进行讨论并且进行夸赞的手法。不过，需要注意，话题绝对不能对企业不利，争议的议论点最好是和企业没有直接性的关系，而且在争议中，企业要始终站在正面。

**专家提醒**

“自赞”法则随时都能应用在软文营销的操作中，只要以事实为依据，不违背伦理道德，就能有效地将企业的信誉度、知名度往高处捧。而且自赞的时候一定要注意一个度，不能太过分，否则会适得其反。

## 10.4.2 一句话软文

在不少人心目中，软文营销就应该是长篇大论，抑或是精简的小片段，而那些一句话、几个字的、与图片搭配在一起的是广告语或者宣传语。其实这是一种错误的刻板印象，这种一句话的内容形式，仍旧是软文营销的一种，而且这些简短为一句话的软文营销，才能让消费者牢记在心。

因为软文是品牌主张的一个载体，一个核心的载体，它在营销中起到非常关键的作用。事实上，无论写什么类型的软文，包括媒体软文、网络广告等，最重要的是必须符合品牌或企业的定位。“一句话”法则定义是，在产品的精准定位上提炼出一句简洁有效的传播口号。

例如，王老吉通过营销，“怕上火，喝王老吉”这句广告语已然让人们耳熟能详，如图 10-12 所示。短短 7 个字，把王老吉的品牌定位“清热解暑，预防上火”表达得清晰明了。

**图 10-12 王老吉一句话软文**

现代化的生活快节奏，给了都市人极大的压力、加上麻辣等重口味菜肴的流行、夏天的高温，人们越来越容易“上火”。抓住“去火”这一功效的王老吉，由此以“怕上火，喝王老吉”作为口号推向全国，从而打开了全国的市场。

**专家提醒**

因为软文在很多时候，是品牌主张的一个核心的载体，所以软文营销在各种营销手段中起到了非常关键的作用。无论写什么类型的软文，包括网络软文、平面软文等，定位都是最优先的。只有准确的定位再结合营销法则，做出的软文营销才会发挥最大的效用。而以产品的定位为基础，将之进行二次创作与提炼，从而打造一句简洁有力的传播口号，才是一句话软文的精髓。

# 第 11 章 发布平台：亿级营销矩阵助力产品营销

如今企业都开始重视软文推广的作用，而软文推广中的关键一环就在于软文的发布。要知道选择合适优秀的发布平台，可以让软文的营销价值无限放大。

要点展示

- 软文发布平台的类型
- 软文发布平台的优势
- 明确推广目的
- 明确目标客户
- 分析不同用户的特征
- 将用户转化为企业营销目标
- 在今日头条发布软文
- 在知乎发布软文
- 在一点资讯发布软文
- 在搜狐平台发布软文
- 在网易平台发布软文
- 在 QQ 平台发布软文
- 在简书平台发布软文
- 在百度百家发布软文

# 11.1　了解软文发布平台

随着软文营销越来越被企业所重视，软文发布平台也逐渐进入了人们的视野，企业会经常在网络上撰写软文进行营销。软文发布平台可以分为以报纸杂志为主的传统媒体，以及以网络为主的新媒体。

## 11.1.1　软文发布平台的类型

软文发布平台主要有新媒体平台和微博两种，商家可以用来获得流量的新媒体平台有很多，各新媒体平台的受关注度也会不一样，因此商家选择出最适合的新媒体平台也是很重要的。如图 11-1 所示，为网络上的 4 大新媒体平台。

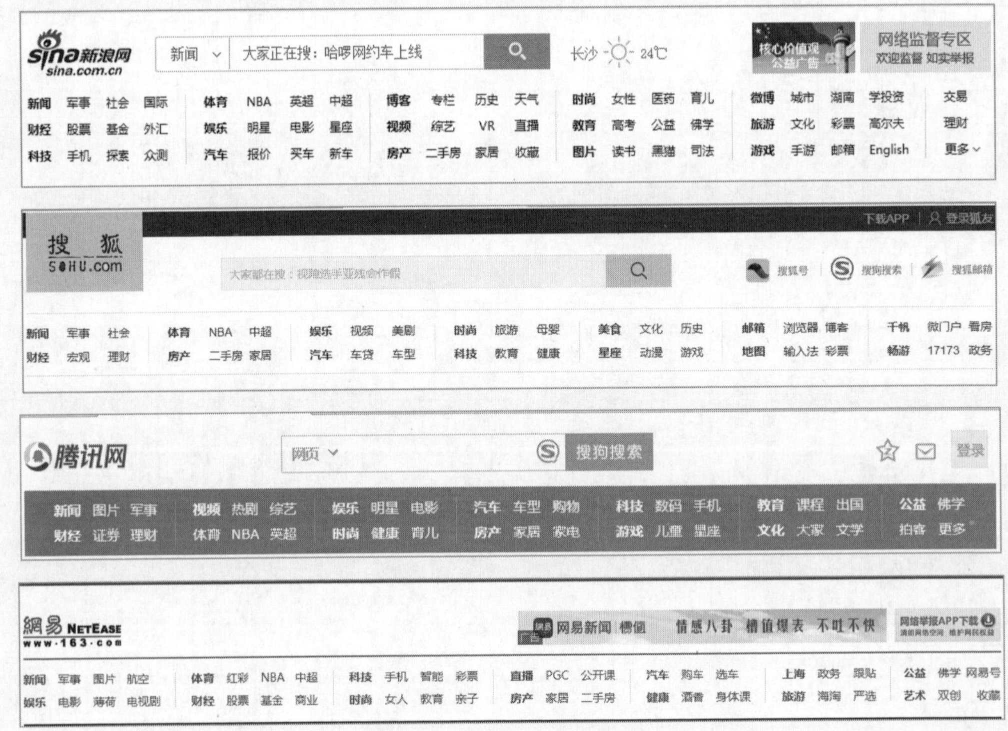

**图 11-1　网络软文发布平台**

微博作为庞大流量的焦点平台，也是各大企业和商家宣传推广的不二选择，结合微博本身形式多样、信息内容精简等特点，软文营销在此成为可能。而且，通过微博这个平台，软文可能会获得更多的浏览量，可以进一步提升产品的曝光率和销售量。

总之，不得不说微博平台是一个十分热门、火爆以及充满活力和生机的话题聚集地。通过微博入口(如图 11-2 所示)进入，就可以注册微博发布软文，而微博又分为个人微博和企业微博两种。

搜狐微博-来搜狐微博看我 官网
搜狐微博是当前中国极具人气、新锐和真实的微博产品。通过一句话或者一张照片,随时分享你身边的精彩。围观你感兴趣的名人、朋友,获得最新最热最及时的资讯。手机...
t.sohu.com - 快照 - V 搜狐微博

企业微博注册
请私信@企业认证服务进行咨询 这些企业已经入驻企业微博 查看更多 企业帮助开放平台 客服电话:4000 960 960(个人) 4000 980 980(企业)按当地市话标准计费 Copyright © 1...
e.weibo.com - 快照 - V 企业微博注册

图 11-2 微博入口

## 11.1.2 软文发布平台的优势

软文发布平台的优势是很明显的，不然也不会有那么多的企业或者个人对各大软文发布平台青睐有加了。选择合适的软文发布平台，在外链、网站权重、网站流量和关键词排名等 4 个方面都有极大的优势。

### 1. 外链持久有效地增长

软文外链最大的特点就是能够不断地增长流量，并且这是一个长期而非一次性的过程。而且只要软文不被删除，软文里面的外链就会一直存在，它将随着软文被用户不停地阅读点击或者转载。

### 2. 快速提高网站权重

通过将软文第一时间先发表在自己网站，来提高搜索引擎对原创内容信息的收录速度，从而可加大网站权重的分量。因此，写好的软文，要第一时间发布在自己企业的网站，其次再考虑其他的软文发布平台，以此保证自己软文的原创性。

### 3. 流量的增长是必然

用户在看过软文之后，如果感兴趣，就会尝试搜索软文中提到的网站、产品或者浏览网页，从而增加了流量。并且，大多数用户还会把感兴趣的文章分享给亲朋好友，亲友们再进行尝试与分享，这样流量就会滚动增长。

#### 4. 提高网站关键词排名

软文推广的目的是什么？塑造企业品牌、推销产品、弘扬企业文化还是增加企业流量？这些都不对。软文推广的最终目的在于，提高网站关键词的排名。而选择合适的软文发布平台，能够保证外链的持久有效增长，快速提高网站权重，并且增长网站的流量。随着流量的增长，用户的点击率提高，网站在搜索引擎中的排名也就自然而然地靠前了。

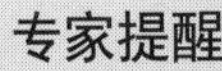

专家提醒

企业可以通过软文主动向报纸、杂志等媒体，“暴露”一些自己需要宣传或广告的事件，从而提高企业知名度和美誉度，实现产品营销。

## 11.2 软文发布的策略

企业或网站营销的最终目的都是为了推销自己，软文或者广告都只是为这个目的而服务。所以，企业或者网站软文的发布，都需要遵循一定的策略，从而让软文发挥出最大的价值。本节将介绍软文发布的 4 项重要策略。

### 11.2.1 明确推广目的

产品种类成千上万，软文的数量也越来越庞大，形式越来越丰富多彩。但无论怎么变化，有一点最重要的是，必须要确定软文推广的目的。

提升网站流量、给企业做广告或者为个人作宣传，不同的目的需要采用不同的推广方法。比如，提升流量所需要的是通过在论坛发布讨论帖，或者在微博、SNS 等社交媒体上发布信息。而企业口碑与品牌的打造和推广，则需要借助电视媒体、门户网站撰写新闻稿等方式。

### 11.2.2 明确目标客户

当有了明确的推广目的后，接下来就需要寻找推广的目标用户了。如果把软文推广比喻成一场旅行，软文推广的目的就是旅行终点的风景，而不同类型的软文则可以视为不同的交通工具。

对于软文推广来说，重要的不是目的地或者交通工具，而是人。软文推广最重要的是推广对象，也就是软文受众。如果连推广受众都没有，软文推广也就毫无意义。

寻找目标客户的方式，最常用而且有效的方法就是通过搜索引擎来寻找，比如通过输入长尾关键词来判断用户经常去的地方，还有哪些人会搜索到这些长尾关键词，

这些关键词就是推广的产品或者目标。

### 11.2.3 分析不同用户的特征

企业在明确了目标客户群体以后，需要做的就是根据自己的推广目的来分析用户的基本特征。用户的基本特征包括以下几个方面。

- 年龄阶段。
- 文化程度。
- 职业。
- 地域。
- 上网时间。

根据用户的不同特征，分别推送不同的内容，精准定位下有针对性的推广，会比广撒网的方式来得有效果。这样的推广，更容易让不同类型的用户接受，并且转化为流量或者销量。

### 11.2.4 将用户转化为企业营销目标

软文推广目标的达成，关键在于能否将用户转化到实际目的中，也就是能否将传播力转化为销售力。而营销目标的实现，需要做到分析潜在用户的需求，这样才能有针对性地向用户进行不同的推广。为了达到企业的营销目的，我们需要在推广过程中时刻谨记，以用户为中心，充分考虑用户的需求与痛点，为他们提供实际的帮助，从而培养用户对于企业品牌的好感与信任，一步步加深企业品牌与产品在用户心目中的地位，从而慢慢让用户自己转变成企业推广的用户。只有能够做到以用户为中心而不是以企业为中心的软文推广，才是有价值和有意义的软文。

## 11.3 常见的软文发布平台

本节将对目前常用的软文发布平台进行介绍，排名不分先后。

### 11.3.1 在今日头条发布软文

运营者想要进行内容编辑，首先就要找到编辑内容的区域并新建发表文章，才能付诸行动。下面以图文内容为例，介绍今日头条新建内容的操作方法。

步骤 01 登录头条号进入主页，单击左边的“图文”按钮，切换到“图文主页”页面，单击“发表文章”按钮，如图 11-3 所示。

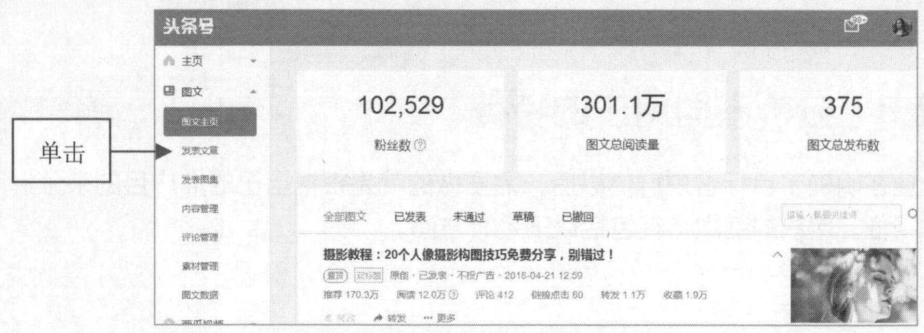


图 11-3　单击“发表文章”按钮

步骤 02 执行操作后，进入“发表文章”页面，如图 11-4 所示，此时表示已经完成了发表文章的创建，接下来运营者就可以在该页面编辑文章内容了。

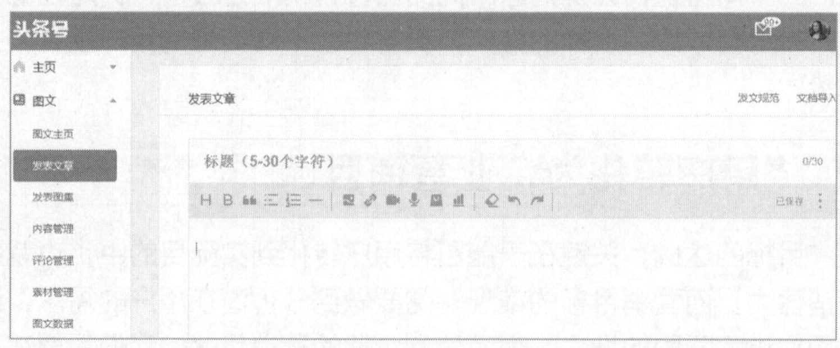


图 11-4　进入“发表文章”页面

在今日头条平台上，单击“原创保护”按钮，即可进入“原创维权”页面，通过对该页面进行相关操作，便可以保护自身原创作品的版权。关于今日头条平台的原创维权，其升级和优势主要表现在以下 3 个方面。

## 1.　“全网监测”：脱离局部维权的藩篱

过去，所有平台进行的一系列原创保护措施都是在平台内部进行的，因此，只能实现自纠自查、局部维权。而自从头条号“原创保护”功能推出之后，作者维权的方式和范围发生了巨大变化，具体如下。

第一，从方式上来看，从自纠自查转变为抄袭发生 6 小时内监测抓取。

第二，从范围上来看，从局部、个别平台维权转变为跨平台全网维权。

从此，在作者维权方面，对平台和原创作者而言，明显更省时省力，且是依靠先进的信息监测技术来完成的，版权维护在效果上也有了显著成效。

## 2.　“快速删文”：避免更大范围内传播

在“全网监测”功能基础上，维护作者的权益首先应该让侵权的文章快速消失，

以避免在更大范围内传播侵权文章，这在今日头条平台上可以利用“快速删文”功能来实现。所谓“快速删文”，即头条号与专业第三方维权机构(如中国版权保护中心、维权骑士等)合作，在抄袭文章被抓取后，最快情况下，可在 24 小时内删除抄袭的文章，还原创作者一片晴朗的创作天地。

### 3. “维权赔付”：沟通侵权方处理赔付

今日头条这一内容平台，通过版权维权可为原创作者赢得收益，这是通过其“维权赔付”功能来实现的。所谓“维权赔付”，即原创文章作者在与平台授权签约的情况下，与今日头条合作的“快版权”这一第三方维权机构会追溯侵权的文章，并与侵权方沟通赔付事宜，在沟通失败的情况下，甚至会提起诉讼。在这一过程中，尤其受原创作者关注的是，“侵权赔付”行为是免费的，不需要原创作者承担费用。

## 11.3.2 在知乎发布软文

知乎平台，是目前最为火热的社交化问答平台，它的平均月访问量已经突破上亿人次。知乎的口号是：“我们都是有问题的人”。知乎拥有 PC 电脑端和移动 APP 两种客户端口，用户需要注册才能登录平台首页，如图 11-5 所示是知乎的 PC 端官网注册首页。

图 11-5　知乎平台注册页面

如图 11-6 所示，用户在注册时还需要输入自己的职业或专业，屏幕下方还会给出其他人的自我介绍案例供参考。

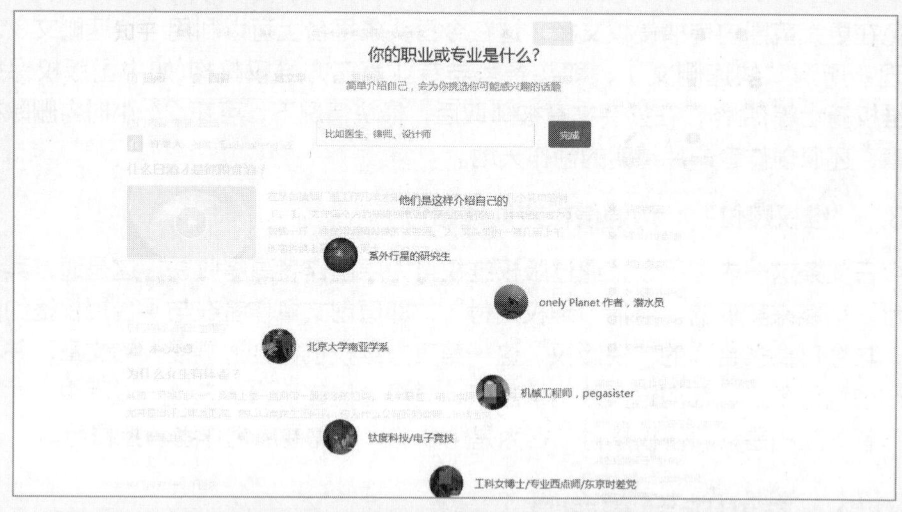


图 11-6　知乎平台输入职业或专业页面

在输入职业信息单击“完成”按钮之后，会出现一个选择感兴趣话题的页面，如图 11-7 所示，具体包括“游戏”“音乐”“电影”“法律”“自然科学”“设计”“商业”等诸多话题选项，用户根据自己的喜好挑选，即可关注相关话题。

图 11-7　知乎平台挑选话题页面

进入知乎首页之后，平台显示的内容是根据先前选择的感兴趣话题推送的。笔者这里选择的是哔哩哔哩、美食和衣服三个话题，所以平台推送了相关内容的话题帖，如图 11-8 所示。

图 11-8　知乎平台首页

知乎的主要定位是知识共享，问题页面是知乎最主要的页面，用户既可以通过搜索来了解相关问题，也可以自己直接提问或者作答自己熟悉的问题。用户搜索后如果自己的提问不是重复的，那么便可继续完成提问步骤，在提问完成后，可以邀请对相关话题感兴趣的用户来回答。在此，笔者提问了一个关于小说的问题，知乎平台在提问完成后便出现了邀请那些关注过小说话题用户的页面，如图 11-9 所示。

图 11-9　提问后的邀请页面

用户如果不想暴露自己的信息，可以选择通过匿名的方式提问或回答，而且对于回答可以选择允许规范转载、允许付费转载、禁止转载等权限，如图 11-10 所示。

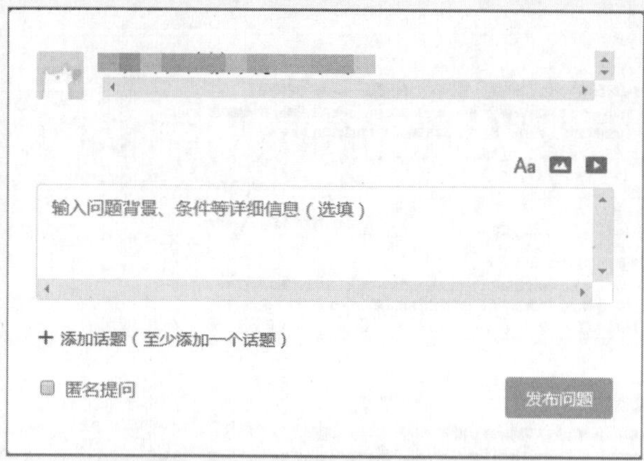


图 11-10　知乎用户发布回答页面

对运营者而言，可以通过在知乎上提问和回答来宣传自己的产品，这种问答通常具有很好的话题性，吸引广大知乎用户参与围观问题，从而促进产品的传播和推广。

例如，笔者在知乎上搜索“电影驴得水”后，出现了“如何评价电影《驴得水》？”“电影《驴得水》，目前知乎一致好评代表了什么？”“电影《驴得水》有哪些隐藏的小细节？”等问题，如图 11-11 所示。

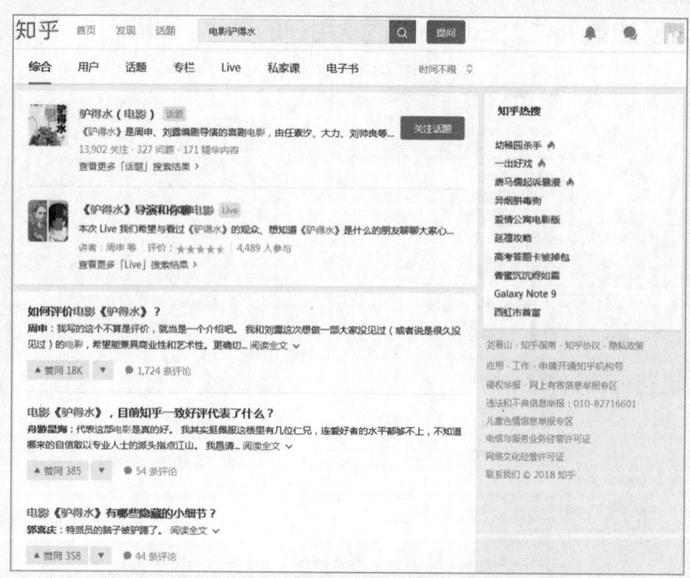


图 11-11　“电影驴得水”搜索结果页面

电影发行方可以参与到相关的问答之中，精彩的回答能引导用户去观看，达到为

电影作宣传的目的。对“如何评价电影《驴得水》”这一问题，电影《驴得水》的导演周申在知乎上做了回答，该条回答得到了1.8万多人的赞同，如图11-12所示。

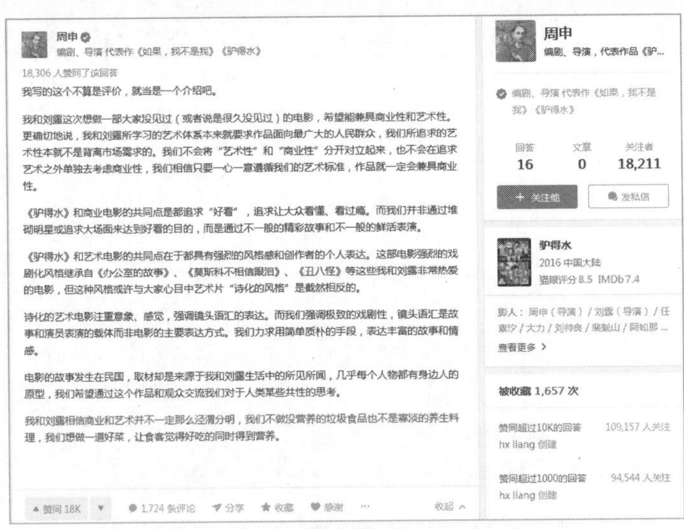


图11-12 《驴得水》导演周申的回答页面

如果运营者使用的是公司或商家的知乎账号，那么，回答必须具有知识性，有含金量，要能够引起读者的注意。回答的字数最好在 120 字以内，或半个页面的篇幅，太长的文章容易让读者失去兴趣。

运营者可以直接在个性签名处留下微信号码，以便为自己的平台引流。接下来可以主动选择问题进行回答，最好选择和自己的推广类别接近的问题，尤其不要放过关注度高的优质问答。面对热点问题，要及时抢答，这会让我们的引流效果事半功倍。

## 11.3.3 在一点资讯发布软文

一点资讯平台凭借其特色的兴趣引擎技术为用户实现了个性化新闻订阅，基于用户的兴趣为其提供资讯内容。一点资讯可以借助用户登录时选择的社交软件类型和兴趣频道等收集相关信息，整理成数据资料，然后再根据这些资料了解、推测出用户感兴趣的新闻领域。运营者在完成注册登录等一系列准备工作后，就可以开始运营导粉了，在这一阶段运营者的工作主要可以分为4个部分，具体如下。

- 登录后台，进入管理页面。
- 撰写文章，准备进行推送。
- 文章完成后，进行检查。
- 检查完成后，推送文章。

如果运营者同时也在运营微信公众平台，那么可以在撰写文章的时候，在文章的

中间写上自己微信公众平台的账号，以此达到将粉丝引导到微信公众平台上的目的，如图 11-13 所示。

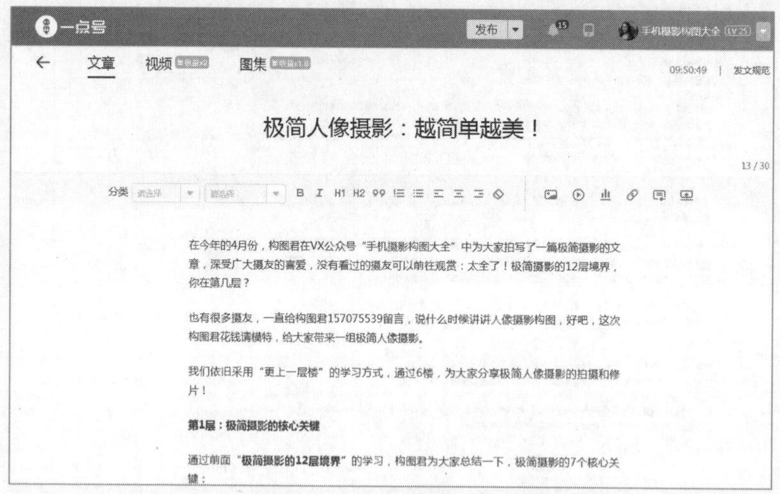


**图 11-13　文章中添加微信公众号**

专家提醒

需要注意的是，新媒体运营者在一点资讯平台上直接撰写文章的时候，也可以选择之前已经撰写好的文章，只要单击“一键导入”按钮，就能将文章导入到一点资讯平台了。

## 11.3.4　在搜狐平台发布软文

搜狐公众平台，是搜狐门户下一个融合搜狐网、手机搜狐、搜狐新闻客户端三大资源于一体的一个平台，所以搜狐公众平台的资源力量是比较充足的。搜狐公众平台凭借搜狐旗下一系列的资源，拥有自身独特的优势。

在搜狐公众平台编写要推送的内容时，需要从标题、图片、格式、封面、摘要等多角度考虑。对于新媒体平台运营者来说，图片是一种非常有利的武器，一张合适的图片能给新媒体平台的读者带来更好的视觉效果，也能为平台文章锦上添花。

在撰写文章的过程中，有时候会碰到需要特殊标记的文字，这些文字能够更加突出文章的重点，因此学习制作具有吸引力的字体格式也是很有必要的。

我们可以通过给字体加粗来进行突出，如图 11-14 所示；也可以将文字标记成不同的颜色，让读者一眼就能将这内容区分开来；或者给文字添加下划线、改成斜体，也可以将重点部分突显出来。这样可以吸引读者的注意力，提高读者的阅读兴趣。

图 11-14　搜狐的软文发布页面

和微信公众平台一样，在搜狐公众平台的文章编辑栏下面，有一个摘要撰写部分，运营者可以用一句话概括文章的信息，突出重点，使平台账号更好地吸粉引流。

## 11.3.5　在网易平台发布软文

网易媒体开放平台是网易旗下推出的一个新媒体平台，在这个平台，运营者可以利用多种形式软性地吸粉引流。但运营者入驻网易媒体开放平台，需要有网易邮箱或者网易通行证。当注册审核通过之后，首先登录网易媒体平台的后台，然后单击“写文章”按钮，就可以进入文章编辑页面撰写文章了。在“标题”处输入文章标题，在“正文”处编辑内容，也可以用正文内容框上方的一排编辑按钮对文章的字体、格式等进行调整，单击“图片”按钮就可以在正文中上传图片，效果如图 11-15 所示。

图 11-15　图片上传到正文中

网易媒体开放平台，为入驻用户提供了 5 种类型的账号，它们分别是订阅号、本地号、政务号、直播号以及企业号，每种账号的功能有所不同。平台拥有 4 大特色，具体如图 11-16 所示。

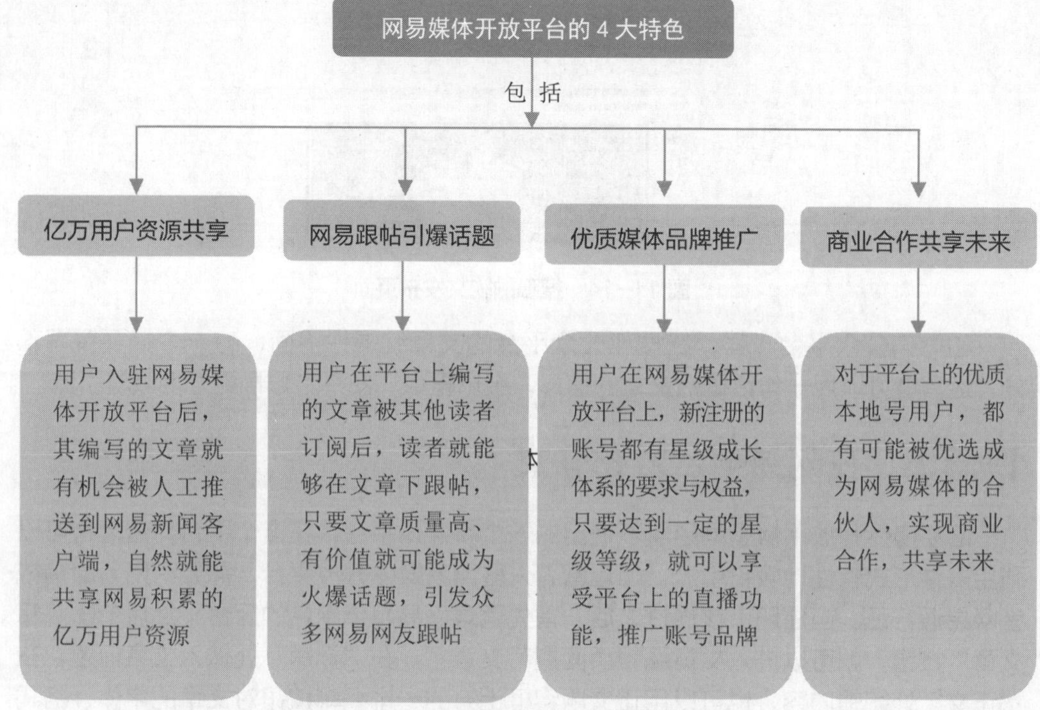


**图 11-16　网易媒体开放平台的 4 大特色**

把正文编辑完后，需要上传封面。封面有 3 种模式，分别是单图模式、三图模式和大图模式。执行上传封面操作后，运营者就能选择正文中的图片作为文章的封面，封面选择好之后，单击“发布”按钮，完成后在网易媒体后台即可看到刚刚发送的推文。

运营者可以适当地在文章结尾处放上其他平台的运营账号，如微信公众号及关注方式等，来达到多平台引流的效果。

## 11.3.6　在 QQ 平台发布软文

QQ 公众平台又称为看点号平台，QQ 公众平台是腾讯继微信公众号之后推出的产品。QQ 公众号的账号也分为 3 种，分别是订阅号、服务号和购物号，新媒体运营者尤其要注意订阅号与服务号之间的区别。

QQ 公众平台凭借着 QQ 积累下众多的用户数量以及平台自身的技术优势、大量

的数据等资源，是新媒体运营者用来获得流量的一个很好的平台。

基于近 10 亿腾讯用户规模的 QQ 公众平台来说，用户的来源根本就不用愁，据悉，在 QQ 公众平台公测期间，3000 个公测资格在 1 秒内就被抢完，同时，有人统计，在公测期间，参与注册申请的人就有 11 万，而平台的页面访问量也达到了 300 万次，未来，注册用户和平台页面访问量数据将持续增长。

因此，在 QQ 公众平台编写文章发送，是很好地吸粉引流的方法。那么如何在 QQ 公众平台发文呢？首先登录 QQ 公众平台，进入首页，在页面左侧的任务栏中找到“文章发布”按钮，单击即可进入文章编辑页面。利用文章编辑框上方的图标按钮可以修改文章的字体、内容等，输入文章标题，插入图片和文字后，单击“预览并发布”按钮即可，效果如图 11–17 所示。

图 11–17　QQ 公众平台文章发布页面

## 11.3.7　在简书平台发布软文

简书平台是一款集写作与阅读于一体的社交型互联网产品，同时也是一个基于内容分享的社区。要想在简书平台进行引流、商品推广，电商运营者需要拥有一个简书账号。

通过简单注册，然后登录发文即可开始运营。发文步骤十分简单，即在主页右上方运营者头像旁单击“写文章”按钮，随即进入文章编辑页面。最左侧可以根据文章发布内容进行分类管理。左侧第二竖列可见历史文章存储，右侧为文章编辑区域。在

文章编辑区域先输入文章标题、正文，然后调整格式、字体，最后按右上方“发布文章”按钮进行发布，效果如图 11-18 所示。

图 11-18　简书平台文章编辑页面

**专家提醒**

当然，运营者还可以选择采用新浪微博、腾讯 QQ、微信等社交网站的账号登录简书平台，这种登录方式会更加快捷方便。

## 11.3.8　在百度百家发布软文

百度百家平台，于 2013 年 12 月份正式推出。运营者入驻百度百家平台后，可以在该平台上发布文章，然后平台会根据文章阅读量的多少给予运营者收入。

与此同时，百度百家平台还以百度新闻的流量资源作为支撑，能够帮助运营者进行文章推广、扩大流量。百度百家平台上有 4 大新闻模块，包括体育版、文化版、娱乐版和财经版。百度对外公布了百家号最新数据情况，自 2016 年 9 月 28 日开放注册以来截止至 2016 年 10 月 12 号，其平台已拥有 10 万个注册用户，其中通过的用户有 2 万多，并创下了平台上单篇文章最高收入 6000 多元的成绩。由此可见，其受欢迎程度以及可观的收益，这对新媒体运营者来说是个好消息。

百家号平台的运营也是采用推文的引流方式，首先登录百家号，进入主页。可以

在主页左上方单击“发布”按钮，进入文章编辑页面，也可在左侧任务栏内单击“发布内容”按钮进入。

有“发布文章”“发布图集”“发布视频”3 种内容编辑选项，选择“发布文章”选项，然后在新页面中输入标题和正文。文章撰写完成后，可以根据需求单击屏幕下方的“发布”“定时发布”“存草稿”“预览”4 个按钮，效果如图 11-19 所示。

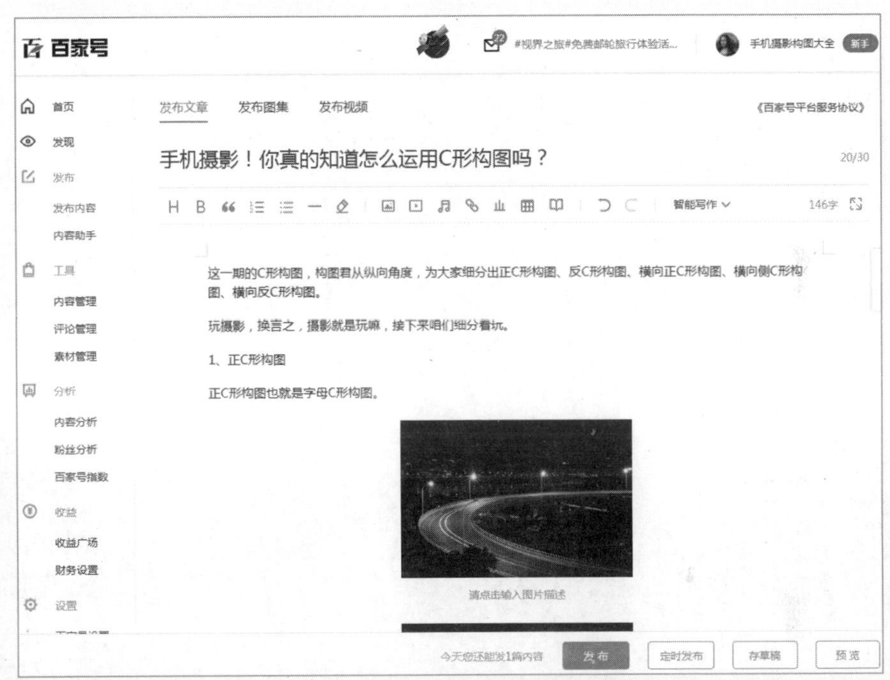


图 11-19　百家号文章编辑页面

推文发送成功后，要关注留言评论，及时回复，给粉丝带来舒适的平台阅读体验，运营者也可以在回复的内容中放上自己的公众号链接，以此来吸粉导流。

# 第 12 章 风险防范：及时规避多种软文营销误区

随着越来越多的企业注意到了软文营销的力量，软文营销的市场也就越来越火热，不过软文营销的一些风险也随之出现，学会规避这些风险，才能让软文营销发挥最大的价值。

要点展示

- 产品宣传不符
- 软文质量不合格
- 软文投放力度不够
- 软文中爆料太过分
- 软文中出现书写错误
- 软文习惯抄袭
- 社会道德风险
- 三天打鱼，两天晒网
- 盲求门户网站
- 软文营销就是发软文
- 成本压得低才有利
- 软文发得越多越好
- 发布平台随便选
- 软文多少字最合适
- 软文营销的周期是多久
- 软文营销有什么用
- 软文营销有没有效果
- 企业做软文营销外包还是自建团队
- 哪些行业适合做软文营销

# 12.1 软文操作的 7 大风险

操作风险是指在实际操作中，由于内部操作过程、操作人员、系统或外部事件的缺陷或问题而引发直接或间接损失的风险。而软文营销在操作上的风险主要集中在软文的撰写创作以及发布投放上，下面进行详细解释。

## 12.1.1 产品宣传不符

作为本质目的是推荐产品或服务的软文营销，为了能够吸引消费者的关注，会在软文里竭尽全力地对产品效果和卖点进行详细的说明甚至是夸大。这样一来，软文营销难免会有“自卖自夸”的嫌疑，而且还容易引发消费者的质疑与反感。

例如，某款保健品在最初的营销中，所使用的宣传语是“孩子个子长高不感冒！老人腰好腿好精神好！女人面色细腻红润有光泽！X 保健品补足钙铁锌硒维生素！”但实际上，专家检测证明这款保健品并没有这些功效，因而引发了消费者的投诉与质疑。又比如，有的教育机构提供不出实质证明，却宣称“全国第一专业技术培训学校”“全国每年新入行的 10000 名建筑师就有 7000 出自 XX 技术培训学校”等杜撰内容，经查实以后被处以罚款。

专家提醒

针对这类营销风险，营销者或是推广团队应该如何避免呢？可以从这 3 点做起：第一，对产品或服务有清晰的认知；第二，对国家行业标准与行业相关法律法规的熟知；第三，经过试用或者网络搜索了解产品或服务实际效用。

## 12.1.2 软文质量不合格

这个“风险”是普遍存在的，营销费用的不足使得企业软文撰写质量不高，并且，一些低质量软文站点也占据着一大部分市场，中小企业尤其要注意这个风险。那么，这些企业应该如何做呢？办法有两个：第一，加强学习，了解软文营销的流程，掌握软文撰写的基本技巧；第二，聘请专业的软文营销团队，因为他们不像广告公司和公关公司那样业务范围比较广，他们专注于软文撰写，软文质量很高。

## 12.1.3 软文投放力度不够

很多企业都会出现一个问题，那就是软文投放力度不够，即在进行软文推广时放

弃组合和变化，因为企业推广的偏好性，只认准一个平台或方向。

例如，有些老牌企业对报刊等实体渠道比较偏爱，便会仅仅通过该媒体进行营销，而放弃其他营销方式。其实，软文的投放同样需要组合和变化，为什么呢？因为我们都知道，产品宣传的根本目的在于寻找目标客户，最终完成产品销售，因此就需要让尽可能多的目标客户看到软文。

但软文投放很难做到覆盖所有媒体，这就需要营销者通过明确地了解营销目标的需求定向，从而在投放软文时进行组合变化，以覆盖最大范围，从而达到营销的最佳效果。

专家提醒

营销者通过使用多种定向投放软文，能够大面积覆盖不同途径，从而将信息传递给不同途径的目标需求人员。同时，这种方式也可以扩大企业信息的传递范围，得以及时满足有需求的人群，从而获得更多的转化。

## 12.1.4 软文中爆料太过分

软文撰写方法中有一个小技巧就是爆内幕，这种方式主要是利用人们的好奇心，吸引人们的目光，因为心理学研究表明：人们对于隐私性的内幕总是充满极大的兴趣。

有的企业就是通过撰写爆料类软文，获得了不少关注度。但是，在揭秘行业内幕爆料时，不能以诋毁同行为手段。

软文中进行爆料时要慎重，为了规避弄巧成拙、害人害己的风险，需要坚持以下3个爆料原则。

- 保证自身产品质量，不至于反被对手或消费者“打脸”。
- 适度爆料，避免引起行业公愤。
- 切记对面不对点，切忌点名批评。

## 12.1.5 软文中出现书写错误

为了保证文章的正确性和逻辑性，报纸、杂志在出版之前，都需要经过严格审核。尤其是涉及重大事件或国家领导人时，一旦出错，就要追回重印，对于人力是极大的损失。软文书写错误包括文字、数字、标点符号以及逻辑错误等方面，其中最常见的莫过于文字书写错误与数字错误。为了防止出现校对风险，软文撰写者必须严格校对。而需要着重校对的错误点包括以下两个。

### 1. 文字书写错误

在软文撰写中，常常出现的文字错误多数为错别字，例如包括企业名称、人名、商品名称、商标名称在内的名称错误。而这些错别字，对于软文，尤其是营销软文而言很可能是致命的。一篇连自己要营销的产品、企业、品牌的名称都能搞错的软文，我们还能奢求它有什么说服力。软文的质量、说服力、权威性，都会被这种错误破坏，尤其当出现在报纸上时，破坏力尤为巨大。

### 2. 数字形式错误

软文中使用数字时的书写格式需要参考国家《关于出版物上数字用法的试行规定》《国家标准出版物上数字用法的规定》等规定。

规定要求数字写作时分为以下 3 种使用情况：第一，必须使用阿拉伯数字形式表达；第二，必须使用汉字形式表达；第三，必须保持整体一致性的原则下，汉字数字可通用。其中最常见的错误就在于，第三种情况时，因为两种形式都能用，往往会出现混用的情况，因此文章作者需要进行详细核查。

## 12.1.6 软文习惯抄袭

有些企业奉行“天下文章一大抄”，软文营销时一味抄袭成功范例，不顾软文原创性，无形中损失了大量客户。目前的软文创作中，常见的抄袭行为包括以下几种。

### 1. 版权修改

在一些开放性的软文网站，例如 A5 站长网，软文大多是原创性的，但是经过百度文库或是豆丁网的转载之后，文章后边的链接就会被消除。更有甚者连“转载”二字都不注明，对于原创者的创作心血是极大的不尊重。

### 2. 段落修改

这种情况也相当常见，尤其出现在网站的优化时，站长往往会将网络上找到的精彩文章，修改标题结尾，进行简单的段落修改。标题与开头不一致的情况下，搜索引擎往往会将之视为一篇新文章。

### 3. 创意分享

创意分享的意思就是用自己的理解去解释所看到的文章的想法，这种抄袭，就是抄袭一篇文章的主题部分了，这是最常见，也是原创者最恨的一类文章。知识产权保护文字形式，但是不保护意识形态。

因此，同样的创意，被人翻来覆去替换词汇以后，明明是抄袭，却抓不到小辫子。但即便能够逃脱法律的束缚，往往这类软文也会在道德上受到谴责。

### 12.1.7 社会道德风险

对于企业来说，高知名度是营销的目的，但是炒作需要有度。如果是与社会相悖的营销案例，如一些低俗、色情、暴力、贪欲等，企业应该尽量避开，不能一味追求网民的眼球，而忽略了企业的美誉度。

**1. 恶意炒作不可取**

公共关系与营销策略之间的巧妙结合，衍生出了炒作。炒作以新闻作为载体，传播产品信息和品牌形象，从而提高企业知名度和美誉度，最终目的是促进产品销售或塑造企业品牌。炒作以新闻作为核心事件，将商业时间中的新闻要素强化，从而适应媒体运用，使受众在获取新闻的同时，不知不觉地接受某种商业信息。

也就是说，真正的新闻事件才能成为新闻炒作的前提，一味使用“有偿新闻”“软文”等进行新闻炒作，就是一种不“道德”的行为。

**2. 软文内容不可恶俗**

软文营销不能违背社会道德，文章不能与社会良俗相悖，这一风险主要集中在成人用品、内衣行业等边缘企业中。而实际上，这些行业的软文，完全可以另辟蹊径，避开可能会打擦边球的部分，从别的方面入手，既对产品进行了宣传，又不至于引起读者反感。

## 12.2 软文营销的误区

凭借高收入低成本的性价比，软文营销成功成为继 SEO 营销之后，广为站长与商家青睐的营销方式。然而，随着软文营销的流行，许多营销的误区也是层出不穷，下面就针对软文营销过程中常见的误区进行分析应对。

### 12.2.1 三天打鱼，两天晒网

笔者了解到有不少用户对软文推广有所误解，他们认为软文带来的直接客户少，只能塑造产品口碑，因此可能一年只发一到两次软文。而有的客户，每天都发数十篇，在收效甚微之下，往往也选择了罢手。营销者需要明白的是，软文营销是一个长期的过程，不能抱着一篇软文就留下显著作用的心态。

软文营销只有想起来才发软文是不可取的。软文是一个有规律的、长期的、无形的营销过程，不能三天打鱼，两天晒网。软文营销并不能直接促成推广，而是通过长期有规律的软文发布，在消费者心中累积企业品牌形象，提高潜在客户的成交率。

广告能够帮助客户认识企业品牌，而促进用户购买的往往是长期的软文催化。用户在长期接触品牌软文的过程中，会不知不觉留下对品牌的良好印象，从而在需要时产生购买行为。

## 12.2.2 盲求门户网站

一般来说，相比行业网站和区域门户，门户网站的影响力要大得多，但是媒体方案需要取决于实际市场与需求，来选择合适的软文发布平台，而不是盲目强求门户网站。相比较而言，如果是做影楼或者本地服务类的客户，区域门户因为其地域特征，营销受众更为精准，显然更适合推广。当然，如果在文章内容做好限定，锁定住目标人群，投放到权重高的门户自然也是可取的。

如图 12-1 所示就是在区域门户上发表的一篇推广软文。

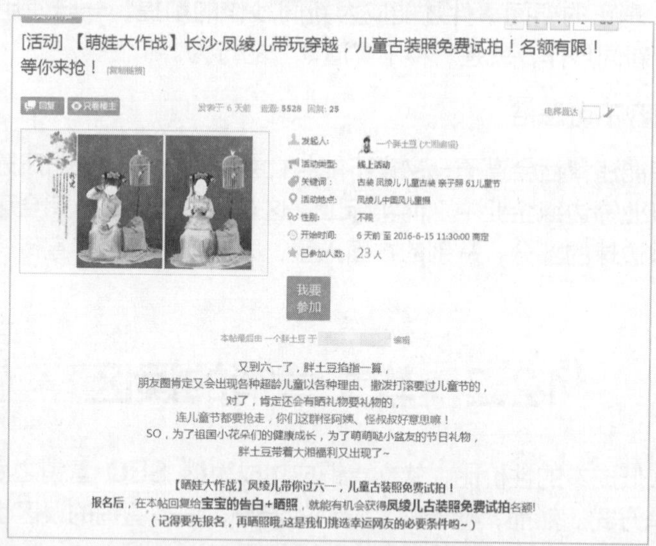


图 12-1　区域门户网站上的影楼推广软文

## 12.2.3 软文营销就是发软文

如果把软文营销比做一顿晚餐，那么软文发布就是食材。没有软文发布，软文营销毫无意义，而只有软文发布，也称不上软文营销。

发布软文，只需要利用各种媒体资源，将软文发布到网络新闻媒体中，或是传统纸质媒体上即可，而软文营销，远远不止这些。成功的软文营销需要一个整体的策划，根据企业的行业背景和产品特点策划软文营销方案，根据企业的市场背景做媒体发布方案，文案创意人员策划软文文案等。

## 12.2.4 成本压得低才有利

企业既想做软文营销，又想要压低成本，这个想法是人之常情，但是市场往往是一分钱一分货，太便宜的营销服务，往往不会有太好的效果。

营销者需要明确的是：妥善选择软文的发布平台是软文营销中最重要的一环。并不是在任何网站上发布软文都能起到效果，有的搜索引擎不会收录，媒体也没有流量，虽然版面便宜，但是没有任何价值。

## 12.2.5 软文发得越多越好

相对于其他营销方式来说，软文营销具有成本低、持久性高的特点。通常来说，除非软文发布的网站倒闭，一篇发布成功的软文，将会始终存在并有效。

而始终有效并不意味着马上见效，于是有客户每天向门户网站投放数十篇新闻软文，殊不知，这种行为，一来无形中提高了营销成本，二来容易引起目标受众甚至门户网站的视觉疲劳。事实上，软文营销“贵精不贵多”，精心雕琢打磨一篇高质量的软文，所能起到的作用，要远胜于十几篇质量平平的文章。

## 12.2.6 发布平台随便选

目前，互联网上旗下有各种软文发布资源的专业网站数不胜数，为了吸引用户，这些网站往往会推出各种套餐，比如捆绑发布四大门户和其他地方门户，由此降低商家的整体推广费用，看似有利于商家，但是这里面猫腻不少，若不谨慎选择，反而会带来反作用。

如图 12-2 所示就是某软文发布网站提供的优惠套餐。

笔者了解到，这些捆绑了不同权重的网站的套餐，问题往往出现在很多 PR(PageRank，网页级别)为 6 以上的高权重网站上。很多这样的网站，尤其是某些区域新闻门户，往往只花了几个月的时间就把权重提升到了 6 以上。

这些短时间提升权重的地方网站，猫腻很大，如果是通过作弊搞上来的，那么推广软文发布在这些网站上的后果是非常严重的。软文平台很可能在这些网站上发布软文，然后再捆绑到其他高质量的门户网站上进行发布，商家不察之下，很容易陷入营销误区。

门户网综合套餐　仅需500元（十大门户网站，出稿速度快）

| | | | |
|---|---|---|---|
| 新浪网-辽宁 | 网易-太原 | 搜狐网-媒体新闻 | 慧聪网-商业 |
| 凤凰网-手机端 | 中国网 | 腾讯网-新闻[手机版] | 中华网-财经 |
| 凤凰网-宁波 | 中国新闻网-江苏 | 备选媒体：今日头条、中国青年网-山东、网易-资讯[APP] | |

IT科技类套餐　仅需600元（十大IT科技网站）

| | | | |
|---|---|---|---|
| IT世界网 | IT168 | 电脑之家 | 比特网 |
| 赛迪网 | 泡泡网 | 小熊在线 | 硅谷网 |
| 飞象网 | IT专家网 | 备选媒体：第三媒体、计世网 | |

财经商业套餐　仅需800元（十大财经类媒体）

| | | | |
|---|---|---|---|
| 国际在线-企业 | 中华网-财经 | 中国网-投资 | 证券之星 |
| 慧聪网-商业 | 金投网 | 金融界网 | 中国经营网 |
| 中国企业网 | 资本论财经网 | 备选媒体：海外网-财经、南方财富网 | |

**图 12-2　某软文发布网站的优惠套餐**

# 12.3　软文营销常见问题解答

软文营销的初入行者，由于对软文营销不熟悉，往往在操作时产生很多基础的问题。这些问题虽然看上去不是特别重要，可是如果处理不当，就会给软文营销带来一系列不必要的麻烦。

## 12.3.1　软文多少字最合适

专家指出，软文营销写作字数的多少需要从两方面考虑，考虑用户体验的角度，以完整表达内容所需要的字数为准。而站在 SEO 的角度，软文字数不能少于 200 字，原因有以下两个。

- 如果只有几十个字，搜索引擎很难判断出这些文字的主题是什么，因此也判断不出与哪些关键词有关。
- 正文篇幅太短，尤其行业相关软文，相同的专业术语太多，会让搜索引擎判断为抄袭或复制的内容。

普通软文的字数在 400～800 字之间比较合适，这是在满足 SEO 的同时，不至于因为字数太多引起用户反感。

## 12.3.2　软文营销的周期是多久

软文营销通常以一年为周期，前期需要定制策略，中期需要对软文效果进行监

测，后期进行效果评估。软文营销又大多需要沉淀，因此，一年周期是最合适的。在特殊情况下，也可以适当缩短。

## 12.3.3 软文营销有什么用

软文营销的作用包括进行口碑宣传与潜在客户引入，通过软文营销对消费者进行潜移默化的营销，宣传品牌。并且，软文在转载传播过程中，会生成很多高质量外链，从而为网站带来更多流量等。

## 12.3.4 软文营销有没有效果

软文营销有效这一点是毋庸置疑的。但是，软文营销结果的关键点在于软文要言之有物。太多企业，知其然不知其所以然，撰写的文章与其说是软文，不如说是硬广，垃圾营销，徒惹反感。软文的效果考验操作与技巧，这些做得不好反而容易带来负面影响。软文的作用是一种润物细无声的过程，软文要精心编辑，营销过程不能急功近利。单纯为了获得大量流量的软文，只是连接的诱饵，短时间内可能会获得流量，同时也会引发消费者的反感。

## 12.3.5 企业做软文营销外包还是自建团队

企业在接触了软文营销，获得了好处以后，就会出现这样一个问题：企业软文营销应该外包还是自建团队。

外包指的是通过与专业的软文营销公司合作，由他们帮助企业进行软文营销；自建团队则是企业自行构建营销团队。自建软文营销团队需要专业人员，并且对资金要求较高，因此对于中小企业而言，操作难度较大，建议做外包。大型企业可以适当培养自己的软文编辑，进行公关和事件营销。

## 12.3.6 哪些行业适合做软文营销

软文营销的应用已经非常广泛，大至跨国集团企业，小至个人网店都做软文营销。软文营销虽然效果好，但是并不是所有的行业都适用。那么，哪些行业更适合做软文营销？下面来看看一些相比较更适合做软文推广的行业。

### 1. 教育培训行业

教育培训行业的产品服务，通过广告或许可以吸引人们视线，但人们难以通过广告了解具体服务，需要求助于信息量大、可持续推广的软文。

### 2. 电子商务行业

基于网络平台的电子商务行业，是无法离开软文营销的。一来基于网络平台，利用网络进行软文营销，直接、针对性强；二来，销售平台需要与消费者建立的信任感，是广告所无法培养的。

### 3. 信息技术行业

时常推出新兴产品的信息技术行业，同样需要新闻软文。产品对于用户有什么体验、产品的作用与解决的问题，这些关键内容，不能通过简单的一两句话表达清楚。而通过撰写软文，在详细介绍产品的同时对顾客进行潜移默化的心理暗示，既介绍产品，又宣传了品牌。

# 第13章 微商基础：怎么用微商软文扩大影响力

基于强大关系网络的微信营销，逐渐凭借它及时有效、成本低廉等优势成为广受青睐的营销方式。通过使用微信这一互动工具，回归到最真诚的人际沟通，才是微信营销的真正意义。

## 要点展示

- 微信公众号软文营销的特点
- 微信公众号软文该如何经营
- 微信公众号平台的发文技巧
- 优势1：高信息到达率
- 优势2：高产品曝光率
- 优势3：高信息接收率
- 优势4：高用户精准度
- 撰写微商软文的目的
- 微商软文的切入点
- 撰写微商软文的步骤

# 13.1 “软文 + 微信”最受读者青睐

微信营销是指微商或企业，以图片、文字、视频、语音等形式，通过微信朋友圈或者微信公众号等方式，向客户发布推送消息和广告。

微商营销的目的是以此来提高微店的知名度，树立微商品牌及产品形象的一种微营销方式。而微信营销需要时刻考虑用户感受，精心撰写软文，借用微信这一主流互动工具，回归最真诚的人际沟通，才是微信营销的成功秘诀。

## 13.1.1 微信公众号软文营销的特点

微信品牌营销，是移动互联网时代一种新型的基于即时通讯 APP 的营销模式。当客户注册微信账号后，可根据自己的爱好订阅喜欢的公众号，主动获取相关信息等。而商家利用微信公众号平台向客户提供有帮助的信息，同时进行软文推广，实现点对点营销。

微信公众号对于企业品牌的宣传和推广能够起到很好的作用，原因在于微信品牌营销具备实时推送、一对一查看、形式多样、百分百到达率、成本低廉等特点。

### 1. 实时推送

与其他社交工具相比，通过微信推送的消息到达客户的手机后，客户能够在第一时间获得手机的消息提醒，如铃声、信息栏停驻、APP 角标标注等，如图 13-1 所示，从而保证微信消息推送的实时性。

图 13-1 微信收到新消息提醒

### 2. 一对一查看

客户查看微信公众号推送的信息时，一次只能看一家企业推送的信息，从而保证客户在查看信息时的专注度。

### 3. 形式多样

微信营销的渠道非常多，除了最常用的微信公众号，还有诸如小程序、摇一摇、扫一扫、朋友圈等其他营销渠道。如图 13-2 所示为小程序、摇一摇、朋友圈等入口。

图 13-2　个人微信常见营销方式

商家企业在进行微信营销时，可以根据自己的企业特点和资金状况，选择适合自己企业的营销方式。

### 4. 百分百到达率

微信的这种实时推送以及一对一查看的方式，确保了每个客户都能看到企业推送的信息，从而实现百分百的到达率。而到达率在企业宣传当中，就是信息传播率的保障，决定了营销的范围与结果。微信营销，可以说是市面上见到的营销方式中到达率最高的一种。

### 5. 成本低廉

微信账号注册和腾讯官方认证都是免费的，由此可以看出，微信营销几乎不用太多的成本。虽然如此，但是对于大型品牌企业来说，想要将微信品牌营销做好，还是需要一定的资金来维护客户。

微信公众号的注册需要登录官方网站 https://mp.weixin.qq.com 来操作，单击官网右上角的“立即注册”按钮，跳转后根据系统提示进行操作即可，如图 13-3 所示。

图 13-3　微信公众号的注册方式

## 13.1.2　微信公众号软文该如何经营

随着技术的发展，微信从最初的默默无闻到如今的全球数十亿用户；微信公众号平台也拥有了数亿公众号。无论是想要通过微信来推广产品服务或者建设品牌的大型企业，还是想要通过创业赚钱的个人，都开始重视微信营销。营销人员希望通过微信营销获得更好的营销结果，那么，到底应该如何经营微信公众号呢？

### 1. 借势热点，引发讨论

微信公众号已经成为很多人了解新闻热点的途径，新闻软文以其独有的热点价值，以及简单的操作方式，获得了营销者的广泛青睐。撰写者通过复述新闻事件，结合行业进行适当点评，就能将一个新闻事件应用为一篇行业营销文章。如图 13-4 所示就是一篇以借助热点新闻事件作为主题的品牌推广软文。

18届上海CBME展会圆满结束，美优高竟成摆拍圣地

美优高 7月27日

点击蓝字关注，活动多、福利更多

2018年7月25日-7月27日，历时三天的2018CBME中国孕婴童展在国家会展中心（上海）正式落下帷幕。时隔一年，美优高携注册升级、包装升级的荷兰好奶粉再次强势参展。

8.1号馆的D10，D09、E10，E09

图 13-4 热点事件类软文

### 2. 整理内容，汇总知识

做品牌营销时适合使用这种方法，通过整理本年度行业大事件，在其中融入知识点，往往能够引起朋友圈的分享传播。并且通过发布这样的内容，能够在朋友心目中塑造你的可靠形象，在下一次遇到相关问题时，朋友的第一反应是找你咨询。而当你成功为他/她解答了困惑，会大幅度提升其对你的信任感。信任，就是销售的第一步。如图 13-5 所示的微信公众号推送的软文就是知识型的内容。

### 3. 叙述故事，引起共鸣

在营销圈子里，有一句话叫做：“故事讲得好，销量不会少。”并不是去编造一个起源欧洲的贵族品牌故事搭配一个国外注册的皮包公司就叫讲故事，那只是自欺欺人。真正的故事，就藏在创业时的酸甜苦辣里，在与客户打交道时的有趣互动，在辛勤工作时同事之间的互相支撑。真实地记录这些故事，发掘其中的营销价值，用生动而富有感染力的语言描写下来，更能打动人心。

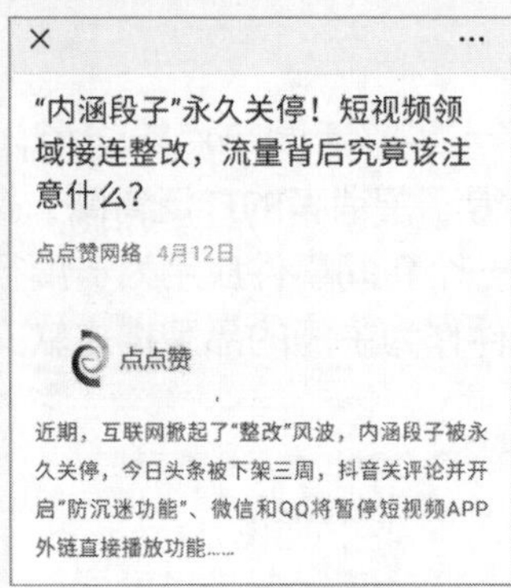


图 13-5　整理类软文

### 4. 巧用图片，生动形象

分享图片，可能会达到远超于软文的效果。个人微商通过分享产品、库存图片，或者分享发货流程图，都是不错的获取顾客信任的图片营销方式。企业也可以借助图片来打造企业形象，比如，分享忙碌的工作场景，借助真实感人的素材直击用户内心；又比如，分享企业活动图片、传递企业文化等。

如图 13-6 所示，就是通过分享广告宣传片拍摄花絮的图文并茂的方式来进行企业品牌推广。

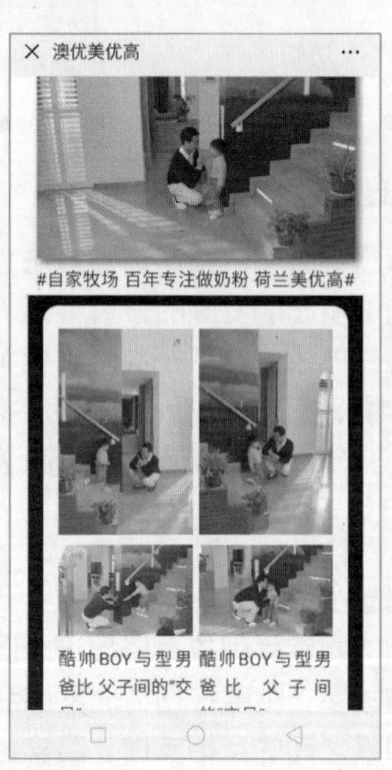


图 13-6　图文并茂类软文

### 5. 分享经验，塑造大咖形象

在一个行业做久了，自然而然就积累了不少关于行业的经验。通过撰写行业经验分享为主题的软文，例如家电销售业，就可以撰写面向新手的《资深家电店主手把手教你宣传话术》等，从而吸引到关注者的追捧与分享，获得更多粉丝，从而塑造一个可以被信任的大咖形象。

## 13.1.3 微信公众号平台的发文技巧

微信能够在其他社交工具中脱颖而出成为人们最常用的社交工具的关键，除了朋友圈可以进行分组外，还有内容非常丰富的微信公众号平台。正是人们对于朋友圈和公众号平台的依赖，使得商家越来越重视微信营销。那么，在撰写微信公众平台营销软文时，需要注意哪些技巧呢？

### 1. 集中精力做一个号

2013 年 1 月上市的微信公众平台，至今 5 年来，经过不断升级与优化，微信公众号目前一共有 4 种类型：服务号、订阅号、小程序和企业微信。四者在内容上各有侧重，统称为微信公众平台。微信公众号平台的账号分类如图 13-7 所示。

**图 13-7 微信公众号的 4 种类型**

中等规模的企业，最好专注一个服务号，原因有两个：第一，企业规模不大，对于企业号的需求不强，因此不建议做企业号；第二，服务号与订阅号相比较，订阅号的难度更大，并且不是每一个企业都适合用订阅号做自媒体。在公众号平台的选择上，企业要根据自身业务与实力来决定。

### 2. 关注互动而非数据

在移动互联网时代，互动营销远比关注用户数据更重要。对于微信公众号来说，关注粉丝数据的意义其实并不大。

微信公众号营销的关键在于软文的传播范围，这需要有互动的高质量粉丝，而不是一群“僵尸粉”。企业需要努力将老客户转化为服务号的粉丝，并通过奖励设置激励他们参与活动并分享软文。

### 3. 吸引注意引发分享

当你撰写了一篇非常满意的软文，或者软文需要互动时，你会发现，这篇软文只有关注了企业服务号的粉丝才能阅读。这个数据太少，怎么办？这就需要学会煽情，在软文中加以暗示，促使粉丝主动分享软文。但这种手法需要做到隐蔽不着痕迹，公开要求转发的公众服务号会被腾讯处以屏蔽或封号的惩罚。

### 4. 自我回复引人注意

企业在推送软文后，常常会出现一个尴尬的现象：没人回复。这种情况可能是软文不够吸引人，或者发布时间不是粉丝使用手机的黄金时间等原因导致的。但不管怎么样，为了不显冷清，我们可以自己留几条评论，比如“感谢大家的热情支持”之类，公众平台收到的评论可以由服务号的管理员选择是否展现出来。

通过自说自话，能够让人误以为软文下面的评论很多，引发评论的欲望。而这种“统一回复”的手法，还可以用在做软文广告上，当企业推出了新产品，为了保证软文的“软”，文章以产品为主要内容，因此文章里通常不能出现购买方法及渠道。这时候，企业就可以回复一条类似于“询问购买的人太多啦，这里统一回复一下购买方式哦”之类的内容。这样不会显得太过突兀，又提醒了消费者购买。

### 5. 精心提炼微信软文标题

标题对于软文的重要性已经强调过很多次了，而微信软文的标题，有一个特别的地方在于：微信提醒的时候，除了部分屏幕较大的手机，大多数手机只能看到前面 15 个字。因此，为了能够获得更多点击从而获得传播，软文标题的前面 15 个字要尽量写得吸引人眼球。如图 13-8 所示就是软文推送时在手机上的显示，这决定了软文推送消息的打开率。

### 6. 图文并茂生动形象

软文的点击率首先取决于标题，其次是软文的摘要与首图，这三者相辅相成，互为依托。如果这三者没有配合好，再精彩的软文，也难免受影响。

图 13-8　软文标题前 15 个字显示示例

专家提醒

软文讲求图文并茂，大篇幅的文字容易引起审美疲劳，加上如今 WiFi 的普及，在软文中插入大量的图片已经不成问题了。在拿捏不准软文配图时，可以选择搭配一些漂亮的风景图，优美的风景图片在阅读间隙可以让读者心旷神怡，增加阅读体验。

### 7. 链接分享至朋友圈

公众号平台是由管理员进行操作，因而在公众号推送了软文以后，管理员可以将之分享到朋友圈。分享时可以配上总结文章主要内容的文字，从而帮助朋友圈好友更好地了解文章内容，且当你的朋友对你的文章进行分享时，可以直接复制你的内容。

### 8. 发布系列原创文章

原创的系列文章是微信公众号吸引粉丝、增加互动的利器，粉丝被系列文章之一吸引，会期待下一篇此系列文章。当粉丝将文章分享出去，被吸引的新粉丝往往想要阅读系列前文，从而前来关注公众号，这样就达到了吸粉引流的目的。

### 9. 多向涉猎内容丰富

微信公众号通常是以企业为单位，而大多数企业都是单行业涉猎。如果每天微信

公众号推送的文章都是只与其行业相关，内容单一，枯燥乏味，那么，必然会引起消费者的审美疲劳。因此，为了保证内容的多样性，微信公众号需要确定主题，做到围绕主题又有更多方向的细小延伸。

### 10. 情感互动塑造小编形象

就如同前文说的，公众号平台是由管理员操作的，在互动和撰写软文时，管理员就可以将自己的性格代入到公众号里。举个例子，在公司举办有奖活动时，管理员就可以这样说："老板本来只给了 10 个中奖名额，小编软磨硬泡才增加了 10 个，大家要加油参与哦。"

又或者，管理员可以这样说："哎呀，小编最近看了一个电视，哇，好羡慕里面不用上班四处旅行的女主角啊。但还是要努力工作的小编表示，我们公司推出的新产品，在旅游途中绝对用得上哦。"

通过这样的手法，塑造一个有血有肉，体贴关心粉丝的小编形象，要比冷冰冰的微信公众号所起到的作用大很多。

如图 13-9 所示就是一个塑造小编形象的典型案例。

图 13-9 通过软文塑造小编形象

## 13.2 4 大优势助力微商软文营销

软文营销对于软文的到达率、曝光率、接受率和受众的精准度都有极高的要求，这四者越高，软文营销的效果也就越好。微信凭借其无可比拟的优势，当之无愧地成

为软文营销的首选应用，助力微商软文营销。

### 13.2.1 优势1：高信息到达率

营销的效果很大程度上取决于所传递信息的到达率，这也是所有营销工具都会关注的地方。与手机短信群发和邮件群发被大量过滤不同，微信公众号群发推送的每一条信息，都可以准确无误地发送到终端手机，达到100%的高到达率。

### 13.2.2 优势2：高产品曝光率

衡量信息发布效果的另一个指标便是曝光率了，信息曝光率可以理解为信息点击率，相比于其他方式，微信发布的信息拥有更高的曝光率。微信是以手机作为载体的即时通信工具，因此在收到新消息时会有铃声、通知中心信息栏、APP 角标等方式提醒用户未读信息，曝光率高达百分之百，这也在无形中增加了微商的产品曝光率。

### 13.2.3 优势3：高信息接收率

腾讯于2011年1月推出微信APP，2013年1月推出微信公众号平台，到现在使用微信的用户已经上10亿了，微信已经超越短信和电子邮件成为广受欢迎的主流信息接收工具。微信的广泛应用和普及成为其营销的基础，奠定了微信营销的高接收率。微信公众号是由用户主动订阅关注，从而主动获取信息。因此，微信公众号推送的软文，不会遭到抵触。

### 13.2.4 优势4：高用户精准度

大多数的公众号平台都是以行业作为主题，因此用户群体高度集中，粉丝大多是行业从业人员或者消费者或对行业有兴趣的消费者。而这样精准的粉丝用户，就相当于一个个自行转发微信的平台和潜在客户，从而奠定了行业公众号平台炙手可热的营销资源和推广渠道的地位。

## 13.3 微商软文的写作技巧

如今，很多微商已经有了要做软文营销的认知，那么，微商软文应该如何撰写呢?

### 13.3.1 撰写微商软文的目的

撰写微商软文，首先需要了解微商使用软文的目的。软文营销是当前最受欢迎的

主流营销方式之一，而微商软文的主要功能包括：帮助微商们进行好友引流、推广品牌、赢得信任、销售产品等功能。下面就对这些软文功能分别展开叙述。

### 1. 好友引流

微商是通过微信朋友圈来进行产品宣传，并且通过微信这个社交 APP 来完成产品销售的绝大部分步骤。微商的基础就在于微信，微商通过发布朋友圈进行产品行销，对潜在客户进行耳濡目染，促成销售。

微商的潜在客户是微商的微信好友。微商在做软文营销时，第一步就是进行引流。通过撰写有趣的软文，吸引好友转发，进而获得更多朋友。

### 2. 推广品牌

有人认为，微商不同于传统销售，微商销售的产品通常并不知名，因此对于品牌营销不太重视。但实际上，微商更需要进行品牌推广。只有在朋友圈中通过软文营销打出品牌影响力，才能打下销售的基础，甚至获得更多代理。

### 3. 赢得信任

信任是销售的基础，尤其是在朋友圈中，相比较于毫无关系的陌生人，消费者往往更愿意选择有信任感的朋友。而打造信任感是一个长期的过程，需要耐心的通过专业的软文营销与长期的答疑解惑，塑造微商在消费者心目中的形象，才能获取信任。

### 4. 销售产品

无论如何，营销的最终目的在于销售，微商通过软文进行营销，也是以销售产品为目的。因此，微商在撰写软文时，要时刻把销售产品这一最终目的记在心里，才能够撰写出合适的软文。

## 13.3.2 微商软文的切入点

微商只有熟练掌握了软文的切入点，才能让自己的软文拥有更多的点击量，下面介绍微商软文的 6 个切入点。

### 1. 由新闻报道切入

在撰写微商软文时，不妨换个身份，以媒体记者的视角来撰写新闻报道，直接介绍企业实力、品牌形象等。微商通过将这些新闻报道发布到门户网站，再进行截图或分享链接到朋友圈，从而赋予软文一定的权威性。

这样的软文具有真实、权威、不可辩驳的特点，能够有力提升企业品牌形象，赋予企业正面意义。这类软文优势很明显，但劣势也很显著，在推广过程中，传播速度远远比不上其余方式。并且新闻类软文发布渠道比较狭窄，必须发布到门户网站上才

有效益，成本也较高。

### 2. 由用户体验切入

微商对产品夸得再天花乱坠，往往比不上用户反馈所能带来的效应。因此，微商在进行软文营销时，不妨尝试由用户体验来切入。由用户体验切入的软文写法简单，微商在撰写这类软文时，可以完全把自己当成产品使用者。

软文内容包括对于产品的第一印象、产品的包装外形、使用时的感觉、使用后的效果等，以消费者试用产品的口吻来撰写。这类软文容易获取读者的信任，适合发布在女孩子常去的论坛，以及目前较为流行的蘑菇街、美丽说、西柚等女孩子较为喜欢的 APP。如图 13-10 所示就是一篇典型的从用户体验切入的软文。

【面膜记】每个女孩心中一朵玫瑰花

上个月刚刚在金字塔全球购上入了一瓶　　　花蕾面膜

听过不想长大后印象最深的就是曲中的玫瑰花，女孩纸心中没有一只盛开的玫瑰花呢

所以玫瑰花的化妆品总是那么受人喜爱，而又分为天然和人工两种

柚子偏爱天然的，从看了微笑的帖子就一直对　　　长草不已，可以看到玫瑰花瓣的面膜

也许没有其他家那么的美丽，但是更让我们看到一份天然，有时种草就要拔草，女孩就要对自己狠一点！

哇塞，打开瓶盖，扑面而来的玫瑰香味，好棒啊

昨晚敷了一下，这个跟其他几款面膜比起来，没有那么浓稠，很好推开，镇定舒缓的作用特别赞，涂在冒了干皮的地方也不刺激，洗掉面膜，真的变的滋润特别多，赞赞赞！

下面这个黄糖真的让我受不了了，好想舔一舔试试是什么味道，好想舔，真的像是融化的柠檬味糖果，超级香甜，不敢相信是护肤品啊，太想吃一下了，这个面膜的，比较浓稠，就是有点像面霜 洗完澡身体温度比较高，手指一碰感觉真的要化掉了 涂在脸上到时没觉得怎么融化，洗的时候，脸上还是摸着还是很清晰的颗粒感。

**图 13-10　从用户体验切入的软文**

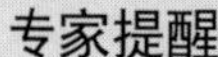

专家提醒

这种形式的软文，在软文中以第三方或者普通用户的切身体验作为切入点，客观全面地介绍品牌或产品的优点与服务质量。在悄无声息中对消费者和潜在客户产生积极的心理暗示，宣传企业实例，打造企业正面形象。

### 3. 讲述故事切入

相比于广告，软文营销让读者在不知不觉间，接收微商传递的产品信息。这时候就需要用到讲故事的方法了，通过讲故事的方式，娓娓道来，把要介绍的品牌、产品都藏在故事里，往往能够获得意想不到的效果。以讲故事的形式来切入软文，写写品牌故事，将产品品牌的起源、创始过程等娓娓道来，就是一篇绝佳的故事软文。

### 4. 通过访谈切入

微商在撰写软文时，还可以通过访谈的形式，通过采访行业领军人物，或者相关的专家等形式，来进行软文撰写的切入，这种一对一访谈的形式，可以深入全面地进行品牌信息的宣传。

专家提醒

值得注意的是，如果要采用访谈形式来进行软文撰写，切记访谈对象要有一定的知名度或者在行业内具有权威性，有一定的感染力与宣传力。否则，贸然使用这种形式，采访的却是名不见经传的对象，这样的软文就失去了说服力。

### 5. 结合网络事件

微商需要具有敏锐的洞察力，从而将网络热点事件作为切入点撰写软文，能够收到较好的效果。当然，在借用网络热点事件时，务必要注意，自身业务需要与该网络热点事件具有关联性，至少要能够自圆其说。

专家提醒

这种写法其实就是结合当前热门事件，比如化妆品、护肤品等行业可以贴合当前大热的韩剧；而运动类品牌可以贴合当前火热的奥运会等；甚至护肤品与手工私房菜都可以贴合奥运会。使用这种写法撰写软文，需要微商具有发散性思维，能够从热门事件中找到与自家产品贴合的地方。

### 6. 模仿热帖切入

微商每天都极为忙碌，尤其是个体微商，需要打理朋友圈、接受顾客咨询、为下

单顾客发货等，因此，花在写软文上的时间就显得不够充足，这时候就可以从模仿热帖来切入。在软文创作时，通过搜集网络上传播范围极大的热帖，进行加工以后进行二次上传，这样的软文，传播速度通常会极快。

专家提醒

值得注意的是，模仿热帖的软文，在“加工”时需要做到巧妙，不露痕迹，在修改时必须自然而然，不能太过牵强。

撰写软文的方法和切入点自然不局限于这 6 种方式，通过多看别人，多学习多总结，软文的质量自然而然就提高了。

### 13.3.3 撰写微商软文的步骤

无论是微商软文，还是其他行业的软文，在进行软文撰写时，都需要按部就班，遵循撰写步骤来进行，以下就是微商软文的撰写步骤。

第一步，明确软文目的，确立软文主题。

第二步，罗列提纲，整理写作思路。

第三步，撰写引人注意的开头，吸引视线。

第四步，结尾总结补充，呼应开头。

# 第14章 拉近距离：利用软文与陌生人建立信任

微商、网红、自明星们在朋友圈进行营销活动时，由于一些不恰当的刷屏，常常会受到朋友圈好友或粉丝的排斥、屏蔽、拉黑，不但使营销活动大打折扣，还会影响与好友建立的情感。本章主要介绍通过朋友圈的软文与陌生人建立信任的方法，希望读者熟练掌握。

## 要点展示

- 良好的形象是关键
- 朋友圈的发文要展现人格魅力
- 让客户看到自己的真才实学
- 在朋友圈分享情怀和励志的文章
- 在朋友圈多展示自己的上进心
- 早上发正能量的内容
- 中午发趣味性的内容
- 下午发产品营销的内容
- 晚上发情感共鸣性的内容

# 14.1 吸引陌生人关注的技巧

微商想要在朋友圈赢得好友的好感，增加信任感，需要多提升自己的存在感，展现帅气、甜美的形象，颜值高吸引力就强，可以间接引发情感上的共鸣。本节主要介绍在朋友圈通过软文吸引陌生人关注的四个技巧。

## 14.1.1 良好的形象是关键

谁都喜欢高颜值的事物，如果是帅哥美女，那么对于与陌生人的交流来说就是一把利器，通过高颜值还能吸引到不少粉丝与追随者。所以，微商们在朋友圈除了发产品广告外，还要多发一些个人照片、自拍照、旅行照等，身材越好越能吸引到陌生人的关注，多展示自己帅气、甜美的形象。

如图 14-1 所示为某位从事护肤产品的微商在朋友圈发布的个人照片，形象甜美可爱，颜值高，让人有想交朋友的冲动。

图 14-1 某位从事护肤产品的微商在朋友圈发布的个人照片

## 14.1.2 朋友圈的发文要展现人格魅力

一个有眼光、有品位、有足够的人格魅力的人，更能被人所喜欢、所追逐。因此，朋友圈不要发低俗不雅的信息，而要发有一定品位格调的、源于生活又高于生活的内容，让客户觉得你是一个具有高尚人格魅力的人。

如图 14-2 所示为某位从事微教育行业的微商在朋友圈发布的一些有品位、有知

识、有内涵的软文，让人觉得她是一位知性有格调的人。

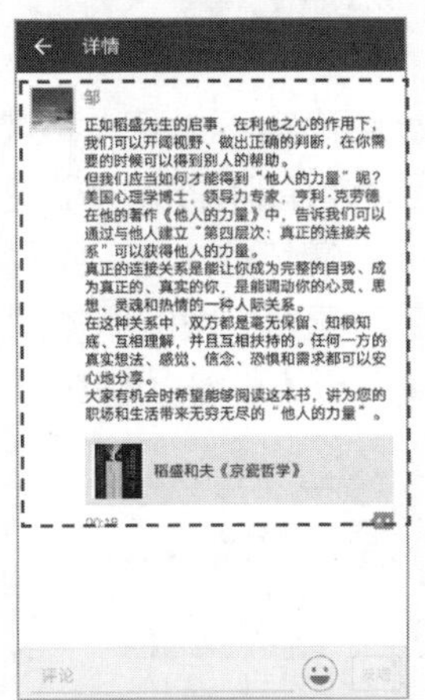

图 14-2　从事微教育行业的微商在朋友圈发布的软文

## 14.1.3　让客户看到自己的真才实学

俗话说：光说不练，假把式。在朋友圈中，微商们不仅要让客户看到你的远大理想、奋斗目标，更要让好友看到你的成功、你的努力，知道你是一个有真才实学的、能给身边的人带来益处的人。

微商们在朋友圈中可以分享一些成功的案例，可以是自己的也可以是自己带的团队的，也可以将朋友圈的背景墙设置为比较有学识、有知识层次的类型，如图 14-3 所示。当然，微商们自己也要经常参加一些培训机构组织的培训课程，休闲之余进行不断的学习、充电，这样才能不断进步，同时把自己学习理解到的知识、技巧分享到朋友圈中，既能给团队、代理做一个学习的榜样，又能让客户看到你的成功、你的真才实学。

图 14-3　将朋友圈的背景墙设置为比较有学识的类型

## 14.1.4 在朋友圈分享情怀和励志的文章

不能否认的是，在朋友圈里一直打广告的微商确实不太惹人喜欢。毕竟当微商们执意要将广告植入他人私生活时，就应该考虑到有可能不被人接受这一点。聪明的微商在日常的营销中也会尽量融入一些更加充满个人情怀的内容，这样的微商不仅不会引人反感，甚至会让人喜欢上他的文风，期待每天看到他发的朋友圈。

如图 14-4 所示为朋友圈中自明星发表的关于个人情怀的信息。

图 14-4 朋友圈中自明星发表的关于个人情怀的信息

微商们多发一些有个人情怀的内容，这样会使你在朋友圈好友中脱颖而出，成为朋友圈中的红人。并且，分享生活中的点点滴滴，也是最容易让别人与你产生互动的方法。

## 14.1.5 在朋友圈多展示自己的上进心

无论哪个时代，一个具有远大理想、勇于拼搏、敢于奋斗的人都更容易引起人们的关注和鼓励。

微商们在分享朋友圈的时候，最好多发布一些正能量的内容，如图 14-5 所示，不管你是何性别、什么年龄，只要你有梦想、敢于追逐，什么时候起步都不算晚。要让人觉得你积极向上、有很强的上进心、努力奋斗，感受到你个人的热情与温暖，不仅能够激励到朋友圈中的客户，并且还能提高他人对你的评价与看法，吸引人们的关注，让朋友圈的人更加信任你，支持你的事业。

图 14-5 朋友圈发布的正能量信息

# 14.2 如何利用好朋友圈的碎片时间

在朋友圈做营销，要合理利用软文抓住用户，下面介绍 4 种通过软文占领朋友圈碎片时间的技巧。

## 14.2.1 早上发正能量的内容

早上 7:00—9:00 的时间段，正好是微友们起床、吃早餐的时候，有的微友正在上班的路上、公交车上，这个时候大家都喜欢在手机上刷朋友圈、刷新闻。而这个时候，微商、网红们发一些关于正能量的内容，给微友们传递正能量，让大家一天的好精神从阳光心态开始，最容易让大家记住你。

微商、网红、自明星们也可以在朋友圈中分享自己或团队积极乐观、拼搏上进的有激情的内容，或是一些大咖的成功案例，这样能起到鼓舞士气的作用，潜移默化下，客户会对你更加信任。

图 14-6 所示的微商，正是抓住了早上这个黄金时间段，发布了正能量的内容，不仅增加了朋友圈的好感度，内容还进行了最大程度的曝光，显示在页面的最上方，最容易被微友们看到。

图 14-6　微商发布的正能量内容

## 14.2.2　中午发趣味性的内容

中午 12:30—13:30 的时间段，正是大家吃饭休闲的时间，上午上了半天班，有些辛苦，这个时候大家都想看一些放松、搞笑、具有趣味性的内容，为枯燥的工作时间添加几许生活色彩。所以这个时候微商们发一些趣味性的内容，也能引起朋友圈微友的关注，让大家记住你、记住你的产品。图 14-7 所示为微商发布的朋友圈趣味信息。

图 14-7　微商发布的朋友圈趣味信息

## 14.2.3 下午发产品营销的内容

下午 17:30—18:30 的时间段，正是大家下班的高峰期，这个时候大家正在车上、回家的路上，刷手机的微友们也特别多，工作了一天后的疲惫心情需要通过手机来排减压力，此时微商们可以好好利用这个时间段来给产品做宣传，可以发布一些产品的特效，以及产品成交的信息。商户们在朋友圈营销过程中，平时除了在朋友圈中发产品的图片和产品信息之外，还可以偶尔将自己拿货、发货、上课培训的照片分享到朋友圈中，让客户看到一个努力认真为这份事业打拼的微商，赢得客户的信任。

图 14-8 所示为卖减肥产品的微商，下午发的一些关于产品功效的信息。

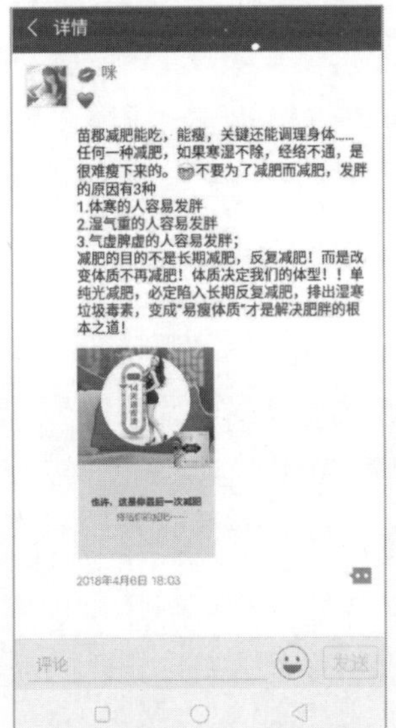

**图 14-8 卖减肥产品的微商发布的产品功效信息**

## 14.2.4 晚上发情感共鸣性的内容

晚上 20:30—22:30 的时间段，大家的心灵是比较恬静的，睡前刷朋友圈已经成为年轻人的生活习惯。所以，这个时候发发情感的内容，最容易打动微友们。

图 14-9 所示为卖减肥产品的微商，晚上发布的关于情感方面的内容。

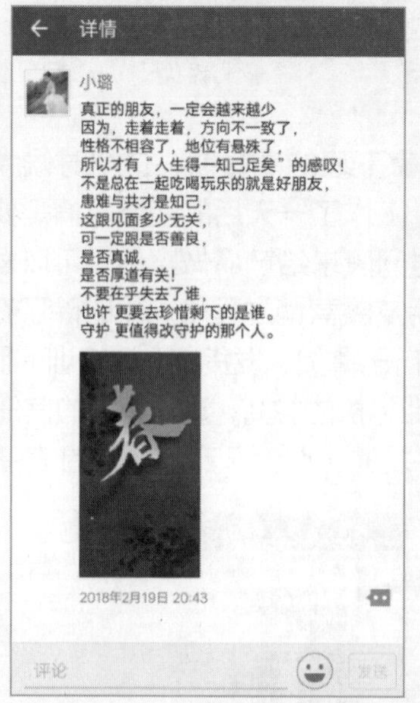

**图 14-9　晚上发布的关于情感方面的内容**

# 第 15 章 内容攻略：打造月入过万的微商文案

在朋友圈的营销过程中，如何将商品描述得准确得体又能引人注目，是一个自始至终贯穿销售过程的关键问题，它决定着销售的整体水平。本章主要介绍朋友圈文案内容的写作技巧，使微商、自明星们在营销的世界里大展拳脚，业绩步步高升。

## 要点展示

- 痛点营销
- 消费者的痛点怎么找
- 朋友圈发文要将重点放在第一句
- 九宫格可以提高文案的阅读性
- 发公众号文章扩大产品营销力度
- 用 **H5** 页面小游戏软文推广产品
- 运用九宫格强化思维法发软文
- 软文前三行就要吸引住微信用户
- 全面介绍产品并及时回复用户
- 短图文式的广告最简单
- 长图文式的广告可传递更多信息
- 长图片式的广告更加吸引顾客眼球

# 15.1 找准消费者的痛点

在朋友圈进行营销推广，软文营销是必不可少的，软文必须要有痛点，如果找不到消费者的消费痛点，那么结果只有一个，那就是隔靴搔痒，永远没有办法让消费者冲动起来。本节将介绍什么是消费者的痛点以及痛点的寻找方法，希望读者熟练掌握本节内容。

## 15.1.1 痛点营销

在互联网中有一个叫做痛点的营销术语非常火热，很多企业都对这个词情有独钟。消费者的痛点就是在生活或工作中遇到的问题，举个例子，现代女性大多都会熬夜，而熬夜就容易产生黑眼圈，影响美观，这时如果有一款眼膜以“淡化熬夜黑眼圈”为卖点，就针对了消费者的痛点。

痛点营销的核心基于对比，所以，给目标消费者制造出一种“鱼与熊掌”不可兼得的感觉，就是痛点营销的关键所在。企业痛点营销的操作方式分为两个部分：第一，在企业内部构建兴奋点，刺激消费者的购买欲望，达成企业的营销目的；第二，在企业外部用竞争对手的产品与自身产品作对比，让消费者产生购买企业产品的愉悦感，进而刺激消费，达成企业的营销目的。

## 15.1.2 消费者的痛点怎么找

很多企业都面临着一个问题，就是如何寻找痛点，其实痛点并没有想象中那么难找。企业对于痛点的寻找，有以下两点需要注意。

第一，知己知彼，了解自家和竞争对手的产品或服务。

第二，充分解读消费者的心理，懂得消费者所想。

挖掘痛点不可能一蹴而就，这是一个长期的过程，需要不停地观察挖掘细节，痛点往往就在消费者最敏感的细节上。企业挖掘一到两个细节，感同身受地体会自己的需求与冲动点，才能够挖掘到消费者的痛点。

市面上有一款以女生例假为核心的 APP“大姨吗”，研发人员在研发最初就做到了亲身感受痛点，如图 15-1 所示。

由此可以证明，为了一个好创意，体会痛点是非常重要的。企业需要认真仔细地把马斯洛需求原理(如图 15-2 所示)透彻研究一下，才能使自己完全体会痛点。

垫着护垫模拟女性生理期

“感同身受”俘虏2000万颗芳心

2012年1月，“大姨吗”一上线，用户从0到20万、200万、2000万，异常火爆。女性用户们亲切地叫柴可为“大姨爹”，而柴可也乐于接受这个称呼。

事实上，市场上并不缺少同类手机应用，作为一个永远都不可能体会到“大姨妈”的男人，柴可研制的产品为何征服了2000万女性的芳心？“我从不将‘大姨吗’定位为一家基于移动互联网创业的公司，我更愿意将它做成一家健康顾问或服务类公司。”柴可说，“‘大姨吗’是凭着内容取胜。”

柴可坦言，做“大姨吗”，最大的问题就是自己是男人，“但男人有劣势也有优势，劣势就是无法感同身受，优势就是能客观地看待‘大姨妈’这个事情。”

柴可和他的队友一起，每天上班的8个小时都在研究月经，他们查阅了世界上所有的妇科学、统计学，囊括黄种人、白人、黑人妇女经期的记录。“连上班挤公交时也要看手机上下载的资料，经常有女乘客斜眼看我，认为我‘有病’。”柴可回忆起当初的情景时，忍不住笑了。

除了学习医学上的知识，柴可和他的队友每个月也要有那么几天，和女性一样，垫着420型号的护垫。“420是市面上最大最厚的卫生巾型号，我们就是想感同身受女性那几天的痛苦，这样才能研制出好的产品来。”柴可说。

在柴可的团队里，经期研究人员占了绝大多数，其次是医学编辑，最后是市场推广人员。“做产品不能急躁，从上线到2013年一年时间里，我们花在市场营销上的费用只有27万，而花在内容研发制作上却足足有400多万。”柴可说。

**图 15-1　企业切身体会用户痛点**

马斯洛需求层次理论

自我实现的需求
尊重的需求
社交的需求
安全的需求
生理的需求
对理想实现等的需要也称成长需要
想被他人承认的需要
社会需要，与他人交流相关的需要变得更重要
避免对生命构成威胁的需要
本能层次的需要，包括食欲、睡眠、欲望等

**图 15-2　马斯洛需求原理**

**专家提醒**

企业想要让自己的软文成功吸引读者的注意力，就需要将软文变得有魔力，而这种魔力可以在“痛点”中获取。所谓的“痛点”是指读者在正常生活中所遇到的问题、纠结和抱怨。如果这个事情不能得到解决，那么读者就会浑身不自在，会感到痛苦，这就是读者的“痛点”。如果软文撰写者能够将读者存在的“痛点”体现在软文中，并且给予解决方法，那么这样一篇软文，必会引起一部分读者的注意力。

# 15.2 朋友圈怎么发文更吸粉

文案营销是网络营销中不可或缺的一种营销方式，所以许多行业都很重视软文的写作。朋友圈中的微商也需要掌握微商文案的写作技巧，提高产品的销量，用情感去打动顾客，从而产生共鸣。本节主要介绍几个微商文案的写作技巧。

## 15.2.1 朋友圈发文要将重点放在第一句

在微信朋友圈营销的文章中，除了要有一个新颖、吸引人的主题以外，还需要有一个让人感兴趣的开头。其实写营销类的文章有点像记者写新闻，应该采取“开门见山”的方法将重点内容归纳在主旨句——也就是第一句里。

这样做，一来防止有些读者在读到重点之前失去耐心。至少“重点前置”可以保证他们顺利了解整篇文章的中心思想，无论有没有将文章读完。二来列举出全文的重点也可以引起读者的兴趣。其实不仅是整篇文章，每一段最好都采用这种办法，将段落重点提炼出来放在第一句里，方便理解和阅读。

微商们平时在写作时，应该有意识地先用一句话总结接下来要写的段落，再根据这句话进行延伸，完善文章。

这并不是说每次写文案时一定要这么刻意地去提炼，只是练习多了之后，就会慢慢养成这种习惯，培养一个比较顺畅的逻辑思维能力。其实写文案并不是在进行文学创作，不需要那么一板一眼地死抠句子和词汇，只要能够做到简洁、流畅、一目了然就很好了。

## 15.2.2 九宫格可以提高文案的阅读性

在朋友圈文案的编写中，除了需要图文并茂以外，还要注意的是，配置图片同样也有一些技巧。比如，配多少张图合适？一般来说配图最好是一张、两张、三张、四张、六张、九张这几个数字。当然，九张图片在营销过程中还是最讨人喜欢的。因为九张照片在朋友圈中，会显得比较规整，版式也会更好看一些。关键是说服力更强，可参考的依据更多。

如图 15-3 所示的朋友圈发文信息中，图片都配成了九宫图的样式，很好地体现了图文的丰富性，提高了文章的可阅读性。

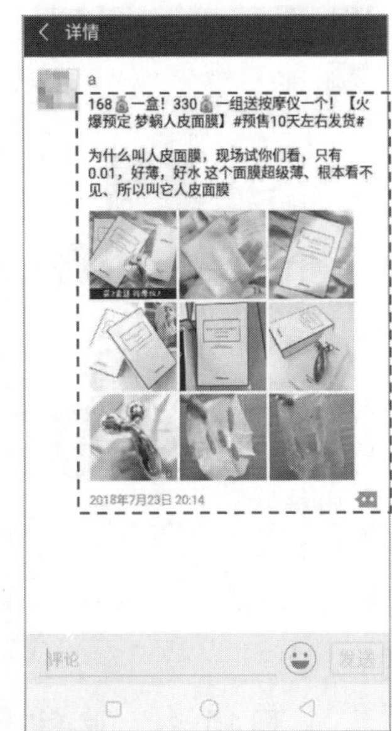


图 15-3　朋友圈发文九宫图的样式

## 15.2.3　发公众号文章扩大产品营销力度

平时在刷朋友圈时，除了个人编辑的内容以外，商家们还能看见许多被分享至朋友圈的链接。一般来说，由公众号分享过来的内容是最多的。有的人靠微信朋友圈发家致富，有的人则依靠微信公众号销售产品，微商、网红、自明星们可以将公众号的文章转载至朋友圈，扩大产品营销力度。

一位名为“哈爸”的中年男子余春林就是依靠微信公众号以及腾讯媒体开放平台打下了日销 3 万元的成绩。余春林是一个自明星，运营着“哈爸讲故事”微信公众号。他知道想要销售产品，第一步就是引流，所以余春林在“哈爸讲故事”微信公众号上通过发布绘本、育儿的软文信息内容吸引了一大批粉丝和读者。

有了粉丝后，余春林就开始销售自己的产品了，他通过微店开店的方式在朋友圈里进行了精准营销，同时通过一系列的促销打折活动，轻轻松松就创造了日销 3 万元的销售奇迹。余春林成功的原因在于他抓住了家长们的心理需求，通过一系列的绘本分享和育儿教育的相关内容，采用图文并茂的形式将软文推送出去，成功地走进了家长们的心，在亲子教育这方面引起了共鸣，这就是典型的情感软文营销方式。

如图 15-4 所示为“哈爸讲故事”微信公众号及故事列表。

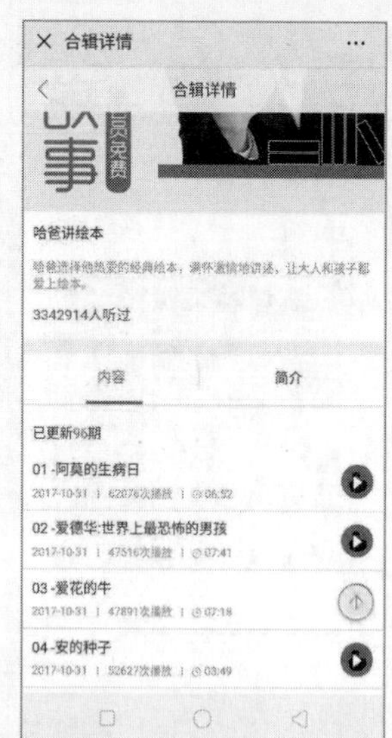


图 15-4 “哈爸讲故事”微信公众号及故事列表

那么公众号文章选好之后，怎样才能分享到朋友圈，扩大产品营销力度呢？下面介绍将公众号文章转载至微信朋友圈的具体操作方法。

步骤 01 打开公众号的文章列表，点击右上角的“设置”按钮，如图 15-5 所示。

步骤 02 弹出相应页面，点击“分享到朋友圈”按钮，如图 15-6 所示。

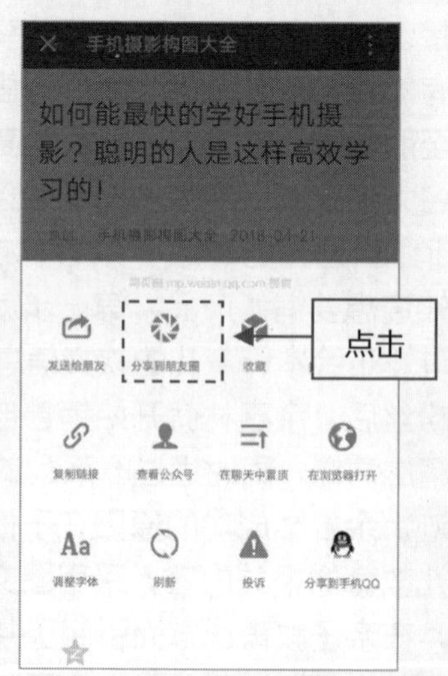


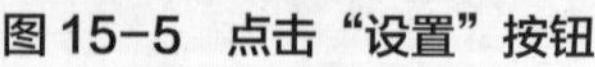

图 15-5 点击“设置”按钮　　图 15-6 点击“分享到朋友圈”按钮

步骤 03 进入文章编辑页面，在文本框中输入相应的文本内容，点击“发表”按钮，如图 15-7 所示。

步骤04 执行操作后，即可将微信公众号中的文章转载至自己的朋友圈中，如图 15-8 所示。

图 15-7 点击“发表”按钮　　图 15-8 将文章转载至朋友圈

## 15.2.4 用 H5 页面小游戏软文推广产品

H5 页面，是现在十分常用的数字产品。通过它，用户可以打开新媒体应用平台而不用下载任何 APP 或是跳转进入浏览器。H5 页面基于云端，无需下载，它能够融合文字、图片、音频、视频、动画、数据分析等多媒体元素在一个界面中，甚至还能在后台实时获取阅读和传播情况，给决策者提供大数据。

一般来说，H5 最常见的功能包括投票功能、接力功能、抽奖功能、展示功能、报名功能、地图功能等。由于市面上现在广告类型越来越多，各种形式早已不新鲜，所以很多商家都在另辟蹊径想找寻一些更加有意思、能让更多人注意的广告形式。

就近几年来说，越来越多的人迷上了游戏，特别是手游。慢慢的，游戏开始被各个年龄阶层的人所接受，不再仅仅是年轻人的消遣活动。有些企业，直接寻求广告商的帮助要求对方制作一个专属自己企业的小游戏。这类游戏中所有的设备、道具等都有品牌的痕迹。当然，这种游戏就属于 H5 页面的小游戏。

让我们看一个例子，如图 15-9 所示是广告商专门为奥贝婴幼玩具设计的小游戏。这款游戏简单又有趣，砸蛋随机会出现奖品，一般都是店铺的代金券，领完后可以直接从游戏界面跳转进入店铺当中。

图 15-9 “奥贝婴幼玩具”游戏界面

## 15.2.5 运用九宫格强化思维法发软文

强化功能撰写法，就是在微信中将产品最大的优点突出出来，在这里，要运用到九宫格强化思维法。那么，什么是九宫格强化思维法？就是运用九宫格将产品的众多优点一一列出来，具体的操作方法为：第一步，准备一张白纸；第二步，用笔将白纸分成九个方格；第三步，在中间的格子里填上产品名；第四步，在其他八个格子里填上该产品的众多优点；第五步，经过推敲，重点突出产品的某一个优点。

举个很简单的例子，假设商家是卖面膜产品的，罗列出来的面膜功能可能有 20 多个。但是这么多的功能，真正能够让消费者记住的可能没有几个，那还不如强化消费者的记忆，重点突出其中的一个特点，如美白滋润，那么以后消费者想要美白滋润面膜的时候就会立刻想到商家的面膜。

## 15.2.6 软文前三行就要吸引住微信用户

一般来说，微信朋友圈只有 6 行能直接展示文字的内容，对于软文营销而言虽然没有字数限制，但发在朋友圈的软文，最好是利用前三行来吸引微信用户的目光，将重点内容提炼出来，让人一眼就能看到重点，这样才能使人有继续看下去的欲望。否则发布的内容太长，就会发生“折叠”的情况，只显示前几行的文字，而读者必须点击“全文”才能看余下的内容。

微信作为一个社交平台，人们更愿意接受碎片式阅读形式，不喜欢那种长篇累牍式的文字，因此对于微信软文营销人员来说，不要让自己朋友圈的内容太过冗长。如果有很长的内容，建议将重点提炼出来，让读者快速捕捉到重点。

如图 15-10 所示发布的朋友圈微商软文，都利用了前三行来吸引用户的流量，做到了言简意赅，重点信息都放在了最前面，让顾客一看就明白这是一则什么类型的广告，从事的什么产品和业务。

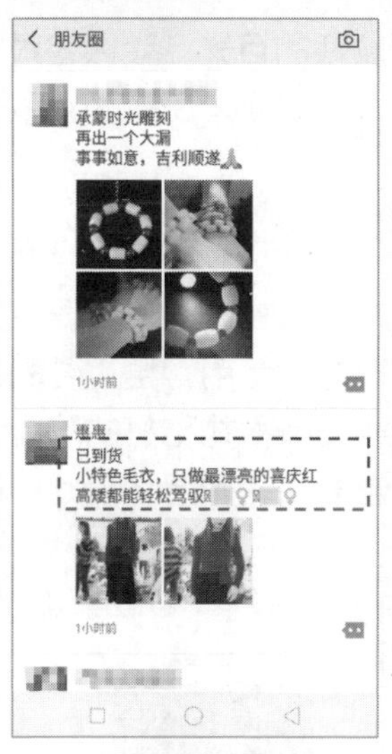

**图 15-10 利用前三行来吸引用户的流量**

## 15.2.7 全面介绍产品并及时回复用户

商家在朋友圈进行软文营销的时候，关于产品的介绍要从多个角度出发，让用户对产品有个综合的了解。除了介绍产品的主要功能之外，还可以包括这几个内容：第一，有关产品的证明文件、鉴定报告等；第二，产品的送货方式、邮寄规则等；第三，产品的价格、优惠政策等；第四，产品的付款方式等；第五，专家对产品的赞赏及评价等。

微信朋友圈虽然做的是熟人生意，但是随着时间的推移和生意的扩展，慢慢会有越来越多的陌生客户添加商家微信，进入商家的朋友圈，这时候，商家需要通过打消买家的疑虑来获得买家的信任。

那么，商家如何消除买家的疑虑呢？可以进行零风险承诺，承诺如果买家不满意，就可以退款，或者免费提供相关的服务，以此来提高消费者的购买体验，让他们满意了，市场才会慢慢打开。

商家在朋友圈软文中，最好就客户会遇到的常见问题进行解答，这些常见的问题包括：产品送货问题；产品质量问题；产品退货问题；送货安全问题；产品的使用问题等。商家考虑得越详细，客户才会越满意。

# 15.3 让顾客有阅读兴趣的发文形式

在朋友圈的营销中有 3 种形式最容易吸引顾客的目光，让顾客对产品有阅读的兴趣，包括短图文式、长图文式以及长图片式，本节将对这 3 种发文形式进行介绍。

## 15.3.1 短图文式的广告最简单

在朋友圈中做产品营销时，简单的广告其成本比较低，不需要付出太多的金钱，操作形式简单，适合不太懂电子设备和电子软件的人使用。更重要的是，在一个品牌的初始阶段，相对基础的广告更为重要。在企业没有稳扎稳打的阶段，商户们最好还是在朋友圈采用这种最简单、最贴近群众的广告形式，如图 15-11 所示为某微商在朋友圈发的短图文式广告。

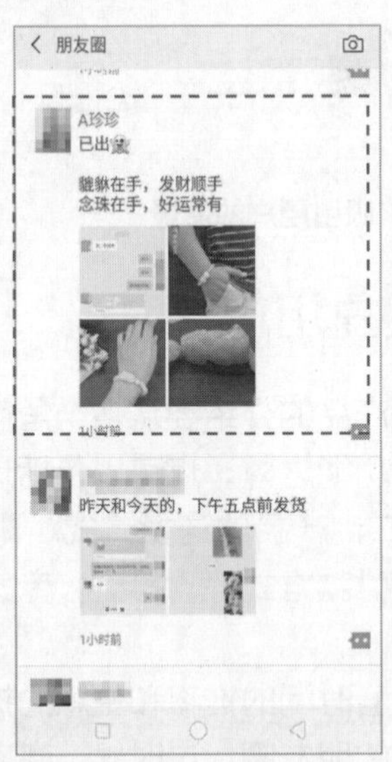


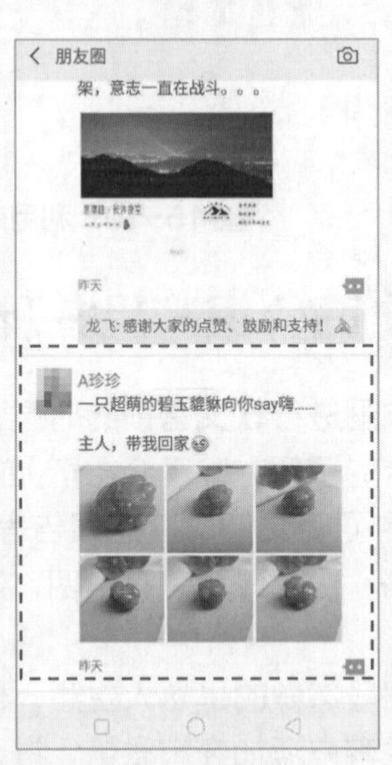


**图 15-11 短图文式广告(1)**

在朋友圈中还有一种短图文式的广告，是商家投入微信平台的一种广告类型，商家需要付广告费，每一位微信用户都可以在自己的朋友圈中看到该广告信息，如图 15-12 所示。不过，这种类型的广告适合资金比较雄厚的大型企业。

专家提醒

通过以上案例我们可以知道，商家在选择不同形式广告的时候，一定要从品牌自身的实际情况出发，努力去寻找正确的广告模式，而不是盲目地投入。

图 15-12 短图文式广告(2)

## 15.3.2 长图文式的广告可传递更多信息

图文式广告还有另一种形式，就是长图文式，两者并无太大的区别，主要是在“字数”上有些许不同。这种长图文式的广告形式往往是因为商家想要在文字中传递更多的信息，所以才会造成广告内容被折叠。第一种被折叠得只剩一行，第二种被折叠一半。这是因为微信系统对文字数目有要求，太长不利于用户读到其他好友的信息，所以会将这些内容进行折叠。但一般有经验的商户都会将过长的信息复制粘贴至评论处，如图 15-13 所示。

图 15-13 将内容粘贴至评论处的广告

## 15.3.3 长图片式的广告更加吸引顾客眼球

在朋友圈内发送广告，除了最传统的“图片+文字”以外，还有一种形式，那就是直接放一张后期制作好的长图片。那么，用长图片的好处有哪些呢？第一，可以使所阐述的内容更加丰富；二是可以通过排版和色彩吸引顾客的眼球。

### 1. 所阐述的内容更加丰富

比起折叠式，长图片式更加简单易行，并且所包含的内容可以多种多样。任何想要在广告中表达的信息，商户们都可以通过长图片阐述出来，不用担心字数的限制。

### 2. 排版和色彩可以吸引眼球

比起“文字+图片”的传统模式，长图片式更加引人注目。因为它可以往里面添加许多可爱的图标与贴画，文字和图片也可以穿插出现，直观性更强，更加引人注目。甚至，商家还可以将产品画成漫画的形式，用长图片呈现出来，发送至朋友圈内。这种营销方式新颖独特，引人关注。

图 15-14 所示为长图片式的朋友圈广告，这种广告形式可以展示更多的产品信息和微商内容，方便商家宣传和推广产品。

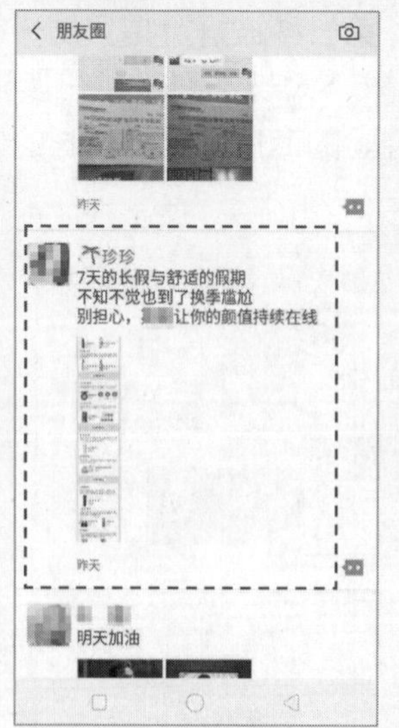


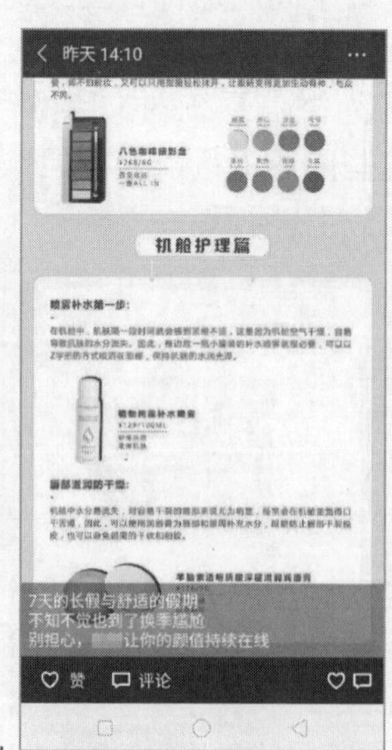


图 15-14　长图片式的朋友圈广告

# 第 16 章 营销策略：微商迅速卖出产品的技巧

伴随微信进入人们的生活，微商也乘风而来，据某平台 2018 年的统计数据显示，从事微商的人数已近 5000 万，由此可见微商的火热程度。朋友圈是微商的营销阵地，微商们需要掌握一定的软文营销技巧，来达到事半功倍的效果。本章主要介绍软文的 6 种营销策略和 3 种营销方式。

要点展示

- 发走心的微商晒单软文
- 晒好评打造良好的评论环境
- 增强品牌吸引力的明星效应
- 让顾客产生紧张感的饥饿营销
- 利用羊群效应带动产品销量
- 通过产品对比获得顾客信任
- 塑造好商品价值赢得顾客青睐
- 赠送产品让顾客无法抵挡
- 限时下单享受的折扣活动
- 促销活动带动产品销售额

# 16.1　适度的晒单/晒好评推广策略

不管微商的营销方式和手段如何发展，都离不开晒单、晒好评来吸引顾客，微商营销的目的是以此来提高产品的销量和知名度，树立微商品牌、口碑及产品形象。本节主要介绍朋友圈晒单、晒好评吸引顾客的营销技巧。

## 16.1.1　发走心的微商晒单软文

微商在公众号、朋友圈、微信群或者微博中进行产品营销活动推广的过程中，除了发布相关的产品营销软文以外，还需要配上产品的图片和基本信息，为了让顾客信任，也可以晒一些成功的交易单或者好的评论。但是有两个问题在晒单过程中需要注意，那就是适度和真实。

### 1. 产品营销广告要适度

在晒单的过程中必须要适度，因为不管在哪个营销平台，无谓的刷屏是人们十分抗拒的。但对于微商来说，晒单又是非常必要的，任谁看到大量的成交量都会对商品本身产生心动和行动，所以这一点上需要把握好尺度。

### 2. 产品的信息真实可靠

微商必须将所有真实信息展现给好友们看，以诚信为本，否则会让消费者觉得不真实，从而产生排斥的情绪。

下面以微信朋友圈发走单广告为例，以图文并茂的方式进行微商食品的营销推广，如图 16-1 所示，这样能吸引一部分消费者前来光顾。

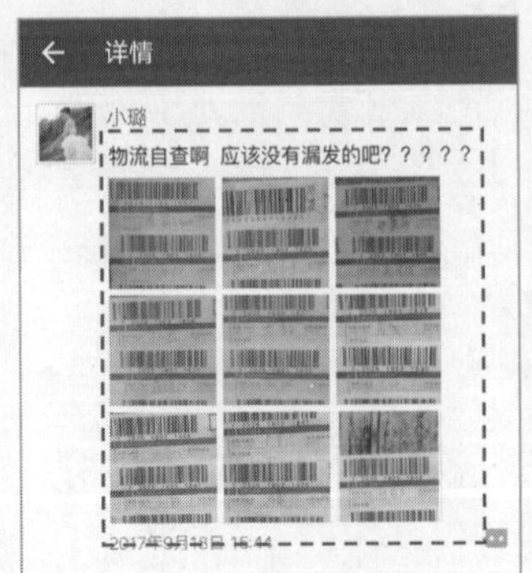


**图 16-1　走单、下单信息和物流单号**

**专家提醒**

切记不要犯了部分微商频繁刷屏的错误，坊间有句老话“微商朋友少”，就是指的这种频繁刷屏的做法，会让消费者很反感，从而减少了用户流量。

无论是晒单还是晒好评，都要注意节制，广告不要太硬，现在大部分消费者接受不了突如其来的硬性广告。

从营销角度来说，适度地晒一些交易单之类的营销信息，可以大大刺激消费。那么晒交易单究竟有哪些好处呢？在笔者看来，适度地晒单可以让买家们放心，增强买家对微商的信任感，还可以吸引客户的好奇心，使之对产品产生兴趣。

关于晒单还有一个小妙招，在一张照片中，微商可以放上几个快递单，并且将它们叠加起来再照相，这个时候卖家应该尽量将照片凑成九张，并且强调，这是一天或两天内发出的产品。这样就会让消费者们觉得，这家店的产品特别受欢迎，自己也想尝试购买，以此来推动销量。

下面以微信朋友圈为例，介绍巧妙晒单上传照片的操作方法。

步骤 01 进入微信朋友圈，点击右上角的“相机”图标，弹出列表框，选择“从相册选择”选项，进入“图片和视频”页面，在其中选中需要晒单的照片，点击右上角的“完成”按钮，如图 16-2 所示。

**图 16-2 通过从相册选择照片编辑微商软文信息**

步骤 02 执行操作后，将 3 张照片上传至文章编辑页面，在上方文本框中编写微商软文内容，编辑完成后，点击右上角的“发表”按钮即可在朋友圈中发表微商的软文营销信息，并附上相关的晒单照片，如图 16-3 所示。

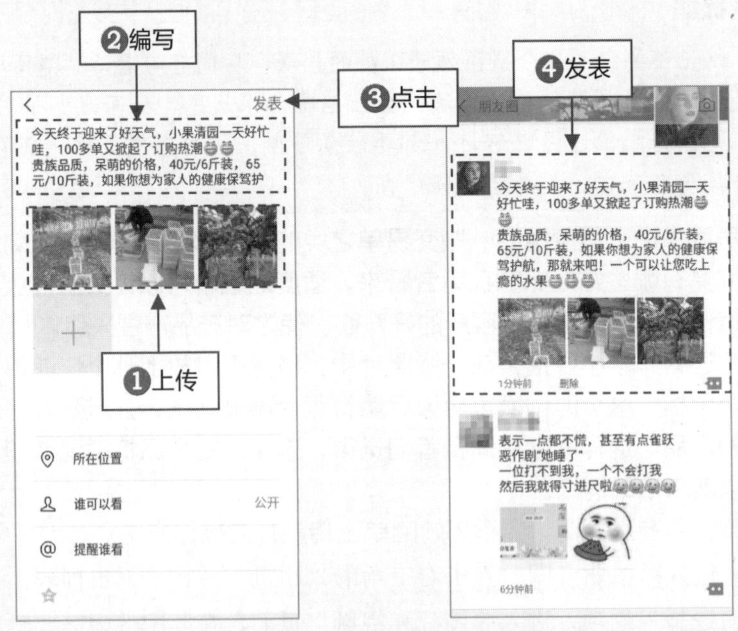


图 16-3 编辑微商软文并发表

专家提醒

用户通过朋友圈晒单的过程中，还有两个实用的操作技巧。

- 在微信朋友圈中，点击“相机”图标后，在弹出的列表框中选择“拍摄”选项，可以实时拍摄相关的微商照片画面。
- 在微信朋友圈中，按住“相机”图标不放，即可进入朋友圈文字编辑页面，在该页面中只能发表文字，不能晒照片。

## 16.1.2 晒好评打造良好的评论环境

我们在进行微商营销的过程中，除了需要发表产品的文字与图片以外，为了让顾客信任我们的产品，还需要把好评拿出来“晒一晒”。通常来说，提到“好评”，我们立刻就会想到淘宝，但是对于微商行业而言，就不完全是针对这一块儿了。微商晒好评的渠道主要有两个：第一，通过微信朋友圈上传好评照片，晒好评信息；第二，在各大电商平台(O2O、C2C)上晒好评信息。

接下来给大家介绍微商在这两大平台晒好评的一些详细内容。

### 1. 在微信朋友圈中晒好评信息

如今微信已成为国内最大的社交软件，我们的消费者会通过微信平台向微商咨询

相关的产品信息，有时候买单也会通过微信支付，有些消费者也会在微信中对我们的产品进行认可、表扬，商家可以将这些信息进行截屏操作，然后将评价晒到各大网络社交平台。

如图 16-4 所示为微信对话形式的好评，微商们可以将这些好评信息通过截图的方式存入手机照片库，然后再发表到各大社交平台。

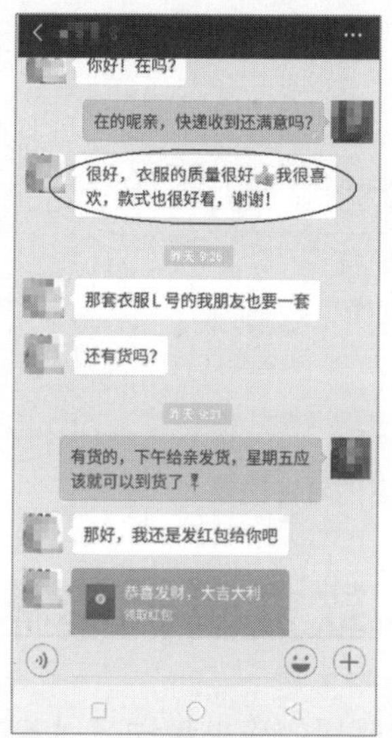


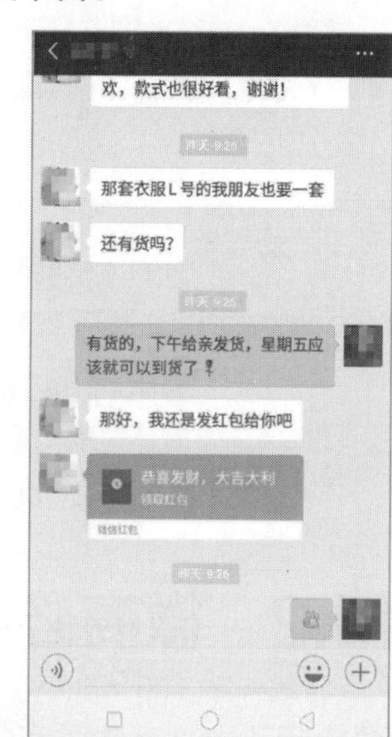


图 16-4　微信对话好评截图

### 2. 在电商平台上晒好评信息

在微店、淘宝、当当、美团等 O2O、C2C 的电商平台上，买家的评价十分重要。如果我们将晒好评比喻成“晒谷子”，那么微信的“晒”是掌握在自己手里的，而电商平台就是大家一起晒。我们优缺点一起分析，电商平台的好评对比微信好评，前者影响力大过后者，但缺点是由于互联网时代的公开透明性，一旦出现差评，前者一般情况下难以清除，从而给微商们带来巨大的负面影响。

那么怎样打造良好的评论环境呢？笔者在这里为大家总结几个打造良好评论环境的方法。

(1) 在线上的电商平台中，努力打造 0 差评的评论区。

(2) 对于不满意的客户，微商要给予安抚和售后服务。

(3) 对于极端客户，要想办法不让其线上支付从而产生评论。

(4) 多策划“给好评”的优惠福利方案，如好评返现等。

微商们可以将这些电商平台上的好评信息截图，然后通过图文结合的形式转发到微信朋友圈中，还可以在淘宝、微店中售卖某款产品时，在产品的详情页面附上这些好评信息，让买家更加放心，如图 16-5 所示。

包装很精致

花非常新鲜　五星好评

新鲜的

好评

满意

很新鲜漂亮不错值得推荐好评

很好　客服很热情　很耐心的沟通

很敬业很贴心

亲们的肯定！是我前进的动力！

我们会把最贴心的服务，最好的宝贝带给您！

**图 16-5　电商平台上的好评信息**

# 16.2　微商必备的软文营销策略

在微商们的营销活动中，有些微商会通过明星效应来带动产品的销量，有些微商会结合时下的热点话题来进行产品的营销活动，这些都属于微商的营销策略。下面向读者详细介绍 6 种常见的微商软文营销策略和技巧。

## 16.2.1　增强品牌吸引力的明星效应

聪明的微商会邀请一些知名艺人、明星代言微商产品和品牌，这种做法能够帮助他们收获很丰厚的利润。明星效应已经对我们的生活产生重大影响，电视里的明星代言的广告对我们会产生潜移默化的作用，如提高企业的美誉度、提升产品的销量以及提高品牌知名度等。

对于资金比较雄厚的微商企业，可以考虑邀请一些当红的明星、艺人来为自己的微商品牌代言，在朋友圈中发布产品营销信息时，可以附带一些明星使用产品的照片，来增强品牌吸引力。

一般来说，投资与收获是成正比的，越肯出钱请当红的明星、艺人，获得的回报越是丰厚。例如，某护肤品品牌邀请了当红电视剧演员做了美肤的代言，这位微商将明星的照片做成了背景封面，在朋友圈发产品信息时，也附带了明星的广告照片，如图 16-6 所示，使用明星效应带动了粉丝经济，提高了护肤品的营业额与利润。

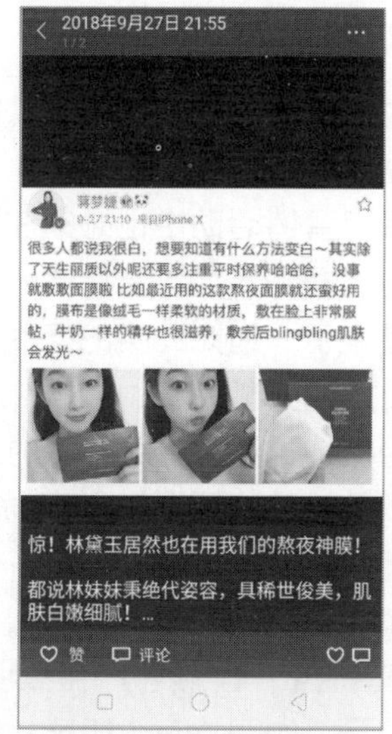


**图 16-6　明星代言的护肤品品牌**

下面为大家简单介绍一下明星效应的 3 个作用。

- 一个高水平的明星，往往能够带动整个品牌的格调，而在如今文化水平越来越高的社会，购买者对“格调”这个词是非常看重的。
- 除了普通群众以外，该明星的粉丝绝对会来购买该产品。他们不仅自己会来购买产品，还会拉动身边的人一起来购买产品。一传十、十传百，慢慢地，来购买产品的粉丝和顾客就会越来越多。
- 明星身上本身的光环也能够影响到微商的品牌，顶着“某某产品”代言人的头衔能够帮助此品牌提高知名度。

所以，微商们如果在资金比较雄厚的情况下，可以通过明星效应的方式带动消费人群。

## 16.2.2　让顾客产生紧张感的饥饿营销

中国有一句古话叫做“物以稀为贵”，意思就是越紧缺的资源价值越大。很多时候，某项资源比较丰富时，我们对它的需求量相对比较少；相反的，资源稀缺时我们会更想得到它，正是这种稀缺性，激发了人们想要拥有的欲望。

这种方式同样可以应用于朋友圈的微商行业，微商们可以把这种心理用在产品的营销活动中。制造某种产品供不应求的状态，会让消费者对这种产品充满好奇心，并且想尝试购买一探究竟。

那么微商们应该如何制造产品的稀缺性呢？可以从两方面入手：一是限制产品售卖的数量，二是限制产品的优惠时间。

### 1. 限制数量

数字是相对来说比较抽象的概念，很多时候，如果没有别人的提醒，我们对数字的敏感度可能并不高。

所以，在微商营销活动中也必须注意这一点，微商们可以在朋友圈中随时提醒顾客限量商品数量的多少，给对方造成一种紧张感，让顾客们觉得“如果再不抓紧时间好东西就白白溜走了”诸如此类的感受，这样也给顾客制造一定的稀缺感和压迫感，会在一定程度上拉动销量。

以化妆品为例，圣罗兰的口红有时会出限量版，而且价格相对来说也比较高昂，但是每一次圣罗兰的口红只要进入市场绝对是供不应求，每个女人都希望自己能够拥有这样一支限量版的口红。

以下这位微商通过在朋友圈制造出产品的限量氛围，热卖气氛，让顾客产生紧张感，从而提升产品的销量，如图 16-7 所示。

**图 16-7　微商制造出产品的限量氛围**

生活水平的不断提高使得人们开始追求个性与时尚，每个人都希望自己是独一无二的，那么限量购买的商品往往能够成为“独树一帜”的物质代表。

微商们应该利用人们这种心理来进行营销活动。将自己品牌中的某种商品定为“限量版”，标明发售时间先到先得，商品的销售量一定会大大提高。但必须注意，这一方法更适用于相对来说较为高端、高品质、高口碑的商品。

### 2. 限时抢购

限时抢购又称闪购，源于法国网站 Vente Privée，最早的闪购模式是以互联网为依托的，商家通过 B2C 的模式，做一些限时特卖的促销活动，或是定期推出一些新品，来吸引消费者购买。

一般来说，开放“限时抢购”活动的时间点，都是在市场相对来说比较疲软的时候。这段时间可能由于市场货品饱和，所以导致销售额并不乐观。为了刺激消费，微商们可以开启“限时抢购”的活动。在朋友圈发布“限时抢购”的活动时，可以配上相应的活动海报，来刺激消费者的眼球，达到紧张的效果，如图 16-8 所示。

如图 16-9 所示为限时抢购的朋友圈软文广告。

无论如何，“价格”都是消费者在购买商品时考虑的最基本因素。所以任何时候，“低价”对消费者都有着很大的吸引力。这就意味着，“限时低价”一定能够起到拉动销量、刺激购买的作用。

图 16-8　朋友圈限时抢购的图片海报

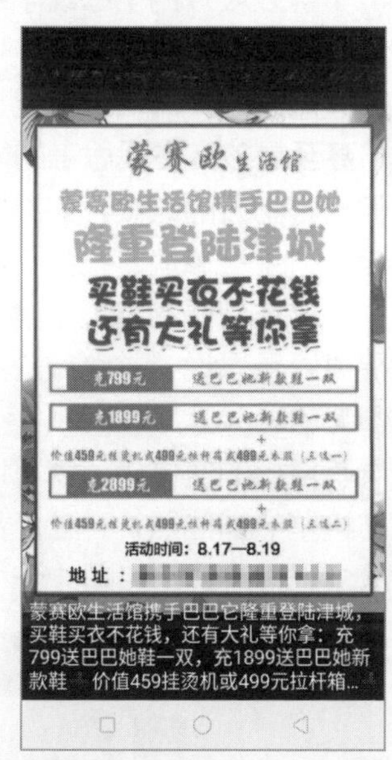


图 16-9　微信朋友圈中限时抢购的广告

但很多微商在“限时抢购”的活动中以失败告终。究其原因，主要还是因为商家没有告诉消费者为什么要优惠。不存在没有原因的优惠，莫名其妙地降价，而且优惠的力度又如此之大，是不是商品本身有什么问题呢？过期了抑或是产品不合格？消费者恐怕会这么想。一来二去，不仅最后优惠活动没有处理得当，而且还会影响整个产品的声誉。

因此，在开展“限时抢购”的活动时，必须要将优惠原因告诉客户，是为了感谢老客户的支持，抑或是针对某个节日来开展这一活动，又或者是别的原因呢？毕竟限时优惠的优惠力度还是非常大的，如果只是一味地降价，可能会引起消费者对商品本身的怀疑。所以，事前告知原因同样可以拉动销售量。

专家提醒

在微信朋友圈的优惠活动营销中，限时优惠对用户来说有着强烈的吸引力，微商们要营造一种“优惠不是时时有”的氛围，让用户抓紧时间购买。

## 16.2.3 利用羊群效应带动产品销量

热销氛围可以让消费者产生从众心理，形成羊群效应。羊是群居动物，它们平时习惯随大流，并且是盲目地跟随大流。只要羊群中有任何一只羊开始往前冲，这时所有的羊都会和它一起往同一个方向冲，浑然不顾它们所朝向的方向有没有危险或是有没有食物。当“羊群效应”用于心理学中来描述人类本能反应时，其实也就是我们平时所说的“从众心理”。

人们常常随大流而动，哪怕跟自己意见全然相反，也会选择否定自己的意见而跟随大众的方向，甚至是放弃主观思考的能力。

比如，我们出去吃饭的时候，如果要临时寻找饭店，一般人肯定会选择一家店里人比较多的餐馆，“生意惨淡”在我们看来就是“菜不好吃”，“有人排队”则意味着“菜色可口”。这样判断的结果正确与否并不能完全断定，可是跟随众人，正确率通常可以大大提高。所以说，羊群效应并不是完全没有道理的，大众的经验大多时候还是可以作为参考的。

微商们如果有自己的实体店，就可以在实体店中拍摄产品热销的情景照片，然后在朋友圈中发布这些热销的照片，让产品产生热卖的氛围，引起消费者的兴趣，充分利用消费者的从众跟风心理，如图 16-10 所示。

图 16-10　让产品产生热卖的氛围

在营销过程中，如果微商们合理利用这种盲从心理，就可以大规模地拉动商品整体销量。

**专家提醒**

微商们在售卖某种商品时，也应该时常向朋友圈中的好友透露一下已售卖数量，给顾客们营造一种商品在被疯狂购买的感觉。当然这种数量如果能够精准到个位会更加让人觉得可信，比如在朋友圈中宣传时附上这样的句子："商品上架刚刚 8 个小时，就已经抢购了 56321 件！"这种语言会激起顾客购买的潜意识，使之加入到抢购这件商品的队伍中。

## 16.2.4 通过产品对比获得顾客信任

从竞争对手那里获得灵感，也是微商营销的招数之一。那么，微商应该怎么做呢？笔者为大家介绍两种方法：第一，了解对手，所谓知己知彼，百战不殆，随时了解对手商品的动态，结合自身产品，做出相应调整；第二，对比产品，微商们可以将同行业产品与自己的产品放在一起，进行对比，无形中推荐自己的产品。

图 16-11 所示的是一位卖羽绒服服饰的微商，通过将别人家的套件与自己家的进行对比，突出自己家高端的服装质量，从而吸引朋友圈的顾客进行购买。这种营销方式能够让消费者产生足够的信任。

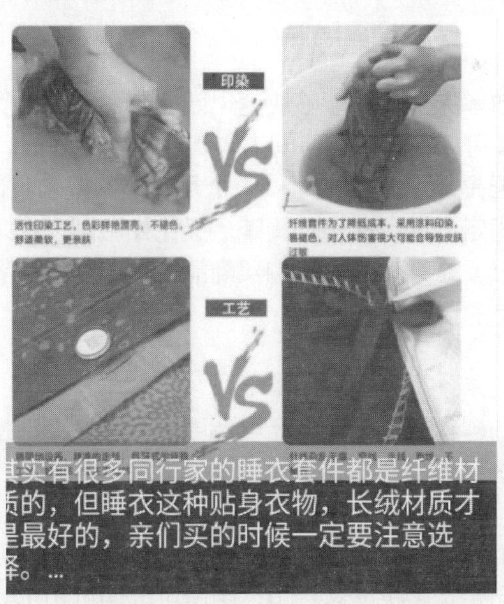


图 16-11 通过对比产品进行营销

## 16.2.5 塑造好商品价值赢得顾客青睐

在营销过程中，微商们必须意识到，其所销售的，看似是商品这个实体，实则售卖的是产品本身所存在的价值。所以，在向顾客推销某些商品的时候，微商们应该仔细询问用户本身的情况，选择一个正确的切入点来推销自己的商品。

举一个例子，一家人去家具市场购买窗帘，一位销售人员给他们介绍各种规格、图案、材质的窗帘，虽然对商品都有了一个最基本的认知，但顾客并没有对商品有很清晰、很深入的认识，所以没有购买。

这时，来了另一个推销人员，他没有急着推销产品，反而和购买者聊了起来，问他们窗帘买了是给谁用、所安装的房间窗户朝向哪个方向、使用者喜欢哪一种颜色、整个房间的布置是什么风格等一些问题。在聊天过程中，这位销售人员大致摸准了这一家人的品位与需求，于是对症下药给他们介绍了一款产品，大致符合他们的所有要求。又拿自己做例子，说自家的装修风格和这家购买者的风格十分相像，他自己也选择的这款窗帘，十分搭调，还拿出手机给对方看自家窗帘安装后的样子。最后，这个家庭选择了这款窗帘。

从上面的例子可以看出，窗帘本身是商品，那么多种多样的类型为什么顾客独独选了其中的某一种呢？这是因为被选中的商品背后所体现的价值吻合顾客需求。那么，我们应该从哪些方面抓住顾客的心理活动，为商品塑造价值呢？下面具体讲解。

### 1. 效率高低

在如今这个讲究效率的社会，能够快速见效的东西往往更受用户的欢迎。时间就是金钱，所有人都希望可以在最短的时间内收到最大化的回报。

比如培训机构，要是能够打出类似“一个月掌握新概念英语”“20 节课雅思上 6.5 分”之类的广告肯定会更受家长们青睐。又比如减肥产品，能够越快瘦下来的肯定越受用户注目。所以，如果想让顾客购买商品，一定要将商品的高效率功能体现出来，为商品塑造效率上的价值。

### 2. 难易程度

这一点很好理解，越容易上手的产品自然更受欢迎，特别是高科技产品。由于它自身的高端性导致这些商品操作方式比较复杂。就拿手机来说，现在的智能手机年轻人可以随意地使用，可是年纪稍大的人用惯了原来的翻盖式，现在使用带键盘的手机或许就不太习惯。这个时候，越方便的智能手机自然会让人更加倾心。

比如苹果手机，自带智能机器人 siri，用户可以通过和机器人的交谈来实现一些程序的操作，如图 16-12 所示。

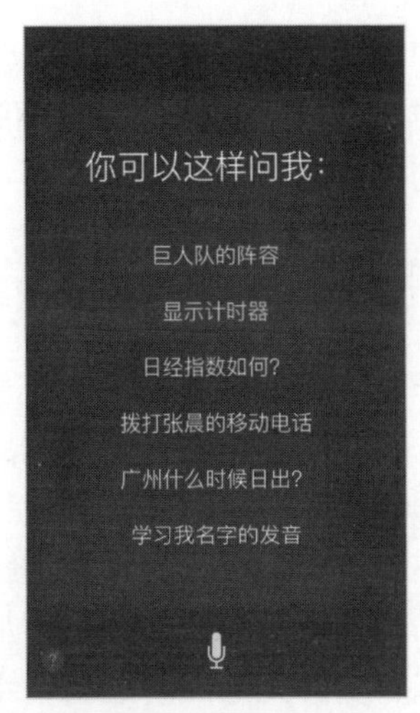


图 16-12　智能机器人 siri 的界面

那么销售人员在推销产品的过程中，一定要提到产品容易操作、容易上手的优点，以此来塑造产品本身的价值，让顾客侧目。

### 3. 安全性能

安全对于商品，特别是电子商品来说，是一个非常基本的评价标准。安全是基础，也是最重要的部分。换句话说，这就要求商家所售卖的商品不能对购买者造成任何伤害。相反的，如果商家可以保证产品对人体本身不会造成任何伤害，那么商品的成交率就会大大提高。

拿减肥药举例子。如果商家在向顾客推销时仔细介绍药品成分，并且向他们展示所有原料全部来源于无毒的食品和中草药成分，对身体方面的副作用少，并经过了国家药监局的批准，自然可以吸引顾客来购买，如图 16-13 所示。

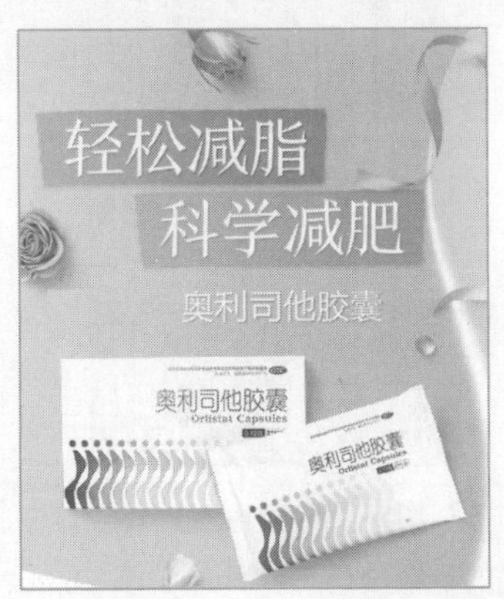


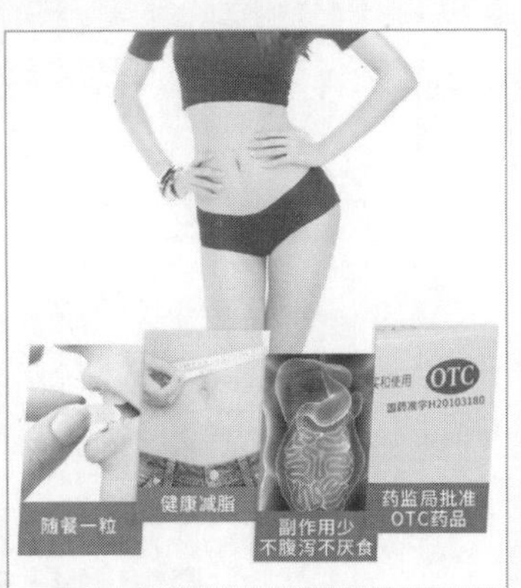


图 16-13　减肥药的广告

所以，商户们在一对一介绍商品，或是在朋友圈发送商品软文广告时，应该从以上三个方面出发，运用好塑造商品价值的思路，这样一定会对商品的推销带来好处，不断提高产品的销售量。

### 16.2.6　赠送产品让顾客无法抵挡

通过赠送产品进行促销是最古老、最有效、最广泛的营销手段之一。人们往往抵挡不住赠品的诱惑而产生消费行为。赠品促销的好处，主要体现在以下 4 个方面。

第一，增强促销力度、宣传品牌气势、刺激消费。

第二，吸引消费者的注意力，刺激顾客转移消费档次。

第三，鼓励顾客重复消费，或者增加消费的额度。

第四，对抗、抵御其他品牌的促销手段。

商户们应该从生活中去感受营销。相信大部分人都很乐意接受各种各样的礼物，一来可以感受到赠送礼物的人对自己的感情；二来免费得到东西认为自己赚了，并且充满惊喜感的得到总是让人欲罢不能。

让我们把这种情绪运用在营销上。在对方购买商品时，适当赠送一些小礼物，可以增加客户的喜悦感。来看一个例子。一般女士购买护肤品时，商家总会赠送一些“护肤小样”给客户。这些护肤小样分量并不大，只能用 2~3 天，平时短期出门时可以当作旅行装。可是正是因为有这些护肤小样的存在，客户们才会觉得自己买的东西很值，很有惊喜感，如图 16-14 所示。

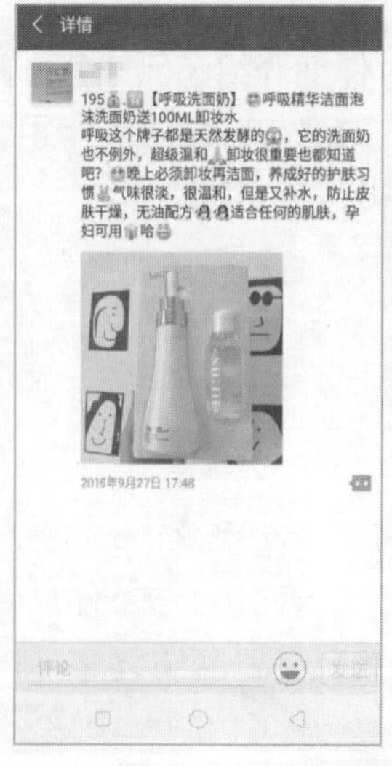

**图 16-14　有赠品的营销技巧**

正如我们所知，这种“值”的感觉只是一种错觉，而正是这种错觉，往往会激起

客户们想要购买更多商品的欲望。道理很简单，买得越多，送得越多，满足感也就逐步加深。有时对方可能不需要买某件商品，可是当商家告诉他，买某件东西就能赠送另一件东西时，客户往往会心动，哪怕他根本不需要这种东西也会购买。

如图 16-15 所示，这是一个卖护肤品的微商，打出了“买一送一”的广告，这种营销手段是极具诱惑力的。

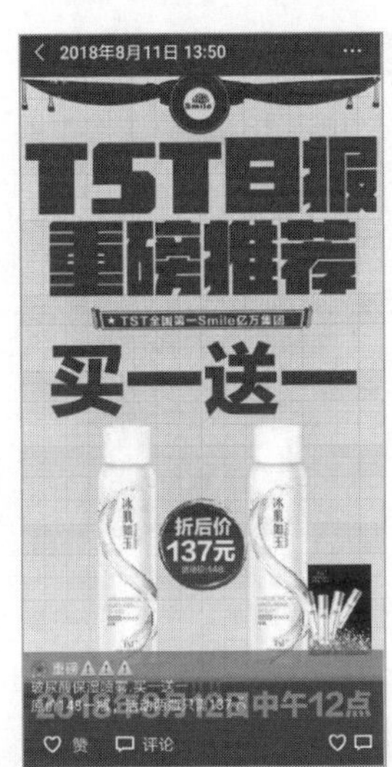


图 16-15　买一送一的广告

# 16.3　通过活动软文促进微商销量

在微商的所有营销案例中，通过活动进行营销是必不可少的方式，它能有效刺激消费者的消费行为，提高产品的销售人气。本节主要介绍通过一系列的微商活动进行产品营销的方法和技巧。

## 16.3.1　限时下单享受的折扣活动

折扣促销又称打折促销，是在特定的时期或是举行活动时，对商品的价格进行让利，以得到用户的关注，达到促销的效果，赚取更多利润。折扣促销有利有弊，它的作用机制以及效应具有两面性：第一，好的影响，创造出“薄利多销”的机制，刺激消费者的消费欲望提高商品的竞争力；第二，坏的影响，降低了品牌的形象，降低商家的市场获利能力，消费者不愿意购买正价商品，造成未来市场需求的提前饱和。

折扣促销有优势，又存在缺陷，因此要做好折扣促销的策划，而折扣促销策划又分为这几个方面：第一，折扣幅度策划，折扣幅度变动不宜太小；第二，助兴活动策

划，强化促销活动的感染力；第三，折扣主题策划，有意识地引入主题内容；第四，联合打折策划，给商品折价留下大空间；第五，折扣类型策划，分规划型与应急型折价。折扣促销是微信朋友圈里比较普遍的销售模式，在一定的时间段内，对商品进行打折处理，最好使用限时打折，能够引起好友的好奇心和注意力，效果会更好。

例如，朋友圈的衣店打折优惠活动，很受消费者欢迎，如图 16-16 所示。

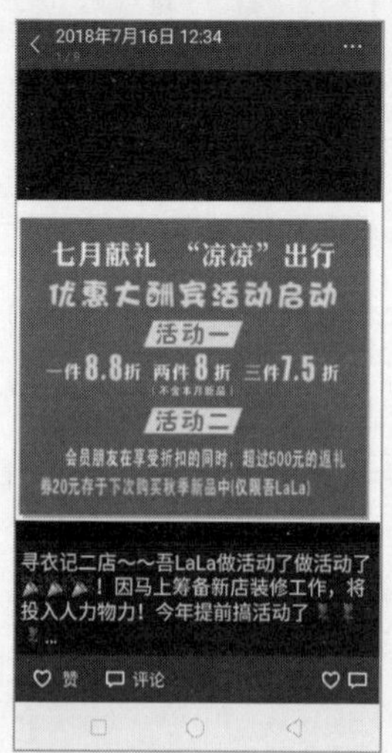


图 16-16　折扣优惠活动

又如，商家进行联合折扣，将一个品牌的用户，通过折扣优惠来转化成自己的用户，实现双赢模式，如图 16-17 所示。

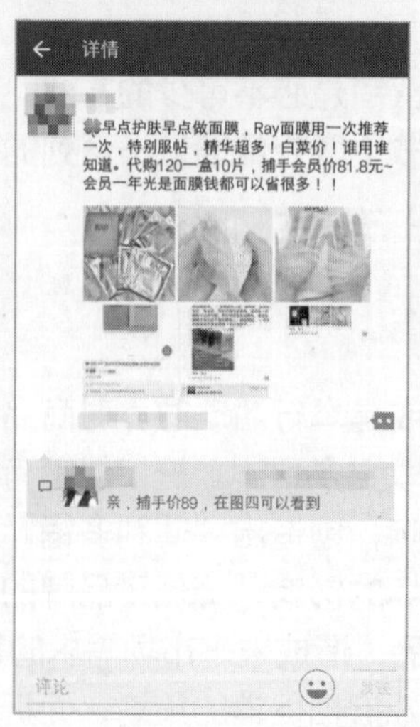

图 16-17　联合折扣

## 16.3.2 促销活动带动产品销售额

节日促销是指在中国传统节日期间，通过传统节日的良好氛围来制造微商的营销商机。比如元旦、端午节、中秋节、国庆节，这些传统节日都可以吸引大量的客流量，能普遍引起用户关注，在短时间内获得很好的传播效果，从而达到促销目的。

在节日促销的运营过程中，有一个重要的前提，那就是微信朋友圈的客户管理机制，即通过客户所购商品，了解客户购买的商品类型，以及客户购买商品的价格，做好客户管理，就能积累回头客，进行精准营销。

完成了客户管理，企业或商家可以通过会员制来进行具体的圈粉行动。会员也是用时间积累下来的，会员越多生意就越旺。节日促销就是一个很好的计划，是用来圈粉积累会员的。随着生意的不断壮大，可以针对会员进行节日营销，让会员享受到更好的优质服务。

节日促销能够带来很多的流量，利用这个机会可将普通好友转化为会员，这样在淡季的时候，也能够带来销售额。

图 16-18 所示为某护肤品牌国庆节的优惠活动。

图 16-19 所示为中秋节买护肤品的优惠活动。

图 16-18 国庆节微商活动

图 16-19 中秋节微商活动

# 第 17 章 企业微商：爆发出企业的营销力量

随着互联网技术的飞速发展、微商经营模式的日趋成熟，企业也渐渐着眼于微商这块大蛋糕。那么企业应该如何打造自己的微商团队呢？不同类型的企业微商又有哪些营销技巧呢？本章主要向读者详细地介绍。

## 要点展示

- 团队微商优势日渐凸显
- 建立微商团队的核心要素
- 微商选人、用人的标准
- 招代理商的方法与渠道
- 微信公众平台 + 软文
- 微博 + 软文
- 百度 + 软文
- 旅游微商软文营销技巧
- 数码微商软文营销技巧
- 房产微商软文营销技巧
- 汽车微商软文营销技巧

# 17.1 快速建立自己的微商团队

建立微商团队后，相对于个人微商已经有了自己的产品市场、客户资源以及经营理念与模式，后期经营也主要以培养、维护代理以及为客户提供更好的服务为主。在前期建立微商团队的阶段，需要注意几大事项，本节进行相关介绍。

## 17.1.1 团队微商优势日渐凸显

中国有句老话："三个臭皮匠胜过一个诸葛亮。"所谓的团队精神就是指三个臭皮匠只要齐心协力也能赢过一个诸葛亮，这说明了团队协作的重要性。

成功的人都懂得利用团队优势来帮助自己更好地营销。2016 年是微商元年，那时候我们经常听说做微商能轻轻松松月入上万，很羡慕她们既轻松又自由的工作方式。而有个人一天就能创造 1682 个亿的销售记录，他就是马云，2017 年"双 11"的交易额以 1682 亿元收官。马云与我们唯一的区别就是，他有一支强大的队伍，他利用整个团队来营销，通过别人来完成自己没有时间完成的事情，这就是团队的优势。

下面以图解的形式介绍建立微商团队的 3 大优势，如图 17-1 所示。

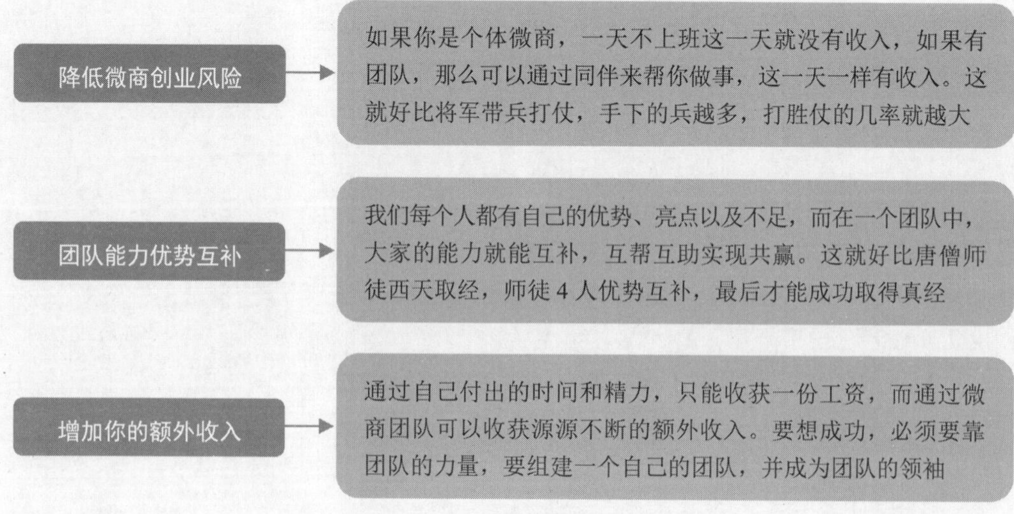


**图 17-1　建立团队的 3 大优势**

现在，很多微商都在包装自己，培养自己的微商团队。团队的力量是强大的，不管任务多么艰巨，只要团队成员共同努力，就有意想不到的收获。如图 17-2 所示为

团队的力量示意图。

图 17-2 团队的力量

专家提醒

商家只负责包装产品，而微商要学会包装自己，把自己包装成意见领袖、包装成微商大咖、包装成网红自明星，这样自己的粉丝数量就会逐渐增多，由此下面的代理商也会慢慢增多。建立好自己的微商团队，通过团队来抱团营销，这才是上上之策。

## 17.1.2 建立微商团队的核心要素

要想建立一个强大的微商团队，团队领袖要有一定的胸襟，足够宽广，能海纳百川，能容得下各种优秀的人才，要敢用优秀的人才。有句话说“心有多大，舞台就有多大”，在创建微商团队的过程中，每个人都有他的优势和独特能力，不要排斥任何人，要学会用人，将各人的优势能力互补，才能使团队更加强大。

所以，我们虽然是在建立微商团队，其核心要素是经营我们自己，将自己变得更加优秀、更加强大，这样才能支撑起整个团队。

## 17.1.3 微商选人、用人的标准

微商在建立团队的过程中，对于创业对象的选择要有一定的标准和要求，寻找志同道合的人一起创业，才更容易成功。下面以图解的形式介绍微商选人、用人的 4 个标准，如图 17-3 所示。

一定是使用过产品的人 → 他一定是产品的追随者，信任、喜欢并深爱产品，愿意追随产品的领导者，与他一起创业，只有找到了共同的目标、兴趣、希望，才能合作长久

有上进心<br>对钱有一定的欲望 → 有欲望才有奋斗、努力的拼劲，创业最忌讳的是佛系青年，无欲无求。而对钱有欲望的人，就会使出浑身解数去赚钱，因为这能激发他所有的潜能，所以这样的人潜力非常大

能吃苦好学<br>足够勤奋、努力的人 → 做好微商，一定要能吃苦耐劳、足够好学，只有不断地学习新知识，才能提升自己的能力和营销水平，才能做出成绩。一个非常懒的人，是不太适合做微商的，因为他不愿付出

要能主动营销<br>不怕跟陌生人聊天 → 作为微商，要善于沟通，不要怕跟陌生人聊天，也不要不好意思去推销自己的产品，要主动去营销，与有意向的客户推销我们的产品，态度要积极、热情，让顾客感受到真心

**图 17-3　微商选人、用人的 4 个标准**

## 17.1.4　招代理商的方法与渠道

不管你是提供货源的厂商还是某产品的高级代理商，在招收代理之前都要吸引客户来购买产品，至少让客户觉得这个产品很不错，有做代理的想法。想吸引客户的注意，除了介绍产品外，还要展示你也在使用产品，才更有说服力，如图 17-4 所示。

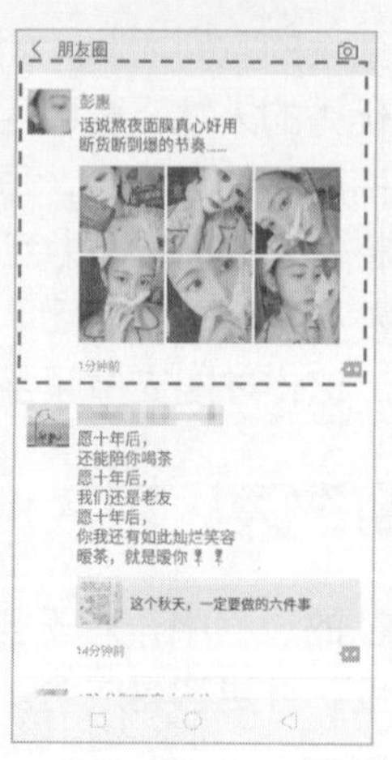


**图 17-4　向客户展示你也在使用产品**

微商需要根据自己的实际情况，把其他能够利用的平台都利用起来，曝光率越高、展示的平台越多，对营销越有好处。以下为 10 个微商可以利用的展示平台。

- 微店。
- 淘宝店。
- 新浪微博。
- QQ 群。
- 微信群。
- QQ 空间。
- 今日头条。
- 一点资讯。
- 兴趣部落。
- 论坛。

现在，很多微商都没有自己拍摄实拍图，很多代理的图片都是总代或者上级提供的，不仅清晰度不够好，也显得不真实，实拍图的感觉要更好。图 17-5 所示为某微商实拍的高清产品图片。

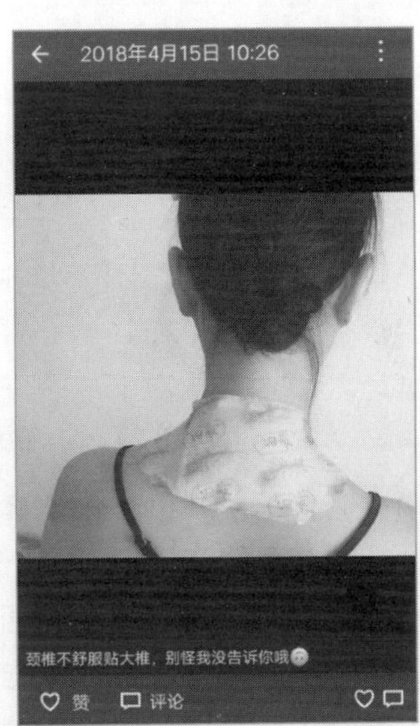


图 17-5　微商产品实拍图

## 17.2　企业微商的软文营销技巧

随着传统营销失去了能起的效用，传统企业开始着眼于互联网营销，目前而言，传统企业转型互联网营销，首当其冲的就是微信公众号、微博以及百度。

## 17.2.1　微信公众平台 + 软文

根据媒体报道，微信用户已经突破了 10 亿，成为互联网营销的重要营销渠道之一。也正是因为这样，微信公众号是传统企业转型互联网营销的第一个选择。

企业如果要申请、认证微信公众号，首先需要进入微信公众平台网站，链接：[https://mp.weixin.qq.com]。进入后单击右上角的“立即注册”按钮，选择好公众号类型以后会跳转到验证邮箱页面，如图 17-6 所示。

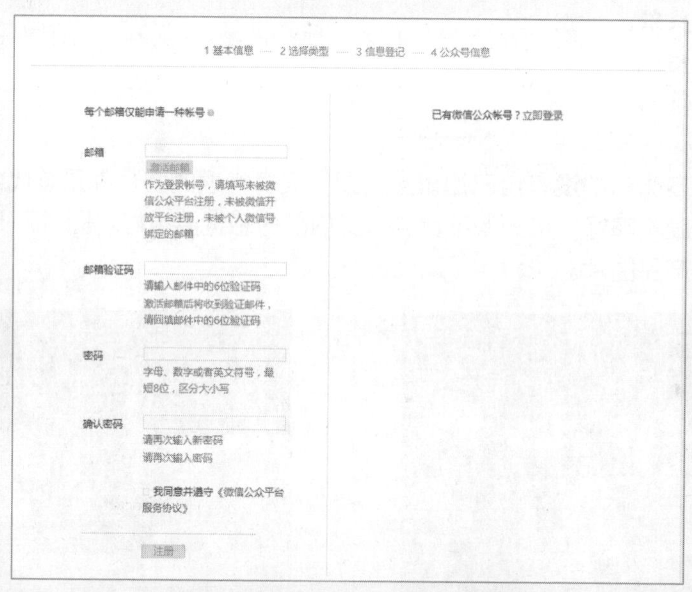


**图 17-6　企业微信公众号申请流程**

通常来说，公众号的类型推荐选择订阅号，因为订阅号可以升级为服务号，如果选择服务号，就不能更改了。不过一个企业营业执照可以绑定 5 个微信公众号，因此企业可以根据需要自行选择。跳转第四步的信息登记，营销人员可根据企业资料进行登记，跳转最后一步就是公众号信息登记了。

目前，大多数企业都注册了微信公众号，但真正运营起来，借助微信公众号进行营销的企业却不多。微信的火热带动了微信公众号的品牌营销，微信公众号已经成为企业品牌宣传的一个窗口，企业的软文营销离不开微信平台提供的营销机会。

说到个性化内容，也许是企业最难把握的一个要点，因为企业在发布微信软文内容时，无论是在报道方式上，还是在内容形式上都倾向于长期保持一致性，这样才能给用户一种系统而直观的感受。

长期的个性化往往很难做到，做得不好还容易让企业的自成体系失去平衡。但

是，如果企业想要让自己的微信公众号与他人的微信公众号“划清界限”，变得更加容易被用户识别，那么个性化的微信内容是必不可少的，个性化的内容不仅可以增强用户的黏性，获得长久关注的忠实粉丝，能够提高粉丝的互动率，还能让企业微信公众号在众多公众账号中脱颖而出。

## 17.2.2 微博＋软文

企业的互联网营销，除了微信以外，新浪微博也是一种常见的营销手段。微博是微型博客的简称，与博客一样可以供人分享心得进行讨论，但相较于博客更为简单，字数限制在 140 字以内，因而称为微博。微博是一个通过关注机制来进行实时广播式分享信息的平台，用户可以通过电脑、手机、平板电脑等各种联网工具来登录微博，因此相较于博客，微博具有更强的自由性，更受网民的欢迎。

据统计，企业微博的粉丝数从数百万到数万不等，但也有经营不善的企业，微博粉丝数仅仅过百，这其中离不开企业官方微博管理者对于微博的打理。而想要利用微博进行营销，第一步就是需要申请企业官方微博，这里以较为主流的新浪微博为例。

通过搜索引擎搜索企业微博，从而找到企业微博注册地址的链接：[http://e.weibo.com]。打开链接进入页面，单击“立即开通企业微博”按钮跳转到注册界面，根据提示填写相关信息完成注册，如图 17-7 所示。

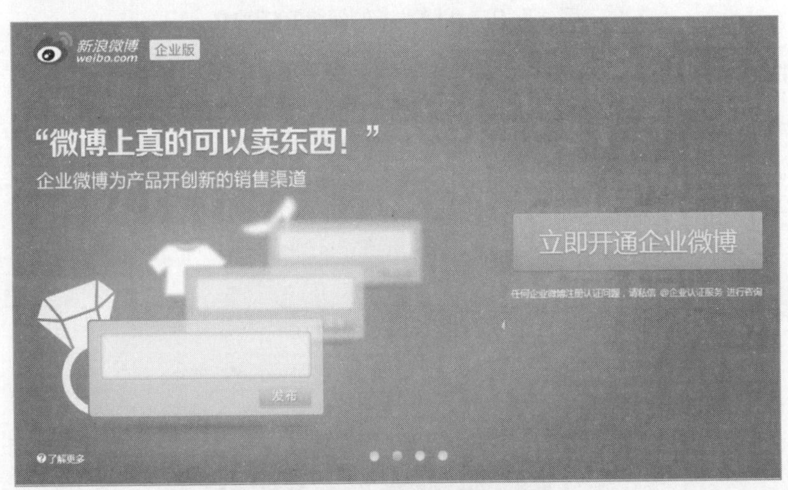


图 17-7 企业微博注册页面

企业在微博上进行软文营销，最好的方法是发 140 字以内的软文。虽然企业可以发长微博，但人们不会花费太多的时间去查看长篇大论的微博，相较于长微博，人们对精简的微博软文会更感兴趣一些。发 140 字以内的微博软文需要注意以下几个技巧。

## 1. 40 字以内吸引住眼球

企业在进行软文营销的时候，要在前 40 个字以内就吸引住网民的眼球，那样才会有效果。比如企业或组织者在发布加盟开店的微博软文时，用短短两行字，就直接说明主题，将能够提供给加盟者的好处直接说出来，让有意向的人一眼就被吸引住。如图 17-8 所示为某微博发布的网络开店的软文。

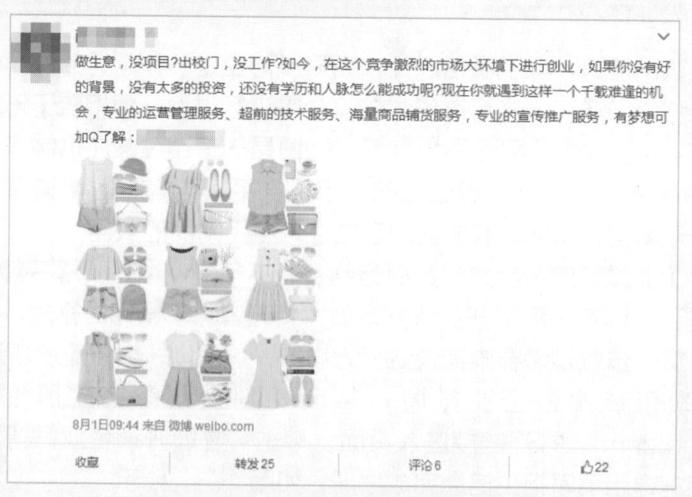


图 17-8　微博发布的网络开店软文

## 2. 用疑问来结尾

在微博软文的最后，可以用一个疑问句来结尾，这样就相当于抛出一个话题来供消费者讨论，引起更多人的共鸣。如图 17-9 所示就是采用疑问句来结尾的微博软文。

图 17-9　采用疑问句结尾的微博软文

### 3. 罗列信息

微博软文营销可以使用 1、2、3 等编号形式将软文的信息罗列出来，这样能够清晰地阐释软文内容，如图 17-10 所示。

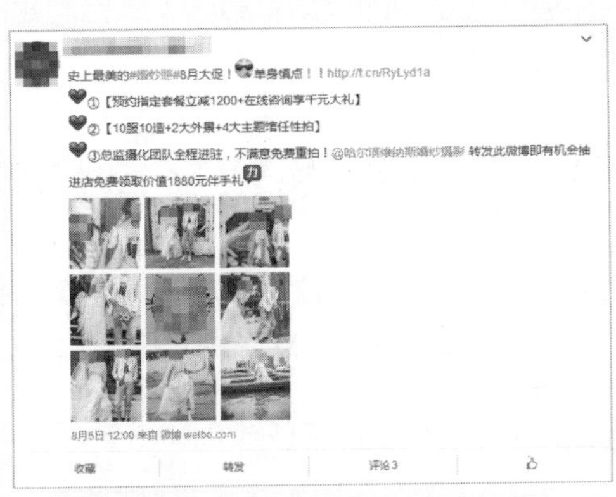


图 17-10 用编号形式来罗列信息

## 17.2.3 百度+软文

百度推广是国内运用最广泛的搜索引擎网络营销推广方式。随着百度慢慢地融入到人们的生活中，百度与人们的关系日益密切，作为中国使用量最大的中文搜索引擎，“有问题，找度娘”已经成为人们在日常生活中遇到难题时的口头禅，它庞大的信息量让人们无法忽视它的存在。

百度每天需要处理来自全世界用户的搜索请求超过数十亿次，占据了中国搜索引擎市场 90%的份额。在网络营销中越来越多的企业把目光转向了百度，这是因为百度不仅仅只为普通网民服务，它还能够为企业提供互联网推广平台，本节将为大家介绍 3 种百度软文推广方式。

### 1. 百度贴吧+软文营销的技巧

企业在利用百度贴吧进行品牌营销时，不要过于急躁，在这里运作软文营销，可以以软文的方式与网民进行互动，不仅能够赚取人气，还可以提升品牌的口碑、美誉度、粉丝数量，达到一种广告宣传的效果。

### 2. 百度知道+软文营销的技巧

百度知道对于企业来说有以下 3 个作用。

- 百度知道里面的数据可以反映到搜索结果中，用户只要在百度里面搜索问题，就会提供百度知道里与之相应的问题词条。
- 百度知道能够拉近企业与用户之间的距离和信任感，因为百度知道是一种用

户互答互助的互动式分享平台。

- 因为百度知道的问题带有标签，而用户搜索问题的答案就是依靠这些标签，因此企业通过百度知道能够精准地定位目标客户。

下面介绍 3 个百度知道软文营销的技巧：第一，提出问题回答问题；第二，选择问题回答问题；第三，不要鼓吹产品的好。

# 17.3 企业微商软文营销技巧

传统企业转型微商模式时，最常用的微营销方法就是软文营销。那么，企业微商的软文营销又有哪些技巧呢？下面以不同行业为例来说明。

## 17.3.1 旅游微商软文营销技巧

旅游业是如今比较火爆的行业，特别在节假日的时候，旅游备受人们的关注，也因为这样关于旅游的软文就比较多，那么怎样才能让自己的旅游行业软文在众多软文中脱颖而出呢？旅游企业微商的软文一般来说比较容易撰写，也正因为如此，很多软文撰写者往往忽略一些小细节，从而导致自己的软文并不受读者的欢迎。旅游行业软文成功需要具备 4 个条件：第一，对受众进行精准定位；第二，广告意味不要太重；第三，写读者喜欢的旅游软文类型；第四，将最精华的内容展现出来。

在撰写软文时，使用叙述的手法，对景物进行描写，或者抒发议论，通常可以收到不错的效果。下面就来欣赏一篇优秀的有关长白山的旅游软文——《大美长白山三日游(西坡 北坡 温泉 漂流)》，如图 17-11 所示。

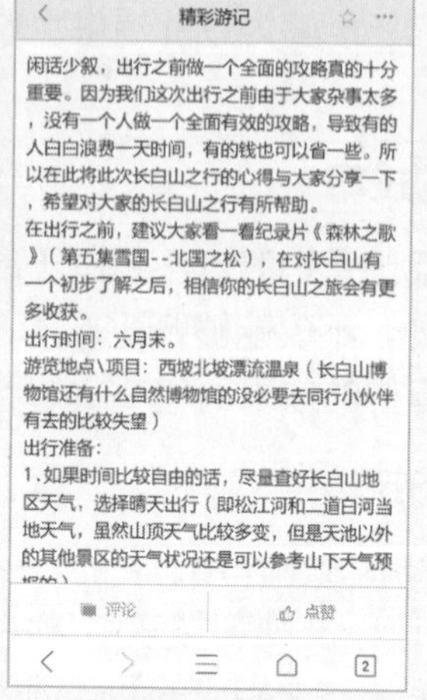


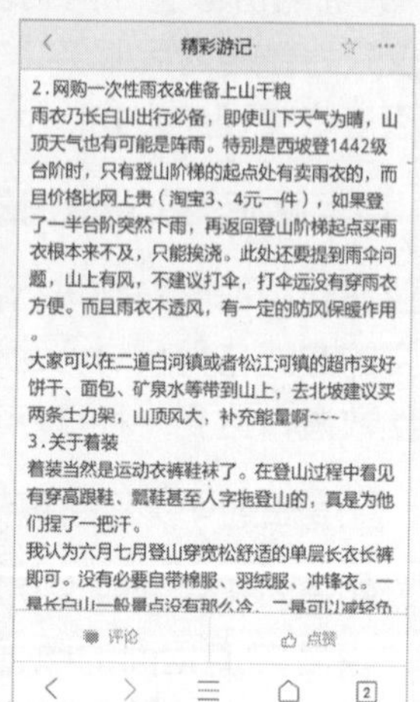


图 17-11　旅游企业微商软文举例

此篇软文的标题特点很明显，“三日游”突显了这篇游记软文适用的范围，如果读者想去玩个十天八天，本篇软文就不适用了。标题括号中的内容很重要，“西坡、北坡、温泉、漂流”这 4 点正是长白山最著名的 4 大景点。本篇软文并不是根据时间来布局，不是第一天如何、第二天如何，而是根据长白山旅游中的“准备”和“景点”进行整体布局。

首先将长白山旅游需要做的准备进行了详细阐述，其中包括天气、装备、着装和门票等。然后按照标题中西坡、北坡、温泉和漂流 4 个部分，通过自己的亲身旅游感悟，对长白山景点进行了详细描述。

## 17.3.2　数码微商软文营销技巧

随着互联网时代的来临、科技的进步，数码行业也在日新月异地发展着，对于数码行业的软文撰写者来说，撰写数码微商软文应该做到及时、正确地将软文放送出来，这样读者才不会失去阅读的新鲜感，才会有效果。对于数码企业微商来说，软文的关键点是非常重要的，而所谓的关键点就是能让读者感受到软文的说服力、被软文所感染以及主动传播软文。数码软文营销页有三大关键点：第一，“攻心”才是成功之道；第二，让读者更有代入感；第三，从价值和应用角度出发。

资讯类的数码软文通常都具有时效性，用户喜欢看资讯类的软文是因为通过它，能够在第一时间获得自己想要的信息，所以数码产品资讯类的软文必须要及时而且新鲜，老生常谈的内容不叫资讯。下面就来欣赏一篇软文——《三星已确定，折叠手机不是噱头，将全球发售!》，如图 17-12 所示。

潮点科技　查看

三星已确定，折叠手机不是噱头，将全球发售!

潮点科技　昨天

折叠手机在前几年就有这个概念出现，最早提出来这个概念的是三星公司，但是一直到现在三星并没有什么实际的动静，就在此前联想第一个就发出公告将要在本月推出折叠手机，同样三星也在近期一直爆出要推出折叠手机但并没有任何的动静，遭到了很多网友的吐槽!

潮点科技　查看

就在昨天三星突然间又放出了一点消息，这款折叠手机将命名为 Galaxy A9 2018，其中三星透露这款手机采用的是四颗摄像头，对于其它消息就没有再提了，同时表示这次三星推出来的手机将会进行内测，如果出现客户体验感不好就不会推出这款产品，会先解决好体验感问题。

同样的这款产品有可能是采用最新的概念，所以三星的ceo表示这款产品将会限时发售但是不会限量，高东真表示这款手机肯定会推出来，并且在推出来的时候会面向全球直接发售，不会跟以往一样在韩国发售，从发售时间开始算起只会卖6-9个月，后面想买没有机会了，只能去买二手的了!

写评论

潮点科技　查看

同样的这款产品有可能是采用最新的概念，所以三星的ceo表示这款产品将会限时发售但是不会限量，高东真表示这款手机肯定会推出来，并且在推出来的时候会面向全球直接发售，不会跟以往一样在韩国发售，从发售时间开始算起只会卖6-9个月，后面想买没有机会了，只能去买二手的了!

实际上来说这种营销方式在小编看来无

写评论

图 17-12　数码企业微商软文举例

这篇软文的标题最大的亮点就是关键词的运用，通过“折叠手机”“将全球发售”等关键词点明软文的主要内容。这是一篇典型的资讯软文，因为软文中的三星折叠手机将会发售，就属于新鲜的信息，作为资讯类软文的主题非常合适。

## 17.3.3 房产微商软文营销技巧

房地产行业对软文的投入非常大，几乎每家房地产企业都利用过软文进行拉拢客户、找到精准客户、发布活动等，但不见得每一篇房地产软文都有企业所期待的效果，要想写好房地产软文，还需要了解一些技巧。

随着软文市场的开发，房地产企业敏锐地看中了软文的市场，不少房地产企业都投身于软文中，也正因如此，房地产软文不管是在报纸、杂志，还是网站、新闻上都形成了铺天盖地的境况。因此，房地产商们又开始瞄准了微商这个行业。

可以这么说，写房地产软文非常容易，但写一篇好的、效果佳的房地产软文却不是那么容易。很多房地产软文的标题都是以看似与推广产品没有关系，但却以与推广产品联系在一起的形式获得消费者的关注，这样的标题往往比较新颖，让读者看不出是一篇软文，容易吸引读者阅读。

下面一起来欣赏一篇优秀的房地产软文——《社区“食堂”业主舌尖上的开发商》，该软文来源于橙网——《重庆时报》，如图 17-13 所示。

●●●●○ 中国移动 4G　上午9:59　49%
fang.com

**社区"食堂" 业主舌尖上的开发商**

2016-06-07 08:33

红烧肉10元，炒小白菜4元，米饭1元，例汤免费，一荤一素搭配米饭共15元的价格；吃完饭还可以免费上wifi网，不用担心手机流量，三星级的酒店配置标准，比乡村更便宜；经营者说亏了，有业主觉得比社区旁的私人餐馆干净卫生更放心，更有业主关心到底味道过关不过关，这是重庆首个社区食堂诞生1个多月，引起了市民极大关注。

"社区食堂"的开发商深得精髓，走的是"要抓住业主的心，首先要抓住业主的胃"的路线，但其未来的发展就像兼容并蓄的中国菜一般，充满多种可口的变化可能。

**开发商办食堂，不赚业主的钱**

重庆首个社区食堂位于二郎的协信天骄城，取名字为"天骄小厨"。食堂面积约200平方米，可满足近150位业主同时就餐。目前主要有4个厨师，都有在宾馆酒店掌勺的经历。厨房的仪器设备全部按三星级酒店配置，除去经营场所由集团公司免费提供外，前期的投入超过200万元。

主管熊伟对我们说，开业后经营情况逐渐向好，早中餐一般都有百人左右就餐，晚餐情况稍差一些。这个食堂现在都是亏本经营，目标只要保持

●●●●○ 中国移动 4G　上午9:59　49%
fang.com

**社区“伙食团”万科在沪尝试过**

在重庆，开办社区食堂尚只有协信一家，我们打听到，目前市内的其他开发商还没有跟进的意思，无论在重庆还是全国范围内，都还是个稀罕事物。

“社区食堂”最早出现是在一年前的上海，由万科出资在其已建成的四季花城小区设立并经营。其初衷是为解决小区内常住的近万业主的吃饭之忧，改善他们的生活品质。

为了更好的服务业主，所以价格相对低廉，菜品单价在2~12元，同时食堂还提供免费例汤及wifi上网服务。

去年年底，杭州的部分写字楼开发商也在其写字楼物业内推出食堂，作为吸引客户的重要砝码。而一些之前主动补贴食堂费用的开发商，因为食堂做好了，后期续租和提高租金都获得一定助益，涨租后收益扣去食堂补贴，还多赚不少。

**小炒荤菜15元 素菜8元**

熊伟表示，天骄城的这个社区食堂早在去年底的时候就开始做筹备工作，向入住的业主发放调查问卷，了解市场需求情况，获得的信息都表示支持。对于这个新鲜事物，小区的业主们评价怎么样？6月5日，本报记者现场打探，总结了“社区食堂”的卖点。

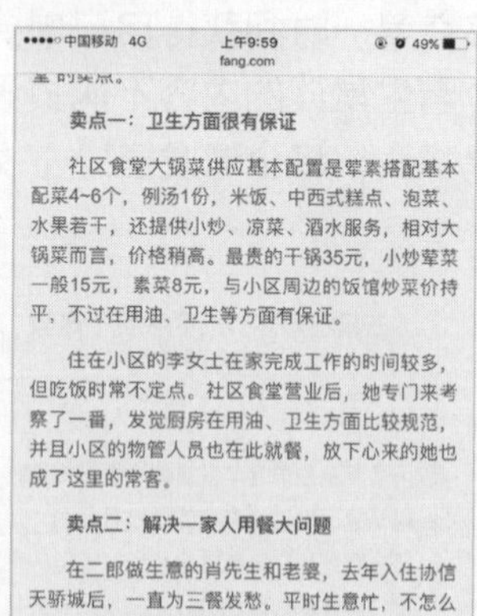

●●●●○ 中国移动 4G　上午9:59　49%
fang.com

**卖点一：卫生方面很有保证**

社区食堂大锅菜供应基本配置是荤素搭配基本配菜4~6个，例汤1份，米饭、中西式糕点、泡菜、水果若干，还提供小炒、凉菜、酒水服务，相对大锅菜而言，价格稍高。最贵的干锅35元，小炒荤菜一般15元，素菜8元，与小区周边的饭馆炒菜价持平，不过在用油、卫生等方面有保证。

住在小区的李女士在家完成工作的时间较多，但吃饭时常不定点。社区食堂营业后，她专门来考察了一番，发觉厨房在用油、卫生方面比较规范，并且小区的物管人员也在此就餐，放下心来的她也成了这里的常客。

**卖点二：解决一家人用餐大问题**

在二郎做生意的肖先生和老婆，去年入住协信天骄城后，一直为三餐发愁。平时生意忙，不怎么在家开伙，外面吃又提心吊胆餐馆的用油用米。

5月初，小区内新开的社区食堂——天骄小厨，帮肖先生一家解决了用餐的大问题，荤素搭配平均每人花费在15元左右就能吃饱，早中晚平均2小时的营业时间既保证了三餐的正常供应，也兼顾了就餐时间的灵活性。因而社区食堂开业后，肖先生一家就成了这里的常客，而经常和他们一家搭伙的还有同住一个小区的好友刘先生。

**图 17-13　房地产企业微商软文举例**

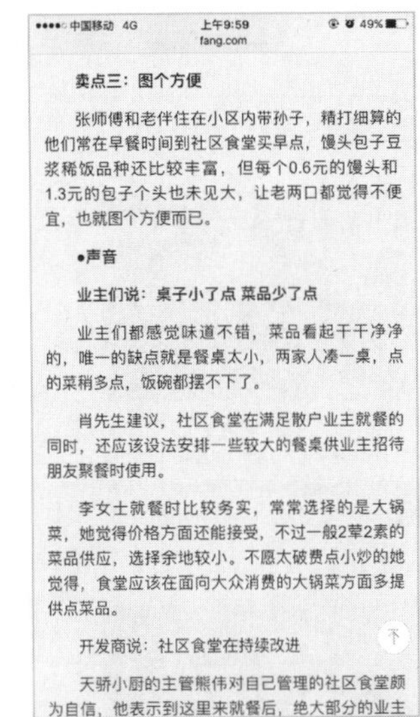

●●●●○ 中国移动 4G 上午9:59 49%
fang.com

**卖点三：图个方便**

张师傅和老伴住在小区内带孙子，精打细算的他们常在早餐时间到社区食堂买早点，馒头包子豆浆稀饭品种还比较丰富，但每个0.6元的馒头和1.3元的包子个头也未见大，让老两口都觉得不便宜，也就图个方便而已。

**●声音**

**业主们说：桌子小了点 菜品少了点**

业主们都感觉味道不错，菜品看起干干净净的，唯一的缺点就是餐桌太小，两家人凑一桌，点的菜稍多点，饭碗都摆不下了。

肖先生建议，社区食堂在满足散户业主就餐的同时，还应该设法安排一些较大的餐桌供业主招待朋友聚餐时使用。

李女士就餐时比较务实，常常选择的是大锅菜，她觉得价格方面还能接受，不过一般2荤2素的菜品供应，选择余地较小。不愿太破费点小炒的她觉得，食堂应该在面向大众消费的大锅菜方面多提供点菜品。

开发商说：社区食堂在持续改进

天骄小厨的主管熊伟对自己管理的社区食堂颇为自信，他表示到这里来就餐后，绝大部分的业主

●●●●○ 中国移动 4G 上午10:01 47%
fang.com

实际上，在天骄小厨就餐时，业主和员工的刷卡消费金额就相差较多，其物管员表示公司给予了他们一定的优惠。

说起来容易做起来难，唐宏伟指出，员工食堂针对员工，菜品、质量、服务、环境可能都很一般，而一旦扩大为社区食堂，开发商势必在设备、管理运营、场地方面都要追加不小的投入。如果开发商评估，社区食堂对其品牌拓展、销售促进有积极作用，可能会追加投入，否则是没有法定义务来做这个事的。

但唐宏伟也表示，现在新建小区离商圈越来越远，项目前期配套稀缺的问题突出，开发商有必要在设立员工食堂时考虑长远点，将业主的就餐需求考虑进来。

物管协会这么看：除了食堂，社区KTV、理发店也可以有

对于社区食堂这个新鲜事物，市物业管理协会新闻发言人聂孝仑认为，"这是服务小区业主非常好的一个举措，特别方便上班族。"社区食堂的开办，对长期微利经营的物业公司而言，也多了一条增收的方式。另外开发商完全可以结合自身实际，因[illegible]制宜的拓展一些类似社区酒吧茶楼、KTV、理[illegible]这样经营性的物业服务。聂孝仑表示，物业服务的外延空间还有待进一步发掘。而作为社区服务配套

●●●●○ 中国移动 4G 上午9:59 48%
fang.com

在越来越注重品牌效应、口碑营销的楼市，开发商除了吸纳更多购房者关注外，还在老业主身上不断做着文章。老带新抵物管费、业主再购房享额外优惠、针对业主之间交易的购房节等等，无外乎就是充分挖掘业主的人脉与钱脉，将口碑营销做到极致。

而想取得良好的口碑，除了房屋质量过硬外，更多的还来自于服务品质、社区文化等软实力的打造。

业内人士曾调侃，调控来了，房子不好卖了，开发商练内功了，打通成本控制和服务品质这"任督二脉"，基本上就算神功初成了。换句话说，服务品质的高低决定了开发商在地产江湖中的排名。

有开发商深谙此道，赢得众多回头客，在销售方面凭借其强大的粉丝团支持"独步屋林"，也有因为物业服务等问题丧失业主对其的信任，选择用脚投票的失败者。

当然，这种强烈的对比在服务品质等软实力越来越受重视的今天，已不多见，现在开发商纠结的是，在山头林立的地产江湖，各类提升服务品质的旗号乱花迷眼，如何能异军突起，一呼百应呢？

这里不妨用张爱玲的"女人要抓住男人就要[illegible]住他的胃"做个变通，"开发商要抓住业主首先要抓住胃！"

**图 17-13 房地产企业微商软文举例(续)**

这是一篇十分优秀的房地产软文，从标题中看不出广告的痕迹，在文中也只提及了几次"协信天骄城"的关键字，但是由于社区建业主食堂的内容十分新颖，因此读者会不知不觉地将这个地方记住，这在无形中就给开发商进行了推广和宣传。

文中分了很多个小标题，其中最引人注目的就是作者总结的 3 个卖点，这部分属于文章的精华部分，而且通过业主的一些实际情况介绍食堂的卖点，真实可靠，提高了整篇文章的含金量。这篇文章写得非常接地气，不仅不会让读者感到突兀厌烦，反而让读者将重心放到食堂的特色和卖点中，让人对食堂十分向往。

## 17.3.4 汽车微商软文营销技巧

随着互联网时代的到来，软文已经成为各行各业营销的重要手段，对于汽车销售以及汽车租赁来说，也不例外，一篇优秀的软文能够为汽车品牌的宣传推广和汽车的销量带来不可预估的效果。如今，传统汽车行业已经开始利用微信、微博、APP 等微营销工具，并使用软文作为主要的微营销手法，进入移动互联网微商行列。

汽车软文面对的受众可能不像其他行业一样那么广泛，毕竟汽车是一种高消费产品，因此，其写作方式应该切合消费者的心理，这样的汽车软文才能获得精准人群的关注，软文效果才能体现出来。所以汽车行业软文写作技巧的本质就在于吸引消费者，而靠汽车软文吸引消费者有两个方法：第一，用活动吸引消费者；第二，用高性价比吸引消费者。

图文并茂也是一种撰写汽车软文的方式，下面就来欣赏一篇图文并茂的汽车软文——《不到 12 万买顶配，全景天窗、中控大屏这款紧凑型 SUV 都有》，如图 17-14

所示。

**图 17-14　汽车软文举例**

此篇汽车行业软文，运用了图文并茂的形式，将汽车形象地展现在了读者的面前，文章内容也紧紧扣住题目，将汽车有全景天窗和中控大屏这两个主要优势很好地体现了出来，同时用不到 12 万的超高性价比来吸引消费者购买。

此篇汽车行业软文，可以说是比较常见的一种，也是效果比较好的一篇，软文撰写者在进行图文并茂的汽车行业软文的撰写时，需要全面地展示出汽车的特点，这样读者才能更全面地了解汽车的特点。